美德的生成与人类命运共同体

——情境的视角

赵永刚　吴杉丽 / 著

WUHAN UNIVERSITY PRESS
武汉大学出版社

图书在版编目(CIP)数据

美德的生成与人类命运共同体:情境的视角/赵永刚,吴杉丽著.
—武汉:武汉大学出版社,2020.12
ISBN 978-7-307-21907-6

Ⅰ.美… Ⅱ.①赵… ②吴… Ⅲ.社会制度—关系—道德—研究
Ⅳ.①D03 ②B82

中国版本图书馆 CIP 数据核字(2020)第 222334 号

责任编辑:陈 豪 责任校对:汪欣怡 整体设计:韩闻锦

出版发行:**武汉大学出版社** (430072 武昌 珞珈山)
(电子邮箱:cbs22@whu.edu.cn 网址:www.wdp.com.cn)
印刷:武汉邮科印务有限公司
开本:720×1000 1/16 印张:15.75 字数:225 千字 插页:1
版次:2020 年 12 月第 1 版 2020 年 12 月第 1 次印刷
ISBN 978-7-307-21907-6 定价:56.00 元

前　言

如果我们把伦理学视为关于我们应当如何生活的学问，那么美德在伦理学中无疑是一个重要的词，而且其重要性甚至超过了道德一词。在中西伦理思想的演进过程中，美德比道德具有更加久远的历史，在现代汉语中，道德的内涵或许包括美德，但我们现在所说的道德最初是以美德的形态出现的。更重要的是，在生存论层面，道德只是伦理的一种形态或一个部分，道德并非伦理的本质，但美德却是伦理的根本。道德或许是凌驾于生活之上的意识形态，而美德则扎根于生活，甚至是生活本身。美德意味着我们以怎样的心理状态和行为方式展开自己的生活，是我们应对外部世界和关照自我的根本方式，道德只是以特定的内容嵌入在美德之中。也正是基于对美德与道德之间关系的这一理解，美德话语才在当今世界得以复兴。人们期望美德伦理学能够开辟新的伦理路径来更好地解释和指导伦理生活，避免像现代伦理理论一样疏离伦理实践。从这个意义上看，美德伦理是20世纪中叶以来西方伦理学领域的一个"存在主义转向"。但美德伦理学的发展在一定程度上忘却了初衷，不仅自身优势未能充分生长，而且沾染了现代道德哲学的一些顽固习气。我们对美德的说明在许多重要的方面并不充分，对我们伦理生活的具体场景的设想过于单调，因而脱离了真实的实践。我们有必要指出美德伦理学的这些不足，设想可能的积极改变，使其成为真正具有实践生命力和竞争力的规范伦理学理论。

在西方伦理思想史上，几种最主要的关于美德的看法从不同方面规定了美德的样态和价值。亚里士多德在幸福主义目的论的框架下，基于人类的本质及其特有生活，论证了美德的必要性，这也是菲利帕·富特（Philippa Foot）和罗莎琳德·赫斯特豪斯（Rosalind Hursthouse）等当代新亚里士多德主义者的主要运思方向。亚里士多德对美德的说明还有另外一个显著特征，即对美德的心理学描述。在对美德进行心理学描述时，亚里士多德是一个经验主义者，同时也是一个理想主义者和精英主义者。在美德的心理状态和行为机制方面，亚里士多德的工作是极为细致的，对行动者的情感和理智、动机和理由等心理因素的分析十分缜密。这些心理学的分析，也体现在当代西方美德伦理学家对美德的理解中。除此之外，他对情境的考虑也极为出色，洞见了情境对人的影响，但由于他对美德的理想化规定，有德之人被构想为能按照美德的要求应对一切情境影响的人。这似乎表明亚里士多德未能充分地考虑到消极情境给行动者带来的巨大影响和压力。当然，我们可以通过道德精英主义的立场来消解这一指控，美德本来就是很难获得的。这也是美德伦理学家面对情境主义的批评时，通常采取的一个辩护策略。然而，如果我们基于实践的立场，来评估美德在多大概率上能为人们获得，那么精英主义的立场究竟有多大的现实意义呢？

尽管如此，亚里士多德在考虑情境的影响时，有一个积极的方面，他承认情境和外部环境对于人的塑造作用。消极的情境阻碍行动者进行合美德的选择，而积极的情境可以促进人的美德。因此，亚里士多德十分强调家庭、朋友和社会制度对人在实现美德过程中的重要作用。大多数公民或许因为先天的禀赋和欲望方面的缺陷不能实现完满的美德，但通过外部环境的塑造，他们至少可以达到自制的状态。这方面的思考，恰恰是当代西方美德伦理学家较少涉足的。

当代义务论者通常用义务或规则来解释美德，将美德理解为行为符合道德义务或规则的倾向。然而，将美德解释为某种类型的行动倾向的美德概念并不是作为义务论典范的康德伦理学所理解的美德。当代义务论与康德伦理学在美德概念上的这种分歧可能有两个原因。当代义务论者为了保证义务概念的优先性，有意对美德作行动倾向的解释，实现理论体系的连贯性和彻底性，此其一；其二，当代义务论者对康德伦理学文本的考察是不全面的，因而不能全面把握康德的美德概念。伦理学界对康德伦理学的研究一般都限于《道德形而上学原理》（1785）和《实践理性批判》（1788），遗漏或忽略了康德其他的伦理学文本，尤其是《美德论》（1793）与《纯然理性界限内的宗教》（1793）。① 而康德正是在这两部著作中对美德作了最为集中的阐释，康德在这两部著作中对美德的理解与他在前两部著作中的理解有很大的差别。②

　　在康德看来，具有道德价值的人能够克服或者不受欲望和爱好的影响而做正确的事情。道德价值是人们所能拥有的最重要的属性，它比聪明、才智和判断力等心灵的天赋以及勇敢、果断和坚韧等性格特质更为重要。这是因为聪明、勇敢等自然禀赋如果效力于不好的意愿，就会成为坏的东西。也就是说，人的自然禀赋本身并没有善恶之分，善恶的来源在于人的意愿。就此而言，人的道德价值至关重要。可见，美德对于康德伦理学来说具有相当重要的地位，它在价值上并非依附于义务概念。

　　康德对美德的说明以理性主义的道德认知为前提。在他看来，一个完美的道德行动者是在道德情境中脱离了情感和欲望的理性人，其行动只是出于理性的选择，是经过理性思考认识到自身的道德义务后，为了履行义务而采取的行动。康德在《美德论》中指出，美德需要道德行动者具有一种冷漠，也就是一种摆脱了激情、欲望和冲动的状态。这种冷漠的状态，是摆脱了人的本能、爱好和感性的纯粹的理性状态，他在《实践理性批判》中称之为"至福"或"极乐"（seligkeit）。当然，这样的状态趋近于神性，是很

---

　　① 康德对美德或德性概念的阐释主要体现在《美德论》（*Doctrine of Virtue*）中，这一文本是《道德形而上学》的第二部分。在英译本中，《美德论》除了被收录在《康德全集》的《道德形而上学》中，还有单行本。中译本见李秋零译的《康德全集》第 6 卷。
　　② 高国希教授认为之所以存在这个差别，这是因为：在《道德形而上学原理》与《实践理性批判》中，康德是要建立一种纯粹的根基性的理论，它摒弃了一切经验和与"人性"相关的东西，它针对的是"一般的理性存在者"；而在其德性论或美德学说中，康德则是专门探讨人或者说"有限的理性存在"的道德。德性论处理的是"人对人的道德关系"，针对的只是人这种有限的理性存在。而神圣的理性存在不可能违背义务，因而不存在德性论。参见高国希. 康德的德性理论[J]. 道德与文明，2009(3)：4-6.

难获得的，现实的人都是具有情感、爱好和欲望的，因此，人的美德就在于克服这些因素而趋向于善良意志。这需要人具有道德勇气，有一种为了道德而"克己"的刚毅，所以，在康德那里，美德被理解为强大的道德意志力。

可见，在康德伦理学中，美德是一种绝对物，有德之人对善良意志的表达及其行为选择是免受外部情境影响的。在这一点上，康德和亚里士多德的立场具有一致性。因此，他的美德观念也会遭遇同样的困难，外部情境之所以能够对人们产生强大的影响，就在于人有七情六欲，而且绝大多数人总会在形形色色的情境中受到干扰，屈从于自身的欲望和情感。更重要的是，在当今的价值观念中，这样的屈从在某些情况下是可原谅的，有时甚至具有不同程度的合理性。也就是说，在现实的伦理生活中，美德并非绝对物，其道德要求与情境有关，根本上则与我们对道德本身的尺度或限度的考虑有关。

休谟伦理学中蕴含着丰富的美德思想资源，即从休谟的伦理学文本中，我们至少可以发现美德和品格的核心地位、品格对于行为的优先性、美德的价值来源等与美德伦理有紧密关联的观点和内容。因此，近年来，国内外一些学者热衷于对休谟伦理学进行美德伦理学解读。① 无论休谟伦理学是否为严格意义上的美德伦理学，我们都可以确定一点：美德是休谟

---

① 对休谟伦理学进行美德伦理学解读的国外学者主要是杰奎琳·泰勒（Jacqueline Taylor）和克里斯汀·斯望顿（Christine Swanton），国内学者主要是黄济鳌和顾志龙。泰勒和斯望顿的思路是，休谟伦理学的核心概念是美德，而美德伦理学是以美德为核心概念的伦理学；顾志龙和黄济鳌则是以亚里士多德伦理学为参照，分析休谟伦理学与亚里士多德伦理学之间的共同点。相关文献参见：Jacqueline Taylor. Virtue and the Evaluation of Character [M]//Saul Traiger (ed.). The Blackwell Guide to Hume's Treatise. Oxford：Basil Blackwell, 2006：276-295；Christine Swanton. Can Hume be Read as a Virtue Ethicist？ [J]. Hume Studies, 2007, 33（1）：91-113；黄济鳌. 德性伦理学的情感主义路径——休谟伦理学析论[J]. 中山大学学报（社会科学版），2015（1）：136-144；黄济鳌. 德性伦理的启蒙话语——休谟德性理论探析[J]. 湖北大学学报（哲学社会科学版），2014（5）：13-19；顾志龙. 休谟的伦理学也是一种德性伦理学[J]. 湖南科技大学学报（社会科学版），2004（1）：21-24.

伦理学的核心论题之一。

　　休谟通过谈论美德阐明的是道德区别或道德判断和评价理论。休谟关于道德区别的理论主要是道德心理学的，它要回答的问题是"我们如何感知道德"以及"我们如何驱动道德行为"。在这些问题的立场上，休谟与康德的观点针锋相对，他持有情感主义的主张，认为我们对他人品格和行为的辨别和判断是依靠我们的道德感，驱动我们道德行为的是内在的情感、动机和品质。在美德的价值来源问题上，休谟与亚里士多德的观点是一致的。他们都强调，虽然美德对于人的幸福具有工具性的价值，但美德本身是高尚的、令人愉悦的，美德体现了人的生活趣味。因而休谟的美德理论可能会遭遇和亚里士多德美德伦理学同样的问题：对美德的高蹈规定将会降低美德实现的概率。我们是否应当要求行动者在各种情境中履行道德行为的同时还要伴随同样高尚的情感和动机。休谟在其著作中曾明确地意识到，人的行为会随着情境的变化而有所不同，似乎可以接受人的道德品质并非固如金汤，但休谟对美德的规定与这一态度是相反的。

　　总体而言，亚里士多德、康德和休谟对美德的说明既有描述性的方面，也有规范性的一面，向我们呈现了标准的有德之人不仅要如何行动，还应该具有怎样的理由或情感的理想状态。但在伦理实践中，人们往往达不到这些状态，人们在很多情况下大多会考虑自身当下的处境和诉求。也就是说，人们通常是在具体的情境中，具有特定的动机和理由，选择特定的行为，来回应当下的情境，它们构成了人们的真实品质。在延展的生活中，人们面临的情境并不总是一致的，有时候情境会促使人们做合美德之事，有时候则会给我们带来压力，在道德与非道德的选择之间艰难地徘徊，踟蹰不前，当然，也有时候情境会促使我们背离美德。这才是我们伦理生活的真实状态，同时也是我们在道德成长中面临的真实考验。从这个意义上看，我们的道德品质正是我们在应对这些不同的情境中成长出来的。但对美德的应然性说明通常是静态的、理想化的，不能体现我们在通往理想人格的过程中那些中间状态的道德价值。这样的静态说明隐含着把中间状态排除在标准的美德之外，从而造成一个后果——人们实际上都将是没有美德的。这就为情境主义对美德实在性的否定提供了很好的机会。

20 世纪 90 年代末以来，西方美德伦理学与情境主义就美德的实在性产生了一场持续近 20 年的争论。美德伦理学家相信美德的实在性，认为道德行为是由稳固的道德品质产生的，道德品质产生了跨情境一致的道德行为。但情境主义者借助社会心理学的证据表明，不同的道德行为是情境变化而非个体品质差异导致的，道德品质的实在性不具有经验基础。

在这一争论的演进过程中，美德伦理学的支持者有两种回应取向。一是捍卫美德的实在性，意在消解和融合情境主义的观点。有研究者通过西方美德伦理学的观点阐发亚里士多德伦理学中的"明智""习惯"等思想，来解决个体对情境的应对问题，强调美德伦理学所言美德的情境应对能力，强调美德实现的艰难和过程性；也有学者从儒家伦理的美德立场回应情境主义的挑战，或强调儒家美德的稳定性，或强调"中庸""仁"等美德的"整全性"以及"礼"的"情境性"。这些研究一方面强调伦理学的美德概念是规范性的，但同时也承认情境对美德规范性的限制。二是更加积极地承认情境主义的合理性，并试图利用情境主义的观点来发展和完善美德理论。随着争论的深入，美德伦理学家认识到美德概念的规范性在很大程度上要受制于情境因素，而情境主义者则承认"碎片式"的美德具有实在性。根据这一共识，传统美德概念虽然在规范性上具有合理性，但在描述性上有着明显缺陷，因而不能很好地指导美德实践。伦理学家需要根据实证心理学的研究对美德概念进行相应的调整，放弃传统的隐去了具体情境的"整全的"美德。这一调整包括两个层面：一是放弃"美德的统一性"主张，承认各种美德之间是分离的，具有一种美德不意味着具有其他美德；二是就某一项美德而言，实证研究中的美德是依赖具体情境的、碎片化的、局部性的（local），而非整全的（global），美德与特定情境相关，由特定的情境特征引出。因而以情境为基础的品格归因似乎更为准确，同时也可以把不同的人在道德价值上区分开来。

一些美德伦理学家进而意识到，情境主义并未对美德造成威胁，相反，美德的发展必须要利用情境因素。理想化的"整全的"美德在心理学上是不大可能的，我们只能不同程度地接近它，因而我们较为理智和适当的做法是采取把"局部性的美德"转变成"更加整全的美德"这一思路。这些美德伦理学家强调情境因素与美德生成的关联及其积极作用，注意到情境因素在美德培育中的重要性，并从宏观层面探究个体道德品质与社会环境的互动关系，来阐明德性培育对社会环境的要求。

可见，美德—情境之争的结果是积极的。首先，我们应当意识到，规范性理论对美德的说明应当更加全面，美德的生成既有主体能动的内在建构，也有外部环境的作用；既有规范性的设定，也要有基于事实的客观描述，二者之间要保持应有的张力。因此，对美德的道德心理学说明应当是规范性与描述性相结合的，应当遵循道德心理学的规律，尊重实证心理学知识。其次，我们在否定和纠正情境主义错误的同时，还要正视情境主义观点的合理性。对美德的规范性说明通常是静态的，强调的是行动者超乎常人的心灵状态和道德能动性。但情境观点的合理性告诉我们，美德的生成对于绝大多数人来说，最为重要的是外部情境和境遇，因为从总体上看，人们的道德能动性的差异并不是很大，而且道德能动性本身也与外部环境的作用有很大关系。这对于我们理解人们发展美德的道德责任以及制订美德方案具有积极的意义，同时也为我们审视基于美德伦理的榜样道德提供了一个有价值的视角。

虽然，美德本身是体现人的差异性的概念，然而我们却不能认为美德应当只是少数人在道德上努力获得的成就。因此，如果我们想要弱化道德精英主义的立场，把美德的发展视为大多数人不应逃避的事情，那么我们应当更加重视人在受情境影响方面的同一性。古代社会的道德共同体对个体美德的重视和营造的严苛的文化与制度环境，可能并未造成美德伦理意义上的大规模的个体美德，但无疑促进了个体美德的发展。文化与制度环境会在个体情境中产生压力，成为个体在行为选择时考虑的重要因素。因此，从情境的角度来考虑美德的生成问题，美德与政制的关系是极其重要的。这一点，不仅可以从亚里士多德的论述中发现，在斯宾塞的道德进化论、密尔和马克思的相关论述中也可以找到依据。同时，按照情境与美德之间的交互作用，美德对于社会制度也有着影响，我们可以从近代西方契约论的制度道德原则演进的理论假设中发现这一规律。

美德与制度环境之间的交互作用可以用于我们反思当前世界的全球化挫折，从而发现美德与人类命运共同体之间的内在联系。一方面，在全球化时代，我们难以复制古代的封闭共同体，任何地域性的共同体在应对全球化挑战时必定会调整自身的政制安排，因而任何特定的美德政制必定受到全球化的影响。全球化中既有合作也有竞争，而恰恰是对竞争的强调，使得不同群体为了追逐局部性的利益，在各自的政治和文化建构中，强化竞争性的品质，为美德政制带来不利的影响。因此，美德的生成与全体人类的命运捆绑在一起。另一方面，人类要形成真正的命运共同体，无疑要加强合作，这是需要一定的美德作为条件的。美德与人类命运共同体之间的这一关联，我们可以从对《荷马史诗》的美德解读中发现。

关于荷马史诗的伦理研究通常囿于其战争和英雄主题，突出和强调史诗中的英雄伦理，把史诗中的美德主要解读为指向成功的竞争性美德，进而把荷马时期视为西方社会的"原始"或"野蛮"时期，造成一个研究立场上的背反：一方面我们承认荷马时代与后荷马时代伦理生活的延续性，另一方面又人为割裂了二者之间的发展线索。这主要是因为研究者大多囿于诗史的战争背景。但如果我们更全面地阅读荷马英雄的生活，还可以发现智慧、公正、怜悯、友善等柔性美德，荷马时期存在着人类主要的美德形式，而这些非竞争性的美德恰恰是人类走向文明和繁荣所依靠的主要伦理资源，它们发展成为现代社会的主要美德，是道德和文明的开端。

《荷马史诗》中的冲突主要表现为个体与群体意义上的人与人之间的暴力竞争，以及由这种非理性的竞争造成的对人类和谐生活的破坏；在人性中，则表现为英雄美德与人的柔性美德之间的冲突。这种竞争与和谐之间的冲突及其后果一直延续到当今世界的人类生活中。当今时代是一个充满竞争的时代，无论是国际社会还是国内社会，人们的生存充满竞争。一方面竞争推动了人类社会的科技、经济等方面的发展，但另一方面对竞争的强调和强化客观上加剧了人类社会的矛盾和冲突，削弱了人类文明赖以延续和繁盛的重要元素——合作与善意。当今世界在全球化进程中遭遇的一系列挫折在很大程度上对此作了生动的注脚。虽然现代社会与荷马社会在政治、经济模式等方面存在巨大差异，但这两个时代人类社会内部的冲突都源于竞争的优先性，只不过荷马社会是出于本能，而现代社会更多的是出于理性的算计。然而，如果我们把柔性美德置于这些竞争性的英雄美德之下，那么现代社会与荷马社会之间的差距就微乎其微了，在特定条件下甚至会出现"返祖"现象。

　　总体上来看，英雄美德本质上服务于人类的欲望和竞争，是"个体自我中心"或者"群体自我中心"的。毋庸置疑，欲望和竞争客观上推动了人类物质财富的不断积累和科学的不断进步，但不对欲望和竞争加以节制，我们便仍然身处弱肉强食的丛林。无原则的竞争如若得不到遏制，被我们冠以文明之名的现代世界将逐渐变成一个放大的荷马世界，我们将重返文明的起点。当今的人类社会面临着一系列全球性问题，人类希望和尝试通过全球性的合作来应对这些问题，但现实的眼前利益和自我中心意识又驱使部分群体热衷于参与甚至制造竞争、对立和冲突。要化解这一矛盾，我们必须超越群体意识，从类的层面达成共识，致力于构建人类命运共同体，才有可能生成一个和平与繁荣的新世界，群体本位的思维模式不可能真正解决人类面临的共同问题。因此，人类社会必须达成共同的伦理价值立场，在价值优先性方面，把柔性美德置于竞争性美德的价值之上。否则，竞争性美德产生的技术进步和个别群体的优势只会加剧群体间的竞争和冲突，制造人类不必承受的种种艰辛和苦难。人类的繁衍和兴盛主要不是依靠个体和群体的强大，而是个体间、群体间的合作。个体的人乃至孤立的群体在自然界中都是脆弱的，我们必须相互依赖，克服人的脆弱性，在这个意义上，柔性美德为人类幸福所必需。如此，人类才配享有文明，才能共享文明。

　　由此看来，情境主义观点的积极意义不仅仅在于强调外部情境对于个体行为选择和品质的影响，一旦我们理解了文化与制度和情境之间的关系，那么社会制度对于个体生存和自我实现的重要性将不言而喻。美德是一套由对世界的理解，到生活观，再到欲求、情感、理智等因素构成的体系，这些方面无一不受到外部环境的影响。个体身处的小情境要受到社会文化、制度环境的影响。人的美德生活并非独立于或超脱于人的一般生活和历史背景的，所以，从情境的视角看，我们必须超越美德伦理的框架，着眼于外部制度环境的改造。这将引导我们思考传统的美德伦理的局限性以及马克思历史唯物主义学说在道德哲学方面的相关意义。

目　录

第一章 美德的诸定义：道德心理学的分析

　　无论是在日常语言中，还是在专业的伦理学术语中；无论是在中国传统伦理思想中，还是在西方的伦理学发展进程中，美德都是一个重要的概念。究竟什么是美德呢？虽然在各种不同伦理传统和伦理范式中，人们对美德的理解都包含"行"的一面，即德行或者 virtuous action，但还包含着更为重要的一面——"心"，也就是人的心理状态，即知、情、意，或 intellect、emotion、sentiment、desire、will 等。在对美德的理解中，之所以"心"比"行"更重要，就在于我们在因果关系上通常把"行"视为"心"的果。在儒家伦理传统中，我们要谈"仁""智""勇""四心""意""志""天理""人欲""一念发动处"……在西方伦理思想中，我们讲"理性""明智""欲求""快乐""意愿""倾向""意志""动机""爱""关怀"等。在美德的内涵中，这些"心"的意蕴远比"行"要丰富、要根本，它们构成了我们的德与性。

　　当代西方伦理学大致上是从道德心理学的角度来理解美德，阐释为某种性格特质(character trait)。这种解释可以追溯到古希腊哲学家那里，比如柏拉图(以及苏格拉底)、亚里士多德以及斯多葛学派哲学家。当代西方美德伦理学家正是将美德的心理学意蕴作为一个重要依据来批判现代道德哲学和建构美德伦理学理论。虽然现代道德哲学家并未把美德作为其理论体系的基石，但他们并不否认美德作为内在的心理倾向和状态在道德上的重要性。本章将从道德心理学的视角呈现西方伦理思想中的几种主要美德

1

观念。

第一节　作为品质的心理系统：
亚里士多德的美德概念

亚里士多德对美德的解释是美德伦理学家美德观念的主要内容。亚里士多德对美德的解释有两个角度，一是生物学的角度，二是心理学的角度。生物学的解释主要是论证美德与幸福之间的关联，在其目的论的框架内说明美德的必要性和规范性来源，即以说理的方式告诉听众为什么要过有美德的生活。心理学的解释则是为了描述美德究竟是一种怎样的实体，美德的标准状态是什么。从道德心理学的角度看，亚里士多德对美德的解释是综合性的，包含着认知、情感和行为等不同方面。

在西方伦理学中，对美德较为系统的哲学心理学阐释最早出现在柏拉图的作品中，盛于亚里士多德的《尼各马可伦理学》。柏拉图在分析美德时，从人的灵魂入手，把美德解释为灵魂的特定状态。在《国家篇》中，柏拉图把灵魂划分为三个部分，每部分具有不同的欲望。灵魂非理性部分的欲望，可能与我们关于什么构成我们总体善的理性欲望相冲突，此时，我们是不自制的。因此，我们要具有美德，必须既要理解构成我们总体善的是什么，又要正确地教育我们的非理性部分的欲望，从而使得它们遵循我们灵魂理性部分的指导。因此，美德训练对于幸福生活是必需的，因为品格的美德特征稳定而持久，是学习或教化的结果，而不是运气的产物。同时，美德是人类的卓越，因为它们是理性的最好运用，是人类特有的活动。对美德的这种说明方式体现了苏格拉底以及柏拉图对美德普遍定义的探寻，呈现出一种心理本质主义的特征。

柏拉图的许多早期对话考察了美德的本质。这些对话通常采取的模式是：苏格拉底要求其对话者提供某种特殊美德的定义，而其对话者往往通过具体的行为来解释这些美德。比如在《卡尔弥德篇》中，卡尔弥德把明智解释为"有条理地、从容不迫地做一切事情"；① 在《拉刻篇》中，当苏格拉底问拉刻什么是勇敢时，拉刻表示，勇敢就是在战斗中坚守阵地不逃跑；② 在《国家篇》中，格帕洛认为公正就是将借来的东西归还于人。③ 但苏格拉底认为，在某些情况下将他人之物归还他人可能不是公正的行为：如果有朋友在头脑正常的时候把武器托付给一个人，后来发疯了要他归还武器，那是不能还的。同样，坚守阵地也不一定是勇敢的行为，因为有时候坚守阵地可能导致无谓的牺牲。但公正的人知道什么时候该归还物品，勇敢的人知道什么时候该坚守阵地。因此这些行为不能解释什么是美德。

在对美德进行行为上的解释时遭遇的困难解释了为什么古希腊伦理学家转而用品格来解释什么是美德。可能我们大多数人能认识到，为了微小的利益让自己和他人的生命面临危险是愚蠢的，我们大多数人明白，为了自己的舒适追求权力和财富而去危害他人是不正义的。我们认识到这些，不一定就说明我们是有德之人。但是古希腊伦理学家认为，我们在可怕的情境中确定什么样的行为是合适的、合理的，我们的决定要具有规律性和可靠性，就要求我们具有良好的道德品格，我们要有规律地、可靠地决定什么时候以及如何为自己和他人追求利益，就需要良好的道德品格。正因为如此，亚里士多德在《尼各马可伦理学》中说，用规则来确定哪些行为值得道德赞扬和责备是不容易的，这些事情要求有德之人的判断。

亚里士多德对美德的解释更具心理学的洞察力，对后世的美德学说产生了很大影响。亚里士多德对美德的心理学解释还有一个更为重要的原因，他洞察到"合乎美德的行为"与"出于美德的行为"之间的重要差别，亚里士多德看重的是后者的道德价值，认为只有后者才是真正有美

---

①　[古希腊]柏拉图. 柏拉图对话集[M]. 王太庆，译. 北京：商务印书馆，2004：80.

②　[古希腊]柏拉图. 柏拉图对话集[M]. 王太庆，译. 北京：商务印书馆，2004：122.

③　[古希腊]柏拉图. 柏拉图对话集[M]. 王太庆，译. 北京：商务印书馆，2004：359.

德的行为。① 这两种行为之间的差别表现在行动者丰富的心理状态方面。

亚里士多德明确地将美德定义为品质或者性格特质，强调行动者的心理状态，它表现为行为、欲求、情感、信念、知觉和理智运作上的综合特征，强调有德之人对情境的情绪上的反应同他关于如何行动的正确推理之间是协调一致的。所以，他把伴随行为的快乐和痛苦看做美德的表征，"仅当一个人节制快乐并且以这样做为快乐，他才是节制的"。② 这一道德心理学观点与亚里士多德的幸福主义是一致的，如果美德蕴含着痛苦的体验，那美德与幸福之间就存在逻辑上的断裂。这一观点在当代西方美德伦理学中有进一步的表现，持有幸福主义立场的美德伦理学家一般认为："美德伦理学的品格概念是整体论的……在某种程度上连贯的、整体的动机，它包括这个人的欲望、关于世界的信念以及终极目标与价值。"③因而美德的内在状态表现为情感、选择、价值、欲望、态度、兴趣、期望和敏感性等多维度的统一性和一致性。

因此，对于亚里士多德的美德概念的理解，需要我们揭示美德作为一种复杂的心理系统，其内部各要素之间是如何协作的，这些要素在美德的生成过程中具有何种作用，在美德的价值结构中具有何种地位。

首先，亚里士多德的美德观念有一个基点，即对个体禀赋或者欲求方面的要求。在亚里士多德那里，美德的生成有一个主体性的前提，即个体具备了获得美德的志趣，致力于美德的人已经具有了追求高尚的趣味。正因为如此，亚里士多德主张，在一个人能够获得美德之前，他"必须首先有一种亲近德性的道德，一种爱高尚的事物和恨卑贱的事物的道德"。④ 也

---

① ［古希腊］亚里士多德. 尼各马可伦理学［M］. 廖申白，译. 北京：商务印书馆，2003：42.

② ［古希腊］亚里士多德. 尼各马可伦理学［M］. 廖申白，译. 北京：商务印书馆，2003：39.

③ Kamtekar Rachana. Situationism and Virtue Ethics on the Content of Our Character［J］. Ethics，2004（114）：460.

④ ［古希腊］亚里士多德. 尼各马可伦理学［M］. 廖申白，译. 北京：商务印书馆，2003：313.

就是说，有能力获得美德的候选者已经具有了某种道德上的优越性，或者说通往美德的资格，他们是"璞玉"，是可造之材。

美德需要智识上的伦理教育才能得以实现，但智识上的伦理教育的作用是有限度的，因为教育是外在于人的系统，最终需要主体基于能动性的内化过程，更重要的是主体的能动性首先取决于其是否具有过有美德的生活的意愿。我们在《尼各马可伦理学》的篇末可以看到，亚里士多德已经明确地指出了理论教育的局限——它只对有着优秀道德禀赋的人起作用，对多数平庸之人的作用是非常有限的。他明确地说：

> 逻各斯虽然似乎能够影响和鼓励心胸开阔的青年，使那些生性道德优越、热爱正确行为的青年获得一种对于德性的意识，它却无力使多数人去追求高尚和善。因为多数人都只知恐惧而不顾及荣誉，他们不去做坏事不是出于羞耻，而是因为惧怕惩罚。因为他们凭感情生活，追求他们自己的快乐和产生这些快乐的东西，躲避与之相反的痛苦。他们甚至不知道高尚和真正的快乐，因为他们从来没有经历过这类快乐。①

由此可见，亚里士多德向我们表明了生成美德的两种前提：一是先天的前提，即个体优秀的道德天赋，这一前提由于不以人的意志为转移，不在我们的讨论范围之内；② 二是后天获得的禀赋，即个体通过接受教育和习惯的培养获得的高尚的欲求。言辞上的说教无法说服那些按照（自然的）欲望和感情来生活的人，人的感情是不听从逻各斯的，只能靠强制。因而，对于大多数人而言，能够在守法的基础上拥有一部分美德就已经很不错了。但要成为一个总体上有美德的人，这是不够的，还必须首先具备

---

① ［古希腊］亚里士多德. 尼各马可伦理学［M］. 廖申白，译. 北京：商务印书馆，2003：312. 这里的逻各斯大致是言谈、话语的意思，因而是指劝导和说教。

② 除非我们采取柏拉图式的极端策略——进行基因筛选，或者较为温和的策略——斯宾塞的道德进化论中的自然选择。

"爱高尚的事物和恨卑贱的事物"的欲求，这是人获得美德的起点条件。

人的欲求体现了人对于善和幸福的总体理解，也决定了人将选择怎样的生活，成为什么样的人。亚里士多德描述了古典时期希腊社会三种主要的生活观：一是享乐的生活，二是公民大会或政治的生活，三是沉思的生活。按照亚里士多德的看法，第一种生活是奴性的、动物式的生活；第二种是以荣誉和美德为目标的生活；第三种则是一种理想的、趋向神性的生活。如果一个人所爱的是享乐的生活，那么他就不可能成为有美德的人。个人的生活品位或者说个人所欲求的生活，是他是否可能成就自身美德的前提。也正是因为如此，在有美德的人那里，高尚与快乐是一致的："当一个人喜欢某事物时，那事物就会给予他快乐。……公正的行为给予爱公正者快乐，合德性的行为给予爱德性者快乐。"①

那么，如何才能让人们具有这样高尚的欲求呢？亚里士多德认为，这与人的三个方面有关：一是本性，二是习惯，三是学习。本性是人无法控制的，优良的本性是上天的馈赠，因而我们无需讨论。学习和习惯则是我们能够用来塑造人的措施，通过学习和习惯的培养，我们可以使人具有获得美德的资格。学习的内容由理论的教导来提供，但伦理理论知识的学习对于获得美德并不是最重要的，关键还在于实践上人们是否受到了正确的培养和教育，所谓正确的教育，他赞同柏拉图的观点，"重要的是从小培养起对该快乐的事物的快乐感情和该痛苦的事物的痛苦感情"。② 而这种实践上的培养，最为关键的是习惯的培养，因此，亚里士多德说："从小养成这样的习惯还是那样的习惯绝不是小事。正相反，它非常重要，或宁可说，它最重要。"③

其次，情感以动机和感受的形式蕴含于亚里士多德的美德概念之中。

---

①　[古希腊]亚里士多德. 尼各马可伦理学[M]. 廖申白，译. 北京：商务印书馆，2003：312.

②　[古希腊]亚里士多德. 尼各马可伦理学[M]. 廖申白，译. 北京：商务印书馆，2003：39.

③　[古希腊]亚里士多德. 尼各马可伦理学[M]. 廖申白，译. 北京：商务印书馆，2003：37.

在亚里士多德那里，情感以两种方式与美德有关。第一种相关性是一般意义上的，美德要伴随着快乐的感受，如果我们在做合乎美德的行为时伴随的是痛苦的感觉，那么我们就不是有美德的人。亚里士多德说："仅当一个人节制快乐并且以这样做为快乐，他才是节制的，相反，如果他以这样做为痛苦，他就是放纵的。同样，仅当一个人快乐地，至少是没有痛苦地面对可怕的事物，他才是勇敢的。相反，如果他这样做带着痛苦，他就是怯弱的。"①在第一种相关性中，美德要求我们在行为之中感受到快乐的情感，快乐的情感是美德的一个重要心理表征。

第二种相关性是特殊意义上的，一些具体的美德处理的对象是特定的情感。在亚里士多德那里，美德被视为品质或性格，它与欲望、怒气、恐惧、信心、妒忌、愉悦、爱、恨、愿望、嫉妒、怜悯等感情和实践有关，美德或者道德德性是"在适当的时间、适当的场合、对于适当对人、出于适当的原因、以适当的方式感受这些感情"②。可见，在亚里士多德的美德概念中，情感是一个重要内容，不同的情感与不同的美德有关，在某种意义上，各种美德就是要处理好与之相关的情感。③

在第二种相关性中，情感在美德中充当何种角色呢？当代西方美德伦理学家赫斯特豪斯在概括亚里士多德主义关于情感在美德中的重要意义时指出："美德（与恶德）不仅全都是行为的秉性，而且全都是体验情感的秉性，它们既是对行为的推动，也是对行为的反馈。……在美德之人那里，

---

① ［古希腊］亚里士多德 . 尼各马可伦理学［M］. 廖申白，译 . 北京：商务印书馆，2003：39.

② ［古希腊］亚里士多德 . 尼各马可伦理学［M］. 廖申白，译 . 北京：商务印书馆，2003：43-44，47.

③ 在《尼各马可伦理学》中，就美德处理的对象而言，实际上并非所有的美德都与情感有关。亚里士多德在讨论具体的美德时，与情感有关的美德主要是勇敢、节制、大度、友爱、知耻、义愤等，其他一些美德则主要与行为或实践相关。比如，勇敢与恐惧和信心这两种情感有关，是这两种感情方面的适度。勇敢并非没有恐惧，而是要有所畏惧，勇敢的人对一些坏的事物感到恐惧，比如耻辱。

这些情感会在正确的情境中、出于正确的理由面向正确的人或事物而被体验到。"①赫斯特豪斯这里，情感在美德中的重要性体现在两个方面：情感既是激发行为的动机，也是对外部情境和事件的感受。情感作为正确的动机和感受是美德重要的内在标准。如果一个人在面对他人的苦难时，不能产生怜悯的情感，救人于苦难的行动不是由怜悯心激发的，那么这个人就不具有怜悯的美德。纳斯鲍姆持有相同的看法："看似正确的行动如果是在没有恰当的激发性情感和反应性情感的情况下所选择的，那么，对于亚里士多德来说，它就算不上是有美德的行动。"②

在对现代道德哲学的批评中，迈克尔·斯托克所说的"现代伦理学理论的精神分裂"(the schizophrenia of modern ethical theories)也蕴含着对情感的考虑。斯托克设想了如下一个事件：

> 假定你在一家医院中，从一种长期的疾病中慢慢康复。当史密斯再次进来的时候，你极其厌倦、心烦意乱、无所适从。你现在比任何时候都更确信，他是一个好伙伴和一个真正的朋友——他一路穿过城镇，花很多时间让你精神振作，等等。你洋溢着如此之多的称赞与感激，致使他声明他总是努力地做他认为属于他的责任的事情、他认为将会是最好的事情。你起先认为，他是出于客气而过分谦虚，以减轻道德包袱。但你们谈得越多，他说出原原本本的实话这一点就越来越明显：他来看望你，从根本上不是因为你，不是因为你们是朋友，而是因为他认为这是他或许是作为一个同道的基督徒或共产主义者或其他身份的责任关系……③

---

① [新]罗莎琳德·赫斯特豪斯. 美德伦理学[M]. 李义天，译. 南京：译林出版社，2016：120.

② [美]玛莎·纳斯鲍姆. 欲望的治疗：希腊化时期的伦理理论与实践[M]. 徐向东，陈玮，译. 北京：北京大学出版社，2018：120.

③ 迈克尔·斯托克. 现代伦理学理论的精神分裂[M]//徐向东. 美德伦理与道德要求. 谭安奎，译. 南京：江苏人民出版社，2007：66.

斯托克想要表达的是，我们帮助朋友的动机通常都是出于关爱和友谊的情感，而非道德义务或责任。于是按照现代道德哲学对行为的辩护，将造成一种"精神分裂"：我们明明是出于对朋友的关切之情而去帮助他，却要用义务来为自己的行为辩护。按照亚里士多德和斯托克的立场，关爱这一美德要求行动者能够感受他人的痛苦，表现出同情和爱的情感，并因此而感到快乐。这些情感具有相当的重要性，它们表征了人类特有的生活和人性的光辉，自身就是有道德价值的。但义务论者的看法则刚好相反，康德强调只有从道德责任的动机来履行的行动才具有道德价值，他说："许多人很富有同情心，他们全无虚荣和利己的动机，对周围播撒快乐感到愉快……这样的行为无论怎样合乎责任，不论多么值得称赞，都不具有真正的道德价值。"①对此，席勒并不赞同，他甚至在一首诗中讽刺康德的观点：我很高兴伺候我的朋友，但我这样做充满了快乐。因此我怀疑我不是一位具有美德的人，对此我深感痛苦。②

亚里士多德主义美德伦理学通常都会把情感视为人类典型的生活中不可缺少的内容，一个健全的人需要具有感受和表达情感的能力，一个有美德的人更应当具有情感上的敏感性。即便情感会为我们的生活带来脆弱性，但其价值是人类生活多样性和丰富性的来源之一，是不能还原为其他价值的，因而不能以理性来取代它。③ 当代西方情感主义美德伦理学家迈克尔·斯洛特甚至把情感视为美德唯一的价值来源和标准，我们的行为只有出于关怀情感的动机才是有美德的。

再次，理智在有德之人的信念、知觉等方面扮演了至关重要的角色。在亚里士多德伦理学中，理智有三个层面的内涵：第一，是对整体生活的看法，关于何为总体的善的信念；第二，是对行为所处的情境的认知；第

① ［德］康德. 道德形而上学原理［M］. 苗力田，译. 上海：上海人民出版社，2005：14.

② 徐向东. 美德伦理与道德要求［M］. 南京：江苏人民出版社，2007：22.

③ ［美］玛莎·纳斯鲍姆. 善的脆弱性［M］. 徐向东，陆萌，译. 南京：译林出版社，2007.

三，是在具体的行为选择中的理智。这三者共同构成了实践智慧。

首先，亚里士多德关于幸福（eudaimonia）的学说为个体的高尚欲求提供了一个理智上的论证，向其听众说明为何我们应当过一种高尚的、有美德的生活。亚里士多德在目的论的框架下，基于人类及其生活的本质，论证了美德的必要性，美德既是通达幸福的途径，同时也构成了人类的优良存在样态。当代西方亚里士多德主义者沿袭这一论证路径，通过对人类特有生存方式的考察，论证了美德的必要性。亚里士多德对美德进行辩护的前提是幸福主义，亚里士多德在《尼各马可伦理学》的开篇就指出，"人的每种实践与选择，都以某种善为目的"，并指出善是有等级和层次的。① 随后，他论证了最高善的存在，最高善是"因其自身之故而被当作目的，我们以别的事物为目的都是为了它"。② 进而他阐释了古希腊流行的一个观念：最高善是幸福。如此，亚里士多德为其伦理学浇筑了一个幸福主义目的论的框架，其后对美德的解释和分析均是对这一框架的充实。

然而，至此，亚里士多德还没有将美德与幸福直接关联起来，因为德性并不等同于美德。于是，他进一步指出，德性包括理智德性与道德德性，前者与理论理性相关，后者与实践理性相关。道德德性即我们所说的美德。既然幸福是灵魂合乎德性的实现活动，而德性既包括理智德性也包括道德德性，那么道德德性或美德就是生成幸福的必要构件。直白地讲，由于人的生活离不开实践活动，需要处理人际关系，因而离不开道德德性（美德）。同时，合乎德性的生活本身就是幸福，因而有美德的生活本身就是幸福生活的一部分。

在亚里士多德的论证当中，美德和幸福并不是直接联系的，美德和幸福有一个共同的来源，即灵魂功能的卓越，灵魂的实现活动完成得好，灵魂合乎德性的实现活动就是幸福，同时，灵魂合乎德性的活动可以生成主

---

① ［古希腊］亚里士多德. 尼各马可伦理学［M］. 廖申白，译. 北京：商务印书馆，2003：3.

② ［古希腊］亚里士多德. 尼各马可伦理学［M］. 廖申白，译. 北京：商务印书馆，2003：5.

体的美德，美德与幸福统一于灵魂合乎德性的活动中。其思考路径是：从人的本质活动或者人类特有的功能出发，认为人类特有的功能是灵魂体现理性的活动，美德和幸福都由此生成。从亚里士多德的论述来看，其伦理学有两个重要特征：其一，提倡幸福论，将幸福作为人类生活以及人类生命存在的终极目的和意义，我们没有必要进一步追问幸福是什么，问题到这里就算到头了。其二，寻求人的本质，并将人的本质确定为理性，人的理性功能是人特有的功能。人的德性以及幸福是我们作为主动或积极存在物的本性的满足。

亚里士多德对美德与幸福的论证为人们提供了一种关于什么是总体的善的合理性说明：幸福的生活同时也是合美德的高尚的生活，为人们应当欲求高尚的生活提供了一个信念上的支持。

其次，亚里士多德在知觉的意义上探讨了理智的作用。在伦理实践中，高尚的欲求指向的是一个总体的善，它并不能充分地指导个体如何行动，也不能充分地激发个体的动机与情感反应。这是因为在具体的伦理情境中，个体首先需要对其所处的情境和事件本身有足够的认知。他必须先要知觉到当下情境中有关的具体情况，也就是他要回应的是什么人、什么事情。对于这些"最终的可变的特殊事实"的知觉，才是行为者运用实践思维的起点。"只有卓越地运用自己的知觉能力，识别当下情境的整体状况及其属性，并将需要处理的关键问题从背景中分析出来，从而获得关于事实的特殊知识，一个行为者才能理解当前情境到底涉及哪些价值或规范。如果他同时是一个有美德的行为者，那么，他便能因为知觉所提供的这些信息而'激活'自己的伦理美德，即'激活'那些通过习俗或教养而内化于行为者内心的好的欲望（或情感）倾向。"[①]换言之，"只有有德之人看待特殊情境的特有方式才显示出什么是情境所要求的或引起的。任何类似于绝对

---

① 李义天. 知觉为什么重要——基于亚里士多德主义美德伦理学的解释[J]. 学术月刊, 2018（1）：57.

命令或功利原则的东西，都不能揭示出什么是具体情境所要求的"。① 在此基础上，有德之人进入到下一个环节，对实现其美德的手段和方式等进行思考，从而产生行为的选择。

最后，亚里士多德还有一个关于养成美德的观念，即通过自制与习惯，实现对情感和欲望的调理。人具有获得美德的潜能，但美德并非生来就有的，它有一个生成的过程。在《尼各马可伦理学》中，品质的完整序列是神性—美德—自制—不自制—恶—兽性，② 但神性和兽性都不是属人的，故而不算作人的品质，因而人的道德品质序列是美德—自制—不自制—恶。美德、自制、不自制与恶在外部行为上就可以区分开来，美德与自制在行为上是一致的，要进一步通过心理状态来区分。在个体美德的生成过程中有两个重要的转变，一是从不自制到自制，二是从自制到美德。

第二节 美德中的意志与情感：康德与休谟

康德在《道德形而上学》中将道德哲学分为两个领域，一个是关于正义和法则的学说，即权利论(doctrine of right)，另一个是美德论(doctrine of virtue)。义务构成了权力论的主要论题，它类似于自然法理论家的完全义务：它们是精确的，指向具体的他人，能够得到法律强制。它们要求，我们应当采取或弃绝某些行为。另外一些义务(它们构成了美德论的主要论题)是采纳某些特定目的的义务。它们许多是不完全的，因为它们没有规定应当何时、如何以及对谁来完成。例如：不让一个人的才能荒废的义

---

① 肖恩·麦卡尼尔. 美德伦理学的一种亚里士多德式的解释：论道德分类学[M]//伦理学与公共事务(第3卷). 赵永刚，译. 长沙：湖南人民出版社，2009：129.

② 按照易小明教授的看法，在兽性之外还有"兽下境界"，即人利用文化对恶的彰显，是人的自由意志的产物。参见易小明，唐亚武. 论"兽下境界"[J]. 道德与文明，2002(4)：31-34. 不过亚里士多德也意识到了这一境界的存在，但他把无道德意识的兽性和超乎常人的恶都称作兽性。此外，本文是以亚里士多德承认不自制为前提的。关于亚里士多德是否承认不自制，学术界存在争议，对这一问题的讨论比较复杂，参见余友辉. 亚里士多德论不自制[J]. 道德与文明，2013(1)：42-46.

务，不能拒绝帮助他人的义务。因为我们不能被强迫接受这些目的，而只能出于自由选择来这么做，所以这些义务不是法律强制的。它们要求内部而非外部的立法，所以我们必须将它们强加给自己。根据康德的观点，因为我们总是同违背道德法则的冲动和倾向斗争，所以我们需要意志和自我控制的力量来履行我们的不完全义务。康德把这种自我控制称作道德勇气（fortitudo moralis）。①

对康德而言，美德是一种自制，这一点可以从他对感恩和同情（sympathy）等其他品格特征的处理中得到印证。虽然康德认为情感或感受不能受到任何人的要求，但某些情感仍然和我们所采纳的道德目的有关。如果我们将他人的幸福作为一个目的，我们就不会从他人的失败或灾难中获得邪恶的快乐。相反，我们会自然地因他们的仁慈而感恩，对他们的不幸表达同情。这些情感将使得我们更容易履行义务，它们是我们倾向于如此行动的标志。康德在评论同情时说："它是自然植根于我们之中的一种冲动，（促使我们）做义务的表象不会独自完成的事情。"②

因此，对康德而言，道德情感、良知、自尊等心理状态对于道德而言是必需的，如果人们不拥有它们便不能被赋予义务，它们是义务概念易感性的主观条件。③ 我们通过正确培养的情感来履行美德义务是很重要的。但这么做不是要发展我们的本性，从而使得我们的理性和激情这两个部分协调一致，而是说，我们是否以正确的（内在）方式（即理性保持对情感的控制）履行我们的美德义务。康德认为，美德"包含一个对人的积极命令，即把他所有的能力和偏好置于他的理性控制之下，从而统治他自身……因

---

① [德]康德. 康德著作全集（第6卷）[M]. 张荣，李秋零，译. 北京：中国人民大学出版社，2007：393.

② Immanuel Kant. The Metaphysics of Morals[M]. Cambridge：Cambridge University Press，1991：251. 括号内文字为笔者所加，此处原文是："It is one of the impulses that nature has implanted in us to do what the representation of duty alone would not accomplish."。

③ 康德. 康德著作全集（第6卷）[M]. 张荣，李秋零，译. 北京：中国人民大学出版社，2007：411.

为除非理性把政权掌握在自己手中，否则人类的情感和偏好将把持人的一切"。①

在《道德形而上学原理》和《实践理性批判》中，康德的主要目的是分析道德的本质和基础，并对道德的最高原则，即绝对命令进行辩护。然而在这些著作中，康德也论及了善良意志或好的品格。据康德，善良意志是唯一具有终极价值的善。善良意志之所以是善的，就在于它是为义务而义务，而不是出于情感和爱好而遵守义务。情感和爱好（inclination）对于道德行为而言是不可靠的动机，它们"止于善是偶然的，而趋于恶却是经常的"。② 在康德那里，爱好提供的只是非道德的行动理由，不能表达善良意志，"理性在对自身尊严的意识中鄙视爱好，并逐渐成为它们的主宰"。③从《道德形而上学原理》中的论述来看，康德主义的善良意志或好的品格所要求的似乎就是摒弃一切爱好而固守于为义务而义务。因此，许多学者都指出，康德对好品格或美德的理解在诸多方面是有缺陷和不完善的。

但康德的辩护者们认为，基于《道德形而上学原理》和《实践理性批判》对康德关于美德的观点盖棺定论还为时尚早。他们认为，对康德的这些指控是不充分的，因为它们没有考察康德的美德理论。实际上，康德在后两部著作中对美德的阐释有一种美德伦理学的倾向，以至于一些康德伦理学的当代支持者声称："毋庸置疑……康德首要地提供了一种美德伦理学，而不是一种规则伦理学。"④

康德在《美德论》中对美德进行了不同方式的规定，但这些规定的核心内涵几乎都是一种自我强制（self-constraint）概念，而且都将美德与神圣（holiness）进行对比。康德将神圣视为摆脱了背离道德而行动的可能性，因

① Immanuel Kant. The Metaphysics of Morals[M]. Cambridge：Cambridge University Press，1991：208.

② 康德. 道德形而上学原理[M]. 苗力田，译. 上海：上海人民出版社：29.

③ 康德. 道德形而上学原理[M]. 苗力田，译. 上海：上海人民出版社：28.

④ Onora O'Neill. Kant after Virtue[J]. Inquiry，1984（26）：394. 转引自 Robert Louden. Kant's Virtue Ethics[J]. Philosophy，1986，61（28）：474.

而无需强制自己的意志来遵守普遍的道德法则的理性存在者的一种道德完善的形式。相比之下，美德作为"人在遵从其义务时意志的道德力量"，是有限的不完善的存在者所能希望获得的。① 神圣之所以总是令我们黯然失色，就在于我们具有感性的爱好和需要，它们本身就不符合道德的命令；而且我们趋向于赋予这些感性爱好和需要（康德把它们总称为幸福）以优先性。正是由于我们作为不完善的理性存在者的这种倾向，我们需要美德，它是一种抵制由感性产生的诱惑，按照实践理性生活的意志的道德力量。

康德主张，美德最好被理解为一种道德上好的意向（gesinnung/disposition）或思维方式（denkungsart/way of thinking），这种意向或思维方式可以自由获得，是个体道德责任的依据。他把它描述成一种"能力"或"勇气"（fortitude），并且强调它是某种形式的"心灵力量""灵魂""意志"或"准则"。康德告诉我们，美德不是纯粹的自我强制，后者可能完全缺乏道德内涵，而是一种合乎内在自由原则的自我强制，因而是按照义务的形式法则对个体义务的表达。② 这一阐释对我们理解康德的美德尤其有帮助，因为它强调了康德美德概念所包含的各种关键要素，即自我强制、内在自由、义务和道德法则。将美德定义为"道德勇气"（fortitudo moralis），就是将美德理解为"反抗一个强大却不正义的（与我们的道德倾向相冲突的）敌人的能力和深思熟虑的决心"，③ 这一定义强调了这样一个观念："康德主义的美德是意志的一种道德力量，它只有通过它能够克服的障碍才能为人所知。"④我们要注意到，美德所必须包含的道德力量并不总是抑制自然爱好。康德提醒我们，美德概念本身就意味着一种"矛盾的倾向，而不是已经拥有了意志的倾向的完全纯粹性的神圣"（《实践理性批判》5：84，208）。

---

① 康德. 道德形而上学[M]//康德著作全集(第6卷). 张荣，李秋零，译. 北京：中国人民大学出版社，2007：417.

② 康德. 道德形而上学[M]//康德著作全集(第6卷). 张荣，李秋零，译. 北京：中国人民大学出版社，2007：407.

③ 康德. 道德形而上学[M]//康德著作全集(第6卷). 张荣，李秋零，译. 北京：中国人民大学出版社，2007：393.

④ Anne Baxley. Kantian Virtue[J]. Philosophy Compass，2007(2/3)：398.

如他解释的，当作为自我控制的美德甚至都存在问题时，理性与爱好必定会同时出现，因为此时如果无需与极任性的爱好抗争，也就不再有任何美德。而且康德明确反对这样一个观点：道德上善的行为的敌人就在于自然爱好本身。

他所设想的道德生活蕴含着道德主体内在的努力与抗争。我们作为有限的理性存在，所面临的任务是努力克服通往道德之善途中的内在障碍，这一障碍居于我们的感性本性之中，我们要用理性宰制自己，从而与我们的"恰当的自我"(proper self)充分一致。因此，这种解释不是将美德定义为行为倾向，而定义为一种内在的品格特征。康德将美德解释为品格特征的背后有一个基础性的概念，即他所说的"自主"(autocracy)：与超越感性之上的理性一致的道德上的自律。① 康德说的自主的(autocratic)人是自律而不是屈服于情感和爱好，因而是自己的主人。他用自己的理性本性牢牢地宰制了自己的感性本性后，就具有了抗拒感性本性可能产生的爱好和诱惑的勇气，也就获得了出于义务动机而履行道德义务的意志力量，最后他就能享受由理性控制自己灵魂而产生的满足感。古希腊一个普遍的美德观是将美德视为一种人类灵魂的健康，基于这种美德观，康德主张只有当我们拥有了这种形式的意志的道德力量时，我们才处于一个适宜的(fit)状态或者适于人类的健康状态。②

这样看来，康德的美德概念主要是指人的灵魂的一种状态，道德主体内在的品格特征。劳登认为，康德伦理学始于善良意志，康德在《道德形而上学基础》的开篇赋予善良意志至高无上的地位，只有善良意志是无条件的善。根据康德的观点，无条件的善不同于快乐这样的目的状态或者履行某种原子式的合乎规则的行为，它是作为一个人所有行为基础的品格状态。要回答"我的意志是善的吗?"这一问题，我们必须超越原子式的行为

---

① 康德. 道德形而上学[M]//康德著作全集(第 6 卷). 张荣，李秋零，译. 北京：中国人民大学出版社，2007：396.

② 康德. 道德形而上学[M]//康德著作全集(第 6 卷). 张荣，李秋零，译. 北京：中国人民大学出版社，2007：397.

和决策，转而探究我们是如何生活的。一个人不可能"在一些方面是善的，而同时在另一些方面又是恶的"①，在康德看来，一个人不能在某个时候展现一种善良意志，而在其他时候展现一种恶的，因此品格必须是稳固的状态。

所以，康德关于善良意志是无条件的善的论断意味着，其伦理学中最重要的不是行动而是行动者。康德在《美德学说》中将美德定义为一种对抗我们意志中的不好的道德态度的勇气。有德之人由于他这种"勇气"因而能够抵制与道德法则相悖的冲动和爱好。

善良意志是一种稳固地出于尊重道德法则的动机而行动的意志。但是人类是一种自然存在物，往往具有使他们违背理性而行动的爱好，因而他们的意志处于一种永恒的张力状态之中。有些人的意志好于其他人，但只有一种神圣的意志拥有绝对的善良意志。这就是康德为什么主张"人类的道德在其最高阶段仍然只是美德(而不是神圣)"的原因，美德只是善良意志的一个近似物。② 康德的有德之人是一个趋近于善良意志的人，他通过心灵的力量永远出于对道德法则的尊重来行动，同时他还会感受到引诱他出于其他动机行动的自然爱好的存在。

如果美德是人类对善良意志的趋近，又如果善良意志是唯一无条件的善，那么这就表明对康德而言，道德美德是一个最基本的而非次要的派生性的概念。如哈比森(Harbison)指出的，"康德道德哲学的本质与我们通常所认为的相当不同，因为在这一探究的基础上我们必定可以推断善良意志概念是康德道德哲学的基础。"③

但是，我们不能因此就将康德伦理学解读为美德伦理学。因为无论是善良意志还是美德，都是按照服从道德法则来定义的，它们都是服从道德

---

① 康德. 单纯理性限度内的宗教[M]. 李秋零，译. 北京，中国人民大学出版社，2003：8.

② 康德. 道德形而上学[M]//康德著作全集(第6卷). 张荣，李秋零，译. 北京：中国人民大学出版社，2007：396.

③ Warren G Harbison. The Good Will[J]. Kant-Studien, 1980, 71(1)：59.

法则和出于对法则的尊重而行动的意志。康德从善良意志开始是为了揭示"道德的最高原则"——绝对命令。由于人的美德是按照服从法则和绝对命令来定义的，那么现在康德伦理学中最重要的似乎不是"为美德而美德"，而是"为义务而义务"。美德是康德伦理学的中心，这是从它是所有道德价值判断的基础的意义上说的。但是康德式的美德本身是按照道德的最高原则来定义的。康德强调的是对主体性(agency)的承诺以及长期特有的行为，而不是原子式的行动和针对道德困境设立决策程序，这是我们从美德伦理学中所能看到的一种特征。康德所珍视的是道德主体中持久地出于对法则的尊重而行动的能力，不是在遵守具体规则或具体行为的意义上，而是在通过尊重理性法则来指导一个人的整体生活这样一个更为根本的意义上。

因为康德式的美德是从属于道德法则的，这就使得他更像是一个主张服从规则的理论家。然而，这种服从规则不是以一种狭隘的拘泥于形式的方式(这种方式正是美德理论家指责规则伦理学的原因之一)，而是以一种更宽广的古典意义上的按照理性而生活的方式。因此，这两种关于行动者和规则的视角都明显地呈现在康德对善良意志的解释之中。有德之人是一个出于对理性法则的尊重而持久地"遵守规则"的人。"规则"虽然是作为行为指导，但同时也是更为根本的生活指导。①

虽然美德在康德伦理学中的地位比通常的看法所认为的要重要得多，但认为康德伦理学是美德伦理学似乎有些过头了。行动者和行动这两个重要视角都出现在康德伦理学中，虽然前者不是居于主导地位。康德伦理学寻求的不仅是评价原子式的行为，还要评价行动者的生活方式。不过，虽然成为某种人(而不是做具体的行为)是康德伦理学的核心，但他的道德人格概念仍然是按照对法则的服从来定义的。

与康德不同的是，休谟对美德或良好品格的兴趣表现出更多的古希腊倾向。对古希腊观点复兴的哲学家往往表现出对美德或良好品格的心理学基础的兴趣，休谟把美德定义为"心灵的一种令每一个考虑和静观它的人

---

① Robert Louden. Kant's Virtue Ethics[J]. Philosophy, 1986, 61(28)：477-479.

感到愉快或称许的品质"。① 美德是心灵怎样的品质呢？同某些古希腊伦理学家一样，休谟认为美德必须植根于我们的情感本性。因为在休谟看来，道德情感可推动我们的行动，而理性却不能单独推动我们的行动。他对古代伦理学的偏爱最明显地表现在他对美德本质的关注，以及着力解释美德如何产生于我们的情感和欲望。

休谟认为道德价值在于人的品质，个体的品质是其行为的原因，只有出于品质的行为才具有必然性，才具有道德价值。休谟重视美德的道德价值，而他又把美德及其价值来源着重描述为心理活动和属性，休谟美德思想的道德心理学主要是阐明我们如何辨别一种性格是德或恶，我们在认知和辨别道德品格时，情感和理性分别具有什么样的作用。因而，休谟美德思想主要是对道德判断的心理机制的描述。

休谟把美德视为一种心理事实，是一种性格或心理特质。休谟在《道德原则研究》第八章对标题的注释中明确给出了美德的定义："德性的定义就是，它是心灵的一种令每一个考虑和静观它的人感到愉快或称许的品质。"②在该书的附录中，休谟再次明确美德的定义："给予旁观者以快乐的赞许情感的心理活动或品质"，③ 他把这一定义视为无需证明的假设。从这一定义来看，美德本质上是心灵的品质或者心理活动，是一种事实描述，是人的心灵中的"情感、动机、意志和思想"④。在休谟看来，真正使得我们在道德上有差别的是人的品格，道德价值全部在于人的道德品质而不是道德行为，他明确地说："个人价值完全在于拥有一些对自己或他人有用的或令自己或他人愉快的心理品质。"⑤其理由有二。

首先，休谟认为道德品质使得我们产生一定的情感，而情感又驱动我们产生特定的行为，因而个体的品质是其行为的原因。也就是说，行动者

① [英]休谟. 道德原则研究[M]. 曾晓平，译. 北京：商务印书馆，2001：13.
② [英]休谟. 道德原则研究[M]. 曾晓平，译. 北京：商务印书馆，2001：114.
③ [英]休谟. 道德原则研究[M]. 曾晓平，译. 北京：商务印书馆，2001：141.
④ [英]休谟. 人性论(下)[M]. 关文运，译. 北京：商务印书馆，1980：509.
⑤ [英]休谟. 道德原则研究[M]. 曾晓平，译. 北京：商务印书馆，2001：121.

的道德行为只是其品质的外部表现，其价值来源于我们的道德品质，因此，道德行为的善恶是对个体内在品质道德属性的反映。休谟说："如果特定的性格不一定产生特定的情感，而这些情感又不一定作用于人的行为，那么道德的基础又在哪儿呢?"①因此，在关于道德价值的起源的探讨中，我们就不应该把任何一个单独的行动作为道德价值的本源，而应该追溯到那种行为所由以发生的品格。休谟认为，虽然我们只能观察到别人的行为，然后以它们为动机的标志，但我们的道德评价终归是关于性格特质的评价。休谟说："显而易见，当我们赞美任何行为时，我们只考虑发生行为的那些动机，并把那些行为只认为是心灵和性情中某些原则的标志或表现。外在的行为并没有功。我们必须向内心观察，以便发现那种道德的性质。我们并不能直接发现这种性质，因此，我们就把行为作为外在的标志，而集中注意于其上。不过这些行为仍然被视为标志，而我们称赞和赞许的最后对象仍然是产生这些行为的动机。"②

休谟认为，单个的行为并不一定具有因果必然性。休谟假设我们的行为分为两种，一种是不具有因果必然性的，一种是具有因果必然性的，前者不是我们性格的产物，后者则是我们性格的产物。如果我们的行为不是出于我们的性格，就不会是必然的，而是偶然的，就与采取行为的人没有关系。③ 这样的行为不具有道德意义，不属于道德考虑的对象。因此，如果这些行为的原因不是源于行为者自身的品质和性情，那么不论这些行为是善的还是恶，都对他的声名没有影响。虽然这些行为自身可能与道德和宗教原则相悖，应当受到谴责，但是行为者不用因为行为本身而承担道德责任。④ 因为这些行为并非源于他自身某种经久不变的品性，这个行为者就不能成为惩罚或者报复的对象。因此，"一个人即使犯下最可怕的罪行，也依然像初生的婴儿一样清白无瑕，而且他的品格也和他的行为毫无关

---

① [英]休谟. 人类理智研究[M]. 王江伟，译. 北京：北京出版社，2012：84.
② [英]休谟. 人性论(下)[M]. 关文运，译. 北京：商务印书馆，1980：517.
③ [美]伊丽莎白·拉德克利夫. 休谟[M]. 胡自信，译. 中华书局，2002：98.
④ [英]休谟. 人类理智研究[M]. 王江伟，译. 北京：北京出版社，2012：92.

系，因为这些行为并非源于那种品格，绝对不能用行为的恶劣来证明品格的败坏"。①

其次，休谟认为道德哲学作为一门科学，需要从现象中发现原则或规律，道德评价的对象应当是具有稳定性和持久性的事物。休谟说："如果说任何行为是善良的或恶劣的，那只是因为它是某种性质或性格的标志。它必然是依靠心灵的持久的原则，这些原则扩及于全部行为，并深入于个人的性格之中。任何不由永久原则出发的各种行为本身，对于爱、恨、骄傲、谦卑，没有任何影响，因而在道德学中从不加以考究。"②休谟实际上假定，在一般情况下，人们具有稳定的性格，而我们的行为由性格引起。我们评价的心灵品质是一种心理倾向，它至少包括感受某种情感的持久趋向，能激发行为。美德是"持久的精神品质"，稳定的感受习惯和以特定方式回应和行动的倾向，它们在特定情境中可以驱动大多数人的反应，是回应情境和他人的稳定方式。

在休谟看来，假如我们了解人们性格和境遇中的每一种特定条件，那么即使人们作出最不合常规和最出人意料的决定，我们也可以对其进行解释。一个和蔼可亲的人突然给出一个怒气冲冲的答复，那或许是因为他患有牙痛，也或许是因为他没有吃饭；如果一个愚钝的家伙在举止上显得异常活泼，那或许是因为他骤然获得了一份好运气。③ 所以，休谟虽然承认人性在一定程度上变化无常，但其运作方式具有一致性，正如"风雨云以及其他的天气变化虽然看起来无章可循，但是人们却猜想它们应该是受到一些稳定的原则支配，只是人们的智慧和探察还不足以轻易地发现那些原则罢了"④。所以，即使我们行为表面上无章可循，但"旁观者通常能够从我们的动机和性格推断我们的行动；即使在他推断不出来的时候，他也一

① [英]休谟. 人类理智研究[M]. 王江伟，译. 北京：北京出版社，2012：92-93.
② [英]休谟. 人性论（下）[M]. 关文运，译. 北京：商务印书馆，1980：617.
③ [英]休谟. 人类理智研究[M]. 王江伟，译. 北京：北京出版社，2012：82.
④ [英]休谟. 人类理智研究[M]. 王江伟，译. 北京：北京出版社，2012：83.

般地断言说，假如他完全熟悉了我们的处境和性情的每个情节，以及我们的天性和心情的最秘密的动力，他就可以作出这样的推断……这正是必然的本质"。①

休谟之所以重视美德的价值，是因为他把单个行为视为偶然的，而他所要探究的是具有必然性的人性规律，只有由我们的性格引起的行为才具有因果必然性，才是道德考虑的对象。而这种行为既然是由我们的性格引发的，是我们出于性格进行选择的结果，那么行为的道德属性和价值当然要归到行为者的性格上去。

休谟认为："个人价值完全在于拥有一些对自己或他人有用的或令自己或他人愉快的心理品质。"②根据休谟的这一表述，美德的价值体现在两个方面：愉悦和效用。一方面，休谟从旁观者的角度来说明，美德的性质或者功能是引起旁观者的愉悦和赞成的情感。另一方面，休谟也从道德主体的角度来说明，美德是激发道德主体自尊和骄傲的情感的力量，美德这种内在力量使得道德主体能够对外部道德现象或者自身的道德人格产生正确的或者正常的情感反应。换言之："在我们的心理性质方面，德和产生爱或骄傲的能力，恶和产生谦卑或憎恨的能力，两者应当被认为是等同的。"③这就是说，美德不仅给旁观者带来快乐和赞许的情感，同时也能激起美德拥有者自身的自我认同、自我肯定的积极情感。

直接令自己愉快的品质包括欢喜(cheerfulness，其主要意思是振奋、快乐、高兴和喜悦)、高贵、勇敢、宁静、仁爱、审美上的感受力等，它们"无需对社会或对它们的拥有者自身的任何效用或任何更大利益趋向，就给予旁观者以一种满足，并赢得他们的友谊和尊重。对于那个拥有它们的人，它们的直接感觉是愉快的"。④"对这些美所具有的敏感性，或趣味的敏感性，在任何品格中其本身就是一种美，因为它带来一切快乐中最纯

---

① ［英］休谟. 人性论（下）［M］. 关文运，译. 北京：商务印书馆，1980：447.
② ［英］休谟. 道德原则研究［M］. 曾晓平，译. 北京：商务印书馆，2001：121.
③ ［英］休谟. 人性论（下）［M］. 关文运，译. 北京：商务印书馆，1980：617.
④ ［英］休谟. 道德原则研究［M］. 曾晓平，译. 北京：商务印书馆，2001：101.

粹、最持久、最无邪的快乐。"①这些价值之所以受到珍视，是因为它们直接传达给其拥有者以快乐，或者说这些品质使得我们在生活中感受幸福，它们本身就是快乐和幸福的构成元素，而不是说它们可以帮助我们成就其他的事情，它们不是工具性的价值。直接令他人愉快的品质主要包括良好作风、礼貌、机趣、真诚坦率、谦逊、风度等，这些品质能够为他人带来直接的享受，因而被赞许。

在休谟看来，美德本就是好的、令人愉悦的，他说："由于德性就是一个目的，而且因为它自身之故，毋需任何报酬和奖赏，单纯因为它所传达的直接满足就令人欲求，因此必不可少的是，应当存在某种它所触动的情感，某种内在的趣味或感受……区别开道德的善和恶，接受前者而摒弃后者。"②也就是说，虽然美德本身令人愉悦，但这需要一个条件，即个体自身要有某种倾向或态度，即认为美德是愉悦的，倾向于把美德视为自己希望拥有的。这种倾向就是休谟所说的"趣味"。在休谟看来，趣味不仅是我们培养美德的情感基础和必要前提条件，而且它还是形成我们的人生观和价值观的前提，因而也是驱动我们的道德行为的动力因素。他说："趣味，由于它产生快乐或痛苦并由此构成幸福或苦难之本质，因而就变成行动的动机，是欲望和意欲的第一源泉和动力。"③因而，道德和美德大体上都是"由趣味和情感而派生出来的"。④所以，"一切道德思辨的目的都是教给我们以义务，并通过对于恶行的丑和德性的美的适当描绘而培养我们以相应的习惯，使我们规避前者、接受后者"。⑤

所以，"趣味"是人们追寻美德的情感基础。这从我们对美德这一词汇的使用就可以看出来，"美德（virtue）这个词，在各种措辞中都有对应之

---

① ［英］休谟. 道德原理研究［M］. 周晓亮，译. 北京：中国法制出版社，2011：79.
② ［英］休谟. 道德原则研究［M］. 曾晓平，译. 北京：商务印书馆，2001：146.
③ ［英］休谟. 道德原则研究［M］. 曾晓平，译. 北京：商务印书馆，2001：146.
④ ［英］休谟. 道德原则研究［M］. 曾晓平，译. 北京：商务印书馆，2001：22.
⑤ ［英］休谟. 道德原则研究［M］. 曾晓平，译. 北京：商务印书馆，2001：23.

词，它意味着赞美，而恶（vice）则意味着谴责"。① 在这个意义上，休谟把人们对道德和美德的趣味等同于人们在文学、艺术、性格、情感等方面的审美趣味。至于这种趣味是如何成为可能的，在休谟看来，这是我们目前所不可知晓的，他推测可能这与我们人类的自然官能有关系，他说："除了天生适合接受这些情感的人类心灵的原始组织和构造，我们还能将什么别的理由永远派定给这些感情呢？"②对休谟而言，人类道德感的可能性条件是人的特定情感：自爱、仁爱、广泛的同情。在《怀疑论者》一文中，休谟描述了道德感可能性的条件：

> "一个人如果天生就一副怪异的心理结构，性情冷漠而不善感，对仁爱与品德无动于衷，对同伴没有同情心，不需要赞誉和掌声，这样的人注定不可救药，连哲学也无计可施。"③

休谟认为，这样一个人没有资格进行关于德或恶的判断，因为他没有道德感所要求的情感和能力。因此，我们对道德品质和行为进行判断时，首先是判断者要具有一定的资格，即他要具有一定的情感倾向和能力。其次，判断者依据自身的情感对道德品质和行为产生快乐或痛苦、骄傲或谦卑的感觉，对它们进行德或恶的判断。这种有资格的行动者不仅是道德判断的前提条件，也是对美德进行进一步完善的定义的前提条件。斯旺顿认为，美德具有一种依赖于有资格的行动者的回应的属性，或者说美德是回应依赖的（Response-Dependent），其具体解释如下：

(1) V 是一个美德，仅当它能从有资格的行动者那里引出恰当的

---

① ［英］休谟. 论道德与文学［M］. 马万利，张正萍，译. 杭州：浙江大学出版社，2011：94.
② ［英］休谟. 道德原则研究［M］. 曾晓平，译. 北京：商务印书馆，2001：23.
③ ［英］休谟. 论道德与文学［M］. 马万利，张正萍，译. 杭州：浙江大学出版社，2011：63.

回应。这些回应包括赞赏 V，培养 V，模仿 V，训练孩子具有 V，倾向于认可和赞赏 V 在自己和他人身上的呈现。

（2）一个行动者是有资格的，仅当她具有某些情感倾向。

（3）美德或恶是对象之中的一种力量，它能引发有资格的行动者的相关回应。①

休谟主张，我们如何认知品格是美德还是恶的，如何为我们基于情感的品格评价设立标准，需要诉诸"明智的旁观者"和"普遍的观点"（a general point of view，或译为"一般的观点"）。在休谟那里，"明智的旁观者"是一种理论假设，只是为了说明我们应当纠正个体情感的偏私性和局限性，从而产生"普遍的观点"。但要实现普遍的观点则要依靠社会性的交流、习俗和惯例，因而，对品格特征的鉴别和评价是一个社会过程，要求交谈、协商与争论。因此，关于什么样的品格是值得赞扬或责备的道德知识，是依靠集体确立的。

休谟认为，美德不仅仅是一种自身就值得我们追求的价值。他明确地提出了美德的外在价值，即美德对于个体和社会是有效用的。休谟美德思想的一个鲜明特点是苏格兰启蒙运动中的道德哲学家所普遍持有的社会公益观点，这往往被当代研究者视为功利主义的倾向。休谟认为，我们在称赞一个仁慈和人道的人时，往往充分考虑了这个人的交往和善行给社会带来的幸福和满足。因而，他明确主张："社会性的德性所产生的效用至少是形成它们的价值的一部分，是它们受到如此普遍赞许和尊重的一个源泉。"②

在休谟看来，效用或者有用性令人愉快，为我们所赞许，这是日常经验所确证的。因此，德性增加人类的幸福，恶行则增加人类的苦难，前者受人赞许，后者受人谴责，这也是许多哲学家的共识。所以，休谟把效用

---

①　Christine Swanton. Can Hume be Read as a Virtue Ethicist? [J]. Hume Studies, 2007, 33(1)：91-113.

②　休谟. 道德原则研究[M]. 曾晓平，译. 北京：商务印书馆，2001：31.

对于人的愉悦性视为一种自然而然的事情。"由于这些社会性的德性的公共效用是它们由以派生它们的价值的主要因素，因而，它们所趋向于促进的目的必定是某种我们感到愉快的方式，必定抓住我们的某种自然的感情。"①但休谟认为这些哲学家仅仅把这种情感归于自爱是不正确的，休谟认为它不仅是出于对自我利益的考虑，而且是出于更慷慨的动机和考虑。在休谟看来，有些美德确实是直接对我们自身有用，但大多数社会性的美德之所以具有效用，为我们所赞许，不是通过对自我利益的某些尊重来打动我们的，而是具有一种更普遍和更广泛得多的影响力，它超出了自爱的范畴。他指出，在我们的生活中，我们听到具有高尚美德的人的事迹和卓越品时，我们会给予敬重和赞许，而不会关注他生活的时代和国家是什么，与我们自身的幸福毫无关系。不仅如此，"一个慷慨的行为、一个勇敢的行为、一个高尚的行为，由对手做出来，也博得我们的赞许，尽管我们可能承认其后果有损于我们特定的利益"。②

我们之所以会超出当下我们自身的利益来赞许美德，其中一个原因是美德所促进的利益"必定是那些受到称许的性格或行动所服务的人的利益；而这些人我们可以断定，不论多么遥远，那是与我们并非完全漠不相关的"。③ 但这不是我们赞许美德的主要原因，主要原因是我们基于移情的仁爱情感，使得我们总是趋向于公共利益、社会的和平与秩序。正是移情和人道原则"深刻地进入我们所有情感中，并具有如此强大的影响力，以至于可以使它们有能力激起最强烈的责难和赞许"。④ 由此可见，休谟认为，效用是我们对道德品格和行为进行赞许和责难的源泉，是我们进行道德评价的一个主要标准，但效用原则本身是基于我们人性中的仁爱情感和移情的心理机制。

---

① 休谟. 道德原则研究[M]. 曾晓平，译. 北京：商务印书馆，2001：65.
② 休谟. 道德原则研究[M]. 曾晓平，译. 北京：商务印书馆，2001：66.
③ 休谟. 道德原则研究[M]. 曾晓平，译. 北京：商务印书馆，2001：69.
④ 休谟. 道德原则研究[M]. 曾晓平，译. 北京：商务印书馆，2001：82.

第三节　美德的道德心理学共识

虽然现代道德哲学是阐明普遍道德法则和原则的规则伦理学，但由康德和休谟关于美德的论述我们可以看出，现代道德哲学家并非没有关于美德的思想，而且他们对美德的分析主要是哲学心理学的，这同古典希腊时期的哲学家，尤其是亚里士多德分析美德的方法是一脉相承的。这种对美德的哲学心理学分析，尤其是休谟关于美德的心理学分析，后来又启发了当代西方美德伦理学家。

在批评现代道德哲学时，当代西方美德伦理学的奠基者安斯库姆在美德伦理学的标志性文献《现代道德哲学》一文中指出："就目前而言我们从事道德哲学是没有益处的；无论如何我们都应当搁置这一工作，直到我们拥有了一种充分的哲学心理学，而这正是我们所明显缺乏的。"[①]安斯库姆的这一观点是说伦理学研究必须以人的道德心理为基础，这一观点和休谟的思想有着明显的关系。休谟在区分事实判断和价值判断时的一个重要意图是强调道德活动的动力和指导者不是关系事实的认知理性，而是人的情感，因而他主张应当将道德建立在人性中的道德情感而非理性法则的基础上，因而这种主张就触及了人类的道德心理，安斯库姆对此深表赞同，所以她称休谟"是一位深刻而伟大的哲学家"。[②] 安斯库姆提出，伦理学要从"意图""快乐""想望"等心理概念而不是道德规则和普遍法则出发，在此基础上考虑一种美德概念。[③]

在安斯库姆的启发下，当代西方美德伦理学家大多致力于"重建行为者的心理结构，把道德心理学置于道德哲学研究的基础地位"，[④] 因而大多也从道德心理学的角度来解释美德。在美德伦理学中，美德通常被解释为

---

① Anscombe G E M. Modern Moral Philosophy[J]. Philosophy，1958(33)：1.

② Anscombe G E M. Modern Moral Philosophy[J]. Philosophy，1958(33)：3.

③ Anscombe G E M. Modern Moral Philosophy[J]. Philosophy，1958(33)：15.

④ 李义天. 道德心理：美德伦理学反思与诉求[J]. 道德与文明，2011(2)：43.

心理学意义上的性格特质（character trait）。比如，新亚里士多德主义者赫斯特豪斯认为，"美德是一个人为了幸福，即兴旺或生活得好而需要的性格特质"。① 在对美德进行道德心理学分析时，赫斯特豪斯指出，诚实或慷慨的美德，不只是做诚实或慷慨之事的倾向，它也不能仅仅被规定为"可欲的"或"道德上有价值的"品格特征。美德其实是一种品格特征——它是其拥有者非常确定的一种倾向，但是这种倾向远不只是做诚实之事甚或出于某种理由做诚实之事的单一倾向，它是一种多维度的倾向。它还关涉情感及情感反应、选择、价值、欲望、感知、态度、兴趣、期望和敏感性等，因而美德是一种复杂的精神状态。②

美德是一种复杂的倾向，这种倾向包括注意力、分析、思考、欲求和以典型的方式行动等方面。以慷慨这一美德为例，慷慨的人倾向于注意到施与的情境，以宽容慷慨的方式分析可从多角度解析的模糊的社会事件，欲求给予人们需要的东西或欣赏的东西，基于这样的考虑来行动。再比如，诚实不能被简单地等同于在交易中诚实无欺，如果行动者这样做只是因为他认为诚实是最好的策略或者他害怕被揭穿，那么他就还不具有诚实的美德。在行动上，具有诚实美德的人，其行动和选择都体现了诚实的价值，他尽可能地和诚实的人一起工作，结交诚实的朋友，教育他们的子女成为诚实的人。在情感和态度方面，他反对、厌恶、鄙视不诚实，对欺骗性的故事感到不悦，轻视那些依靠不诚实的手段获取成功的人，而不认为他们是聪明的，当他身边的亲友做出不诚实的事情时，感到震惊和沮丧。因而我们往往会认为，这种倾向的表现是可观察的，因而甚至可以对之进行实证研究。近几十年以来的美德伦理学家往往对美德的实在性持乐观态度。比如，阿拉斯戴尔·麦金太尔（Alasdair MacIntyre）主张："如果不提及正义与非正义、勇敢与怯懦在人类生活中的位置，那么真正可说明的东西

---

① Rosalind Hursthouse. On Virtue Ethics［M］. New York：Oxford University Press，1999：29.

② Rosalind Hursthouse Virtue Ethics［DB/OL］.（2010）. http：//plato. stanford. edu/archives/sum2010/entries/ethics-virtue/：2010.

就微乎其微。"①茱莉亚·安娜斯宣称："当我们反思美德时，我们就已经具有了某种美德。"②

　　情感主义者斯洛特参照休谟对美德的定义——心灵的一种令每个考虑或静观它的人感到愉快或称许的品质，把美德界定为"令人钦羡和值得向往的内在品质"。③ 基于此，"一种最充分意义上的美德伦理学"应当是强调"行为者及其内在动机和品质特征，而不是对行动和选择的评价"。④斯洛特认为，美德应当建立在行动者的美好的道德品格和动机基础之上，纯正的美德伦理学应当以行动者的内在品格和动机为基础，美德之为美不在于其有利于行动者的兴旺，而在于其内在动机的美好。或许他觉察到，美德动机的价值是内在的，不依赖于外在的善，因而他认为，亚里士多德伦理学用主体的兴旺等来阐释美德，不能为内在于主体的原发性的道德元素——比如关怀和仁慈——提供基础。⑤ 因此，斯洛特认为美德伦理学可以"从十八世纪英国道德情感主义中寻求灵感。因为休谟和哈奇森都谈到和辩护了普遍形式的仁慈，尤其是哈奇森不仅将这种普遍的仁慈视为动机，而且将它视为独立于行为后果的、令人钦佩的道德理想……以情感作为行为评价的根据的美德伦理学方案反映了对人类的普遍关怀"。⑥ 于是，斯洛特从休谟的"同情"(sympathy)出发，通过现代心理学研究成果将这一概念改造为"移情"(empathy)，整合哈奇森的"普遍仁慈"、马蒂诺的"关怀"，将这些温暖的人类情感视为基本的美德动机，以此作为伦理学的基点。

---

　　① 阿拉斯戴尔·麦金太尔. 追寻美德[M]. 宋继杰，译. 南京：译林出版社，2003：252.

　　② Julia Annas. Intelligent Virtue[M]. New York：Oxford University Press，2011：8.

　　③ Michael Slote. Morals from Motives [M]. New York：Oxford University Press，2001：22.

　　④ Michael Slote. From Morality to Virtue[M]. New York：Oxford University Press，1992：89.

　　⑤ Eric S. Michael Slote's Rejection of Neo-Aristotelian Ethics[J]. The Journal of Value Inquiry，2008(42)：510-511.

　　⑥ Michael Slote. Morals from Motives[M]. New York：Oxford University Press，2001.

克里斯廷·斯旺顿（Christine Swanton）发展了一种同亚里士多德和尼采伦理学都有紧密关联的多元主义的美德伦理学。她从亚里士多德那里吸收了两种主要观念：其一，将美德视为一种理性与情感都秩序井然的倾向，在美德状态下，行动者具有实践智慧、正确的目的、正确的情感状态。其二，美德是一种适当地响应"世界的要求"的状态，而"适当"的标准与正确的"人的兴旺"概念有极大关系。① 斯望顿认为，尼采的理论强调内在自我，提供了一个更好地理解道德心理学的可能方式。因此，她从尼采那里吸收了一种深度心理学，用于构建"自爱"概念，这一概念是其美德概念的一个至关重要的心理学成分。斯望顿发展的"自爱"概念使她能够区分真正的美德与紧密相关的恶，比如自信和自负、道德的至善论和不道德的至善论。她还使用尼采主义的创造性（creativity）和表达（expression），将美德解释为通过尊重、创造、爱、促进等卓越的方式来回应有关条目的倾向和特征。

综上所述，当代西方美德伦理学家大致上从哲学的道德心理学的角度来阐释美德，把美德视为一种内在状态，或者说是一种性格特质，尽管他们对这种性格特质的内在状态的具体构成有不同说法。

在当代西方美德伦理学中，美德被理解为一种性格特质，其核心词汇是"性格"（character），美德即个体性格上的特质，那么 character 究竟是什么意思呢？英语单词 character 来源于希腊词 charaktêr，它最初的意思是指印在硬币上的标记。后来，character 更一般地指某一事物与众不同的特有标记，因而首要是指某一个体区别于其他个体的特性的集合。在现代英语的用法中，它主要是对个体性或特殊性的强调，具有"特征"和"个性"的意思，与 personality（个性、人格）意思大致相同。

然而，character 一词的哲学用法有一个不同的语言学历史。在《尼各马可伦理学》第二卷中，亚里士多德区分了人类的两种卓越或德性（excellence）：理智德性与品格德性（êthikai aretai）。êthikai aretai 在英语中

---

① Christine Swanton. Virtue Ethics：A Pluralistic View［M］. New York：Oxford University Press，2003：9.

通常译为 moral virtue(道德美德)或 moral excellence(道德德性),其中文翻译通常是"道德德性"或"伦理德性"。哲学意义上的 character 对应的希腊词是 êthos,它的意义是风俗和习惯,后引申为由风俗和习惯形成的品格(character)。因此,êthos 就具有了品格的意思。后来人们又从 êthos 演变出其形容词 êthikos,意即"与品格相关的"。这个词对应的英语词汇就是 ethical,因此我们不难推断,伦理学最初就是关于品格的学说。可见这些 moral virtue(道德美德)或 moral excellence(道德德性)译法并没有准确地表达出 êthikai aretai 在古希腊语境下的原意。希腊词 êthikos(ethical)与 êthos(character)是同根的,前者是后者的形容词。当我们谈道德美德或品格的卓越时,强调的不仅仅是特质或个性,而是使得一个人成为道德上值得钦佩的人的特质组合。①

　　虽然古希腊哲学家一致认为,美德即优良的性格特质(traits of character),比如智慧、勇敢、节制和正义,但他们对于如何理解这些特质存在分歧。柏拉图对话批评了这样一个观点:美德只是按照特殊方式行动的倾向。勇敢所要求的不仅仅是临危不惧,它还要求主体认识到何种情况下临危不惧是合理的、适当的,它要求我们按照认知来行动。这使得古希腊伦理学家断定,良好的品格特征包括两个方面:行为方面——做特定的行为;心理方面——具有正确的动机、目的、关注和视角。对于第二个方面,古希腊哲学家存在分歧。尤其是关于认知状态(比如知识和信念)和情感状态(比如欲望、感情和情绪)在良好品格特征中起到的作用,他们存在不同意见。苏格拉底和斯多葛学派认为,只有认知状态对于美德是必要的,而柏拉图和亚里士多德主张,认知和情感都是必要的。

　　在柏拉图的《普罗泰戈拉篇》中,苏格拉底把诸美德解释为实现快乐的工具和途径。按照这一观点,具有优良的品格就在于知道什么能给我们带来更多的快乐。在《普罗泰戈拉篇》中,苏格拉底知道这一观点会遭到大多

---

① Marcia Homiak. Moral Character[DB/OL].(2007). http://plato.stanford.edu/entries/moral-character.

数人的反对。多数人假定拥有美德要求的不仅仅是知识，因为知识并不保证人们愿意根据其知识来行动。某些人可能被愤怒、恐惧、性欲或其他欲望征服，而其违背信念的行动将带来更多的快乐。换言之，这种人可能是不自制的或意志薄弱的。苏格拉底回应说，这种情况应当做不同的理解。比如，当一个懦弱的人从战场上逃跑而不让自己有生命危险时，虽然他可能是在追寻更大快乐，但他实际上只是不知道投入战斗、英勇无畏带来的更大快乐。也就是说，在苏格拉底看来，不自制是不可能的。

然而，我们大多不会同意苏格拉底的观点，因为我们往往会认为知识不足以确保德行。这表明大多数人相信，良好品格不仅仅包括认知，还包括情感。柏拉图和亚里士多德都主张，良好品格要求以一种特有的方式将认知和情感结合起来。在《国家篇》中，柏拉图把灵魂分为三个部分，每部分具有不同的欲望。非理性的欲望可能与我们关于总体善的理性欲望相冲突，它们有时候会驱使我们以背离我们所承认的更大的善的方式去行动。此时，我们是不自制的。因此，要具有美德，我们必须既要理解构成我们总体善的是什么，又要正确地引导我们非理性的欲望，从而使得它们遵循我们灵魂理性部分的指导。

亚里士多德把灵魂划分为理性的和非理性部分，而且承认这两个部分都与良好品格相关。在所有的古希腊伦理学家中，亚里士多德对美德提供了最具心理学洞察力的解释，后世大多数对品格的哲学阐释受到了亚里士多德的影响和启发。亚里士多德在《尼各马可伦理学》第二卷第六节中将美德定义为："德性是一种选择的品质，存在于相对于我们的适度之中，它是由逻各斯规定的，就是说像一个明智的人会做的那样地确定的。德性是两种恶即过度与不及的中间。"①通过将道德德性视为一种品质，亚里士多德表明，它不是一种感受，也不是一种能力，也不只是按照特定方式行动的倾向。毋宁说，它是当我们在感受和行为方面运作得好时我们所处的稳

---

① ［古希腊］亚里士多德．尼各马可伦理学［M］．廖申白，译．北京：商务印书馆，2003：47-48.

定状态。当我们在感受和行为方面处于中道或中间状态时，我们在这些方面就做得好。反之，如果我们具有恶的品格，我们在感受和行为方面就运作得坏，就不能命中这些方面的中道。

亚里士多德强调，这种中间状态不是算术上的中间，而是相对于具体情境的中间。每一种美德都与具体的感受或行为相关，比如，温和或好脾气这一美德与愤怒相关。亚里士多德认为，一个温和的人应当对某些事情表示愤怒（比如对不正义之事），应当愿意为自己和他关心的人有所坚持。在亚里士多德看来，不这么做的话就表明这个人是麻木的，其道德品格是有缺陷的。如果没有什么事情值得生气和发怒，那么生气发怒就是不适当的。这种反应是易怒的人在道德上过度的表现。温和的人对情境的反应是适度的。有些时候强烈的愤怒是适当的，而有些时候平静的超然状态才是适当的。

有德之人对情境的情绪上的反应是适当的，这表明他的情感反应同他关于如何行动的正确推理之间是协调一致的。亚里士多德说，有德之人灵魂的非理性部分是听从理性部分的，因为他们的本性是完全合于逻各斯的。[①] 有德之人的灵魂是和谐一致的，不受冲突的折磨，这就有别于诸如自制、不自制与一般的恶等非德性状态。亚里士多德似乎认为，实际上，任何处于非德性状态的人都会受到内在疑惑或冲突的折磨，即使他表面上表现出像有德之人一样的心理的一致性。相反，有德之人享受自己的人格，从践行美德之中获得快乐。像邪恶之人一样，自制或不自制的人的内心是冲突的，但与邪恶的人相比，他们更能够意识到自身内在的冲突。自制本质上是一种自我克制：自制的人认识到自己应当如何行动，但要这样做他必须与相反的感受作斗争。不自制的人在某种程度上也知道自己应当做什么，但他因为相反感受的强大而不能做到。

亚里士多德关于不自制的立场似乎整合了苏格拉底和柏拉图的元素。

---

① [古希腊]亚里士多德. 尼各马可伦理学[M]. 廖申白，译. 北京：商务印书馆，2003：33-34.

苏格拉底明确地说，不自制的行为是不知道什么导向善的结果。他认为，既然每个人都欲求善并以之为行为目的，那么没有人会有意选择一个产生较少的总体善的行为。柏拉图主张，当一个人的非理性欲望驱使他按照其能够产生更大的善的理性欲望不支持的方式行动时，不自制就会发生。亚里士多德似乎赞成苏格拉底的观点，认为不自制的人的认知状态在不自制的行为中是有缺陷的，但他也赞成柏拉图的观点，认为一个人的非理性欲望导致了不自制行为。这可能就是亚里士多德的意思，他说，"苏格拉底试图所努力说明的问题就仍然是对的，因为当一个人不能自制时，呈现给他的知识不是真实的知识，也不是受到感情扭曲的知识，而只是感觉的知识。"①

亚里士多德和苏格拉底一样，有一种美德的统一性观点。苏格拉底在《普罗泰戈拉篇》中认为所有美德都是知识的表现形式。但亚里士多德认为德性是与逻各斯一起发挥作用的，美德的枢纽不是知识，而是明智。亚里士多德认为，道德德性是不可分离的，不能说一个人具有某一种道德德性而不具有另一种道德德性，因为"一个人具有了明智的德性，他就有了所有的道德德性"。②

根据亚里士多德对美德的规定，我们可以将性格特质粗略地定义为个体行动者所特有的、内在的某种心理结构。这种内在结构至少具有以下几个基本性质：第一，性格特质是心理上的，它体现在行动者的认知、动机以及情感上。第二，性格特质具有稳定性和确定性，不会轻易地随着情境的变化而改变。第三，内在品格对行为必定具有（价值上的）优先性，行动者的行为模式是对性格特质的表征，因此，个体行动者特有的行动要用这一内在结构来解释。当代西方美德伦理学虽然对美德是何种品格特征没有统一的意见，但各种美德理论基本上都赞同品格特征的上述三种性质。根

---

① [古希腊]亚里士多德. 尼各马可伦理学 [M]. 廖申白，译. 北京：商务印书馆，2003：230.
② [古希腊]亚里士多德. 尼各马可伦理学 [M]. 廖申白，译. 北京：商务印书馆，2003：190.

据这些基本性质，如果要确证这种品格特征的存在，我们至少要保证以下几点为真：

（1）行为的连贯性是普遍的内在结构的一个表征，这些结构与行为之间具有某种因果关系，也就是说，我们的道德行为要归因于我们的品格。道德的性格特征不只是从事某些外在的行为，它们首先要被理解为有一定的内在状态。一个人可以具有某一特定的道德性格特征，但它不一定体现为相关的行为，一个人可能是慷慨慈善的，即便他尚未表现出慈善的行动。因而不能倒果为因，由此说明这个人不具有慈善的品质。

（2）个体行为在某种程度上可以是连贯的，即个体可以具有某种稳定的行为模式，在不同的情境下可以做出具有相同性质的行为。这些特征包含两个维度，一是时间维度的，即随着时间的推移道德的性格特征是相对稳定的，当然这种稳定性要求不排除个人的品格随着时间的推移而改变，但是这样的改变也是需要时间的。二是情境维度的，即性格特质的表现是跨情境的。例如，一个诚实的人往往会向朋友、家人、同事等不同对象表现出诚实的行为。性格特质的跨情境性还意味着这些内在结构能不同程度地抵制情境对行动者施加的压力，即使情境不利于行动者做出道德的行动，具有某种性格特质的行动者仍然可以克服情境的不利影响，选择与品格特征相一致的行为。①

（3）个体的道德人格是整全的，即个体在道德的各种性格特质方面是一致的，各种性格特质不是分离的，而是统一的，即美德具有统一性。②

伦理学中所说的"性格特质"在人格心理学中通常被称为人格特征，当然，伦理学中的性格特质主要是指个体在道德方面的特质，因而它对应的是个体的道德人格特质。特质是人格的重要构成部分，简单地说，人格就

---

① Fleming D. The Character of Virtue：Answering the Situationist Challenge to Virtue Ethics[J]. Ratio（new series），2006（19）：30-31. 当然，用"抵制"和"克服"这些词可能并不准确，因为在亚里士多德那里，有德之人的灵魂是和谐的，在行有德之事时并不会感受到压力。但我们这里这么表述只是表明有德之人的美德在不利情境中能够战胜情境的压力。

② 对于传统美德伦理学中美德的这一特征的看法是存在争议的。

是心理特质的集合。因此，伦理学中的性格特质在人格心理学中最重要和最紧密相关的概念就是特质。

在人格心理学家看来，人类个体之间在有些方面存在着相似性，同时有些方面也存在着个体性的差异，这些体现着相似性或者差异性的方面就是心理学家所说的人格特质。人格心理学的奠基者高尔顿·奥尔波特（Gordon Allport）认为人格是"一种广泛的、聚焦的神经生理系统，具有使许多刺激在机能上等值的能力，能够激发和引导形式一致（等同）的适应性行为和表现性行为"。① 奥尔波特对人格下的这一定义意味着：第一，特质作为人格的基本单元，是具有生物学基础的，因而是具有实在性的，而不是为了理论表述的便利臆造出来的概念；第二，对个体进行不同的刺激，人格能够使个体产生具有一致性的反应，也就是说在不同的情境中个体能够表现出与自己人格相一致的行为，这就是特质的跨情境一致性，表现了特质对于个体行为选择和行为方式的决定性作用。

从哲学的角度讲，任何一个概念都可以从同一和差异的角度加以分析，特质也不例外。特质既有同一性也有差异性，也就是说特质表现在群体和个体两个层面。事实上，心理学家也是从这样两个方面来研究特质的。一方面，从群体层面看，不同群体间的人格特质存在差异，而群体内部的个体之间的特质存在某种程度的同一性。雷蒙德·卡特尔（Raymond Cattell）的研究就是从群体层面来探寻人格的基本单元。由于关注群体的同一性，这一维度的研究通常会研究外部文化和环境的影响。另一方面，群体内部的个体的特质也存在差异。这一维度的研究由于关注个体间的差异，因而通常更为关注个体的生物学特征，比如汉斯·艾森克（Hans Eysenck）对特质的研究就特别关注特质的生物学基础，而不太注意环境对于特质的作用和影响。特质心理学家基于各级的研究得出了各种具有高度

① Allport G W. Personality：A Psychological Interpretation [M]. New York：Holt，1937：295. 转引自喻丰，彭凯平，韩婷婷，柏阳，柴方圆. 伦理美德的社会及人格心理学分析：道德特质的意义、困惑及解析[J]. 清华大学学报（哲学社会科学版），2012（4）：129.

相似性的特质模型，比如刘易斯·戈登伯格(Lewis Goldberg)的人格特质的大五模型(Big Five Model)，罗伯特·麦克雷(Robert McCrae)等人构建的五因素模型(Five Factor Model)，奥利弗·约翰(Oliver John)同样也提出了五种人格特质。这些关于人格特质研究的理论后来被统称为人格的五因素理论(Five Factor Theory)。① 这种理论试图勾勒出个体人格体系的构成单元和运作机制，他们的"核心观点还是建立在特质这一核心概念上，即特质是人格的基本倾向，它影响人们的思想、情感和行为，并以一种层级的组织形式在成年人中保持一定的稳定性"。② 简单地说，特质心理学家相信，个体的人格由其外部行为和心理行为来表征，这些行为是有自身特征和模式的，决定这一特征和模式的正是个体稳定的特质。

人格心理学中不同的特质理论在特质的构成、特质的种类、特质的探究方法等问题上存在不同的观点，尽管如此，几乎所有的特质理论都具有三个共同的核心假设，这些假设构成了人格特质的心理学基础。这三种假设如下：

(1)特质是有意义的个体差异。这是特质理论的前提，如果人们之间不存在有意义的个体差异，也就无特质之说了，只有有意义的个体差异才被视为人格特质。因而，特质心理学家首先是对确定人们之间存在的差异感兴趣。我们在日常生活中通常都可以感受到个体之间人格上的差异性，这也是人格心理学家进行专业的实证研究的经验基础。根据这种差异，我们可以对个体特质进行程度上的高低评价。

(2)特质具有跨时间的稳定性或一致性。这一假设是说人们的人格在一定时间跨度内具有一定程度的一致性或稳定性。如果特质心理学家观察到某一个体具有某种特质，那么他们就会倾向于认为这一个体在几天、几周、几年甚至几十年后仍然具有这种特质。而且人格心理学家经过实证研

① 喻丰，彭凯平，韩婷婷，柏阳，柴方圆. 伦理美德的社会及人格心理学分析：道德特质的意义、困惑及解析[J]. 清华大学学报(哲学社会科学版)，2012(4)：129.

② 喻丰，彭凯平，韩婷婷，柏阳，柴方圆. 伦理美德的社会及人格心理学分析：道德特质的意义、困惑及解析[J]. 清华大学学报(哲学社会科学版)，2012(4)：129.

究发现，许多人格特质具有相当高程度的跨时间的一致性。比如智力、情绪反应性、冲动性、羞怯等特质在研究过程中表现出高度的重测相关，甚至两次测验之间间隔数十年也是如此。一些具有生物学基础的人格特质，如外向性等，也表现出显著的跨时间的一致性。

（3）特质具有跨情境的一致性。所谓跨情境的一致性，就是指如果某一个体具有某种特质，那么该个体在各种不同的情境中都会表现出这一特质。比如，某个人性格友善，那么根据跨情境一致性的假定，这个人在各种场合、对各种对象都会表现出友善的特质。①

从特质理论的这三个假设来看，人格心理学对于特质的构想和美德伦理学对于性格特质的假设具有很大程度的相似度。首先，人格心理学的第一个假设，也就是有意义的个体差异这一假设，实际上是假定个体之间在各种人格特征上是存在差异的，而美德伦理学家通常也假设个体之间的行为差异是性格特质差异的结果，也就是说，美德伦理学也假定了个体(道德)人格的差异。其次，特质理论假定特质具有跨时间的一致性，这基本上等同于美德伦理学所假定的性格特质的"稳定性"。第三，特质理论假定特质具有跨情境的一致性，这大致相当于美德伦理学家所说的行为的一致性或连贯性。

综合上述特质心理学的主张，我们可以把特质的性质归纳如下：第一，特质具有差异性，这种差异性体现在特质的程度上；第二，特质具有稳定性，主要体现在跨时间的一致性和跨情境的一致性两个方面；第三，特质是行为的内在原因，通过特质我们可以对个体的相关行为进行比较可靠的预测。通过对比我们可以发现，美德伦理学的美德概念基本具备上述心理学性质。但美德伦理学中有些假设是人格心理学特质理论所没有的，如性格特质的整全性，当然，这一假设可能也不是所有美德伦理学家都会支持的，它应当只是经典的美德伦理学，尤其是古希腊美德伦理学所持有

---

① 兰迪·拉森，戴维·巴斯.人格心理学：人性的科学探索[M].郭永玉，等译.北京：人民邮电出版社，2011：89-91.

的主张，它与美德的统一性相关。

那么在心理学家看来，伦理学家所说的美德究竟是怎样的一个概念呢？首先，根据特质的差异性特征来看，我们通常可以对个体的美德进行评价，这种评价包括两个方面：一是"有"或"无"的定性评价，即某一个体是否具有某种美德，比如我们评价某一个体是勇敢的还是懦弱的；二是程度上的定量评价，即在某一项美德上，不同个体表现出不同的程度差异。后一种评价通常更为合理。按照特质心理学的观点，个体在某项道德美德方面的特质通常并不是"有"或"无"这样一种非此即彼的差异，美德作为特质具有程度性。所以，我们在进行道德人格评价时，通常说"相当不错""还行""差劲"等不同程度的评价性语词。这正如我们在进行成绩评定的时候，有优秀、良好、合格等程度的差异。

其次，美德也具有特质的稳定性特征，即跨时间的稳定性和跨情境的稳定性。第一，我们对一个人的美德进行评判时通常要看其长期内的表现，只通过一次行为表现我们通常很难对其道德人格进行准确的评价。第二，我们通常认为，如果一个人具有美德，那么他在许多情境下能表现出合乎美德的行为。一个具有高度美德的人，即便是在非常困难的情境下也能做出合乎美德的行为。① 当然，根据差异性特征，美德具有程度性，因而跨情境的稳定性也是具有程度性的，比如个体克服情境困难的程度和范围会存在差异。

再次，美德作为一种特质也可以用来可靠地预测个体的可能行为。我们通常会假设，一个具有美德的人不仅在过去有着良好的行为表现，而且在未来相关情境中也会有良好的行为表现。因此，我们在人才选拔、干部任用等方面通常要求对考察对象进行道德品格的考量。

当然，心理学家所研究的人格特质和伦理学家存在一个关键的差别，即前者的特质概念是没有道德评价意义的，而后者的特质不仅是描述性

---

① Meritt M, Doris J, Harman G. Character [C]//Doris J, The Moral Psychology Research Group（eds）. The Moral Psychology Handbook. New York：Oxford University Press, 2010：356-401.

的，而且具有规范性。在心理学家看来，"我们能说某个人的外向性低，但却不能断言这个人外向性低是不好的。但伦理学的基本思想就是去判断善与恶、好与坏，因此伦理美德是具有道德评价含义的。不过也许这只是反映了学科的差异，心理学关注的是现象和事实，想知道是什么；而伦理学却关注我们应该怎样行动、应该成为怎样的人。只描述和解释事实的心理学当然首先不考虑一个心理现象是否道德，但要塑造完人、讲求规范的伦理学，却首先要将道德含义放在首位。因此，从心理学上说，美德就是一种具有道德评价含义的人格特质"。①

---

　　① 喻丰，彭凯平，韩婷婷，柏阳，柴方圆. 伦理美德的社会及人格心理学分析：道德特质的意义、困惑及解析[J]. 清华大学学报(哲学社会科学版)，2012(4)：130.

第二章　情境主义的挑战及回应

情境主义(situationism)最初是社会心理学中的一种传统理论,它利用实验方法来研究各种特殊情境中人的行为模式,探究影响行为的因素。其基本主张是,人们的行为主要归因于外部情境,而不是人的内在特征。情境主义研究传统最早形成于20世纪初期,五六十年代盛行于西方心理学研究中的行为主义。[①] 但它在很长时间内并没有渗透到道德哲学领域中来。20世纪90年代初,心理学家开始有意识地用经验的方法考察道德人格问题,但这种工作没有立刻在伦理学领域产生广泛的影响。[②] 直到20世纪末21世纪初,一些具有社会心理学知识背景的道德哲学家才开始将情境主义的研究成果引入伦理学中,对伦理学中的"美德"概念的实在性提出质疑,从而引发了伦理学界广泛的讨论。

第一节　情境主义的立场及依据

伦理情境主义者对美德伦理的美德概念提出了经验的质疑,其根据是社会心理学的证据:大多数人的倾向并不符合美德的心理结构。伦理情境主义者指出,20世纪的社会心理学表明,绝大多数人要受到情境的影响,

---

① Adams R. A Thoery of Virtue: Excellence in being for the Good[M]. New York: Oxford University Press, 2006: 116.

② Sreenivasan G. Character and Consistency: Still More Errors [J]. Mind, 2008 (117): 603.

比如细微的情绪变化、旁观者的出现、环境中的声音、气味、光线强度等。社会心理学家的研究表明，个体自身的差异变量通常只能解释不到10%的行为差异，[①] 低于情境因素的相应数据，虽然情境因素通常也只能解释不到16%的行为差异。[②] 从现有的哲学文本来看，最先将情境主义观点引入伦理学中的是欧文·弗兰纳根(Owen Flanagan)，弗兰纳根在1991年出版的《道德人格的多样性》中指出："社会心理学的研究发现，品格特征(character traits)在面临情境压力时表现出明显的脆弱性，而这就对作为稳定的品格特征的'德性(virtue)'究竟是否可能提出了质疑。"[③]但弗兰纳根对这一问题的论说没有在伦理学中引起反响，使这一问题在伦理学中引起广泛注意、引发热烈讨论的是约翰·多里斯(John Doris)和吉尔伯特·哈曼(Gilbert Harman)。

多里斯于1998年在《奴斯》(*Nous*)杂志上发表了一篇名为《人、情境与美德伦理学》("Persons, Situations, and Virtue Ethics")的文章，他在这篇文章中对美德伦理学的美德概念进行了心理学的解读，用情境主义的经验证据否定美德概念的实在性。在此基础上，他在2002年出版了《品格的缺失：人格与道德行为》(*Lack of Character: Personality and Moral Behavior*)一书，更详尽地阐释、论证了他的观点。哈曼在1999年发表了《道德哲学遇上社会心理学：美德伦理学与基本归因错误》("Moral Philosophy Meets Social Psychology: Virtue Ethics and the Fundamental Attribution Error")一文。

---

① Mischel W. Personality and Assessment[M]. New York: Wiley, 1968.

② Funder D, Ozer D. Behavior as a Function of the Situation [J]. Journal of Personality and Social Psychology, 1983 (44): 107-112.

③ 蔡蓁. 品格与行动——实验心理学对美德伦理学的挑战[J]. 思想与文化, 2014(1): 91-103. 弗兰纳根似乎并不十分赞成一种彻底的情境主义观点，他称之为"极端的观点"——"好的行为不是好品格的结果。它是某种起支配作用的环境的结果。取消了强有力的外部支撑，一种看似连贯的好品格的东西将不复存在"。弗兰纳根认为，"几乎没有人会主张这样一种观点"。然而，同Flanagan的评论相反，吉尔伯特·哈曼指出，这种"极端的观点"实际上在社会心理学家中极为普遍。参见 Harman G. Moral Philosophy Meets Social Psychology: Virtue Ethics and the Fundamental Attribution Error[J]. Proceedings of the Aristotelian Society, 1999 (99): 321.

2000 年、2003 年他又相继发表了《不存在性格特质》("The Nonexistence of Character Traits")与《不存在性格或人格》("No Character or Personality")两篇文章，进一步阐释了他的观点，并对某些批评意见作了回应。

多里斯在《人、情境与美德伦理学》中试图表明，亚里士多德主义的道德心理学是存在问题的。他认为亚里士多德主义的伦理学方法预设了某种描述心理学，而这一预设可能遭受经验的批评。多里斯指出我们通常所持有的一种日常道德观点：我们相信具有良好品格的人不会轻易受到情境的影响，对这样的人我们往往用"坚定""值得信赖"等评价性的语言来形容；相反，对于道德行为令人失望的人，我们往往会认为他们缺乏好的道德品格，认为他们是"意志薄弱的""反复无常的""不值得信赖的"。① 显然，在这种日常道德观点中，品格意味着有规律的、惯常的行为表现，我们相信具有良好道德品格的人即使在相当不利的情境下也会做出道德的行为，而品格不端的人在任何情况下都不值得信赖。这种解释假设了我们可以通过品格特征来预测新情境下的个体行为。然而不幸的是，"具有近 70 年历史的社会和人格心理学的经验传统"反复向我们证明，在对行为的系统观察中没有发现这种行为上的可靠性。② 经验证据所表明的是，我们不能根据这些特征来预测新情境下行动者的行为，不同的行为似乎是情境变化而不是个体倾向所导致的，"直白地说，人们通常是不具有品格的"。③

多里斯从亚里士多德的文本中找到了许多关于品格的描述，在亚里士多德看来，品格是"稳固而不可改变的"；美德是品格(hexis)，品格是一种"持久而很难改变"的倾向；美德被假设为具有可靠的、值得信赖的行为表现，具有美德的人即使遭受了可能阻止其践行美德的不幸，他仍然不会行恶。而且亚里士多德还强调在艰难和严苛的情境中履行正确的行为尤其能够体现美德，具有实践智慧的明智之人在任何情境中都能做出适当的行为。多里斯指出，亚里士多德的这些论点也表现在当代新亚里士多德主义

---

① Doris J. Persons, Situations, and Virtue Ethics[J]. Nous, 1998 (32)：505.
② Doris J. Persons, Situations, and Virtue Ethics[J]. Nous, 1998 (32)：504.
③ Doris J. Persons, Situations, and Virtue Ethics[J]. Nous, 1998 (32)：506.

的道德心理学中，后者在此基础上主张有德之人在"各个不同的和新的情境中"的行为将是"连贯的和可预测的"。多里斯进一步指出，亚里士多德主义还持有"评价的一致性"（evaluative consistency）论点，即在一个既定的人格中，具有某种评价向度的特征与其他具有相同评价向度的特征在发生概率上是相关的。比如，我们通常预料一个慷慨的人很可能是富有同情心的，而不是冷酷无情的。因此，对亚里士多德主义者而言，品格是一个将各种相关特征整合在一起的整体。① 多里斯在 2002 年的著作中进一步将美德伦理学的美德或品格特征的基本性质概括为以下三点：

(1)连贯性：在与某一品格特征相关的各种不同的情境中，行动者与这一品格特征相关的行为可以可靠地展现这一品格与人格特征。

(2)稳定性：在与某一品格特征相关的反复出现的相同情境中，行动者与这一特征相关的行为都能可靠地展现这一品格或人格特征。

(3)评价的整体性：在一个给定的品格或人格中，具有特定评价性质的某个特征的出现与具有相同评价性质的其他特征的出现在或然率上相关。②

多里斯分析，如果要为亚里士多德主义的这种品格特征找到证据，我们就必须要观察到行为的可靠性（behavioral reliability），即在一系列相关而又不同的情境中与某一特征或一系列特征相一致的行为。用心理学的话语来说，将行为归因于品格特征要求行为必须具有跨情境的一致性（cross-situational consistency）。但多里斯认为他所了解的实验数据表明，跨情境的一致性是不存在的，人们行为的可靠性通常非常小。比如说，你在和办公室的同事聚会饮酒时表现得很节制，但在家庭聚会时则可能不节制。人们的各种品格只存在于非常具体的相同情境中，一旦情境发生变化，即使是

---

① Doris J. Persons, Situations, and Virtue Ethics[J]. Nous, 1998 (32): 506.

② Doris J. Lack of Character: Personality and Moral Behaviour [M]. Cambridge: Cambridge University Press, 2002: 22.

非常微小的变化，人们的行为模式就会发生变化，因而相关的品格便不存在了，因此也就不存在美德伦理学意义上具有普遍性和统一性的品格，品格是以"碎片"（fragmentation）的形式存在的。根据多里斯的观点，对这种缺乏跨情境一致性的最好解释是，绝大多数人具有局部性的而不是整全的特质：他们不是诚实的、勇敢的或贪婪的，但他们可能在好心情的时候是诚实的（honest while in a good mood），和朋友一起在恶劣天气中航海时是勇敢的（courageous while sailing in rough weather with friends），在没有同伴注意的时候是贪婪的（greedy unless watched by fellow parishioners）。①

针对美德伦理学关于美德的三个基本论点，多里斯进而提出了其情境主义的三个基本论点：（1）人们行为上的差异更多地归因于情境差异，而不是人们之间倾向上的差异。个体之间倾向上的差异并不像我们想象的那样大，在某一特定的情境中，绝大多数人的行为是趋同的。（2）经验证据表明品格归因是有问题的。在不同性质的情境中，被我们视为具有某种品格特征的人的行为通常表现出不连贯性。但这并不是否认行为可能具有暂时的稳定性，情境主义者承认，在一系列实质上相同的情境中，个体的行为可以表现出一致性。（3）人格结构在评价上通常是不一致的，或者说各种在评价上不一致的倾向共存于同一人格中。对既定的某个人来说，他在某一情境中表现出来的倾向与在其他情境中表现出来的倾向可能具有不同甚至相反的评价。比如，一个人在某一情境中表现出仁慈的品格特征，但在其他情境中可能表现出懦弱的品格特征。②

多里斯的观点相对来说还是比较温和的，这表现在以下几个方面。首先，他只是表明美德伦理学在品格学说上存在问题，需要用经验心理学来进行修正。他否定的是亚里士多德主义的性格特质，但并不否认我们可以观察到行为的规律性或一致性。他认为，"归根到底，问题是我们所观察到的行为的一致性应当首要地通过稳固的倾向结构还是情境的规则性来解

---

① Doris J. Lack of Character: Personality and Moral Behavior [M]. Cambridge: Cambridge University Press, 2002.

② Doris J. Persons, Situations, and Virtue Ethics [J]. Nous, 1998 (32): 507.

释。情境主义者……偏向于用后者来解释。"①因此,实际上他肯定了我们在某种程度上具有某种性格特质,也肯定了这种品格特征对行为的影响作用,只不过这种性格特质是非常狭窄与脆弱的,它要受情境的决定,它不是亚里士多德主义意义上的性格特质,后者是一个更强的概念,甚至免受情境的影响和作用。相比之下,哈曼的观点则更激进一些,他否认任何性格特质的存在。

其次,多里斯并不打算否认美德伦理学作为一种规范伦理学的合理性。他认为经验考虑与伦理学理论的相关性是有限的,因为一种伦理学理论在心理学描述上的不充分不等于它在规范性上也是不充分的,所以经验批评能够指出亚里士多德主义美德伦理学在描述心理学上的问题,仍然不能对亚里士多德主义的规范性理论的前途作出定论。多里斯还承认伦理反思具有某种"理论独立性",伦理探究在方法论上与描述的或科学的探究之间具有一定的断裂,描述心理学的成果不能单独作为评价规范理论的决定因素。多里斯对亚里士多德主义伦理学美德实在性的质疑,主要是想指出,就作为规范性理论的基础而言,情境主义提出的道德心理学方法与亚里士多德主义相比更具优势,这一优势实质上就是它是经验更充分的描述心理学。② 应当说,多里斯的这种观点是比较合理的,因为规范伦理学理论论说的是"我们应当如何"(应当如何行动或应当成为何种人),即便理想的人格并不是实际存在的,但仍然不妨碍规范伦理学对我们提出这样的道德要求或期望。但同时,多里斯也指出了美德伦理学乃至整个伦理学的一个重要问题,即缺乏一种合理的或适当的道德心理学基础。

哈曼在《道德哲学遇上社会心理学》中首先以日常物理直觉经常犯错误为比方,来说明我们关于道德品格的日常直觉是错误的。他说,一般人通常会料想一个从飞机上掉下的物体将垂直地落下来,而实际上它将沿着飞机运动的方向作抛物线运动而落下来。因此,投弹手需要通过训练来克服

---

① Doris J. Persons, Situations, and Virtue Ethics[J]. Nous, 1998 (32): 508.
② Doris J. Persons, Situations, and Virtue Ethics[J]. Nous, 1998 (32): 504.

其物理直觉。同样，日常道德直觉也存在这种不足。日常道德往往将人们的行为归因于品格特征，这是一种很严重的误导。日常思维在描述和解释一个特殊的行为时，趋向于假设一个与之对应的行为者所特有的特征，还趋向于忽视行为者所感知的情境细节。因此，日常社会心理特别是日常道德很容易犯罗斯(Ross)所说的"基本归因错误"。用来考察人们的不同行为方式是否反映他们具有不同的品格特征的经验研究，没能发现相关差异，现有的研究已经得出了否定的结果。所以性格特质的存在不具有经验基础，对性格特质的日常信念不过是一种幻象。[①] "日常道德似乎将性格特质归于人们，这是一种很严重的误导。甚至可能根本就不存在着品格这样的东西，也不存在着人们通常认为存在的日常品格特征，也不存在通常的道德美德和恶德。"[②]

接着，哈曼描述了我们对品格的日常理解。品格特征是以特有的方式而行动的长期稳定的倾向。诚实的人倾向于诚实地行动，仁慈的人倾向于仁慈地行动。我们通常假定，一个人的品格特征有助于解释这个人所做的事情，至少在某些事情上是这样。比如，诚实的人想方设法归还捡到的钱包，因为他是一个诚实的人；拿走钱物然后扔掉钱包的人之所以这样做，是因为他是不诚实的人。哈曼分析，这两个人以不同的方式行动，这一事实并不能证明他们具有不同的品格特征。这种差别可能是因为他们所处的情境不同，而不是因为他们品格上的差异。要证明他们具有不同的品格，就要求他们必须是在相同的情境中在对情境具有同等的认知能力的情况下倾向于以不同的方式行动。

哈曼指出："在不同的情境中，人们的友善、诚实或其他人格特征的一致性令人吃惊地小……我们通常不能认识到这一点，我们趋向于认为，行为比其实际上更具有一致性和可预测性。因此，在我们观察人们的行为

---

① Harman G. Moral Philosophy Meets Social Psychology: Virtue Ethics and the Fundamental Attribution Error[J]. Proceedings of the Aristotelian Society, 1999 (99): 316.

② Harman G. Moral Philosophy Meets Social Psychology: Virtue Ethics and the Fundamental Attribution Error[J]. Proceedings of the Aristotelian Society, 1999 (99): 317.

时，我们就轻易地对他人的人格下结论，也过于自信地预测行为者在其他环境下的行为。"①哈曼认为这样的结论是没有争议的，因为在几乎所有的近期社会心理学的教科书中都可以找到类似的结论，这些结论具有各种不同的证据支持。

哈曼还借用 Nisbett 和 Ross 的话来来强调社会心理学的专业学习和研究与日常思维的差别以及后者的不可信："有些认真的研究生在四五年的学习中，对社会心理学领域的问题和情况进行了深入的研究，他们的经验……从思维上得到了根本的修正。他们关于人类行为的本质和原因的最基本的假设……被改变了。"②我们通常认为我们的行为具有某种规律性或秩序性，但实际上，"在人类行为中表现出来的绝大多数秩序不过是一种认知上的幻象。我们认为，人类习惯于将事物看作是他们相信它们之所是的样子，并通过解释以消除矛盾，尤其惯常于把人看得比其实际上更具有一致性……在人类行为中存在着表面的规则性，在使人们能够进行日常生活的意义上，日常的(非专业的)人格概念是能够起到作用的，就如同非专业的物理学能够应付很多日常情况。也就是说，人们在错误的信念和有缺陷的预测策略的基础上，经常做出正确的预测"。③

其原因是，在日常经验中，行为者的特征和他们所处情境的特征被混淆了。人们经常选择他们所处的情境，而情境也基于人们表现出的或被假定的能力和倾向来选择他们。因此，牧师和罪犯很少面对同样的情境挑战。"毋宁说他们被自己也被他人置入到情境中，这些情境的差别使得牧师看起来、行动起来、感觉起来像牧师，使得罪犯看起来、行动起来、感

---

① Harman G. Moral Philosophy Meets Social Psychology：Virtue Ethics and the Fundamental Attribution Error[J]. Proceedings of the Aristotelian Society, 1999 (99)：359.

② Ross L, Nisbett R E. The Person and The Situation：Perspectives of Social Psychology[M]. New York：McGraw-Hill, 1991：1. 转引自 Harman G. Moral Philosophy Meets Social Psychology：Virtue Ethics and the Fundamental Attribution Error [J]. Proceedings of the Aristotelian Society, 1999 (99)：360.

③ Ross L, Nisbett R E. The Person and The Situation：Perspectives of Social Psychology[M]. New York：McGraw-Hill, 1991：7-8.

觉起来像罪犯。"①另外，"个体可以以一致的方式行动，这种一致性将他与别人区别开来，这不是因为他们持久的倾向，如友好的、依赖的、侵犯性的等，而是因为他们在以他们解释世界的一贯方式，使用一贯的策略追求一贯的目标。"②而且，"人们有时候有强迫自己连贯地行动。这可能是因为他们的社会角色，因为现实世界的鼓动。"③

哈曼进一步对当代美德伦理学的基本思路作了概括。他认为，泰勒、赫斯特豪斯等哲学家的共同主张是，对道德进行分析的起点最好是美德或品格概念，然后根据美德或品格概念来解释道德的其他方面，我们通过考虑一个具有良好品格的人在某一情境中如何行动，来确定一个人在这一情境中应当如何道德地行动。一个行为是道德上正确的，是因为它是行动者的良好品格产生的结果，一个行为是道德上错误的，是因为它是行动者坏品格产生的结果。哈曼指出，这种美德伦理学预设了存在着相关种类的品格特征，人们在他们所具有的品格特征上存在差别，而且这些特征有助于解释人们在行为方式上的差异。但社会心理学的经验研究表明这种差别非常微小，因此，美德伦理学所说的品格特征是不存在的，而这一结果将直接导致美德伦理学的方法的彻底失败。

他认为美德伦理学的美德概念是以人格理论或人格心理学作为心理学基础的，但人格心理学作为一个学科已经崩溃了。人格心理学是对人格的常识概念的描述，而社会心理学则对这些概念进行精确的研究。如果我们要对品格和人格概念进行精确的论断，那么我们需要学习的是社会心理学，而不是人格心理学。

最后，哈曼总结说，我们为了解释他人的行为，非常自信地将某些品

---

① Ross L, Nisbett R E. The Person and the Situation: Perspectives of Social Psychology[M]. New York: McGraw-Hill, 1991: 19.

② Ross L, Nisbett R E. The Person and the Situation: Perspectives of Social Psychology[M]. New York: McGraw-Hill, 1991: 20.

③ Ross L, Nisbett R E. The Person and the Situation: Perspectives of Social Psychology[M]. New York: McGraw-Hill, 1991: 19.

格特征归于这些人，但是我们的归因可能是不正确的。实际上没有证据表明人们具有不同的品格特征。实验表明，人们的不同只是他们所处情境的不同和他们对情境的感知的不同。因此，我们在解释行动者的不同行为方式时无需假设品格特征的存在，而我们之所以假设品格特征的存在是因为我们只关注行为者而忽视了情境。哈曼在 2003 年的文章中分析了这种错误的根源，他说，一旦观察者将某一特征归于某人，那么他就强烈地趋向于继续将这一特征归于这个行为者，即使是在不具有证实性的证据前。心理学家将这一偏见称为"证实偏向"（confirmation bias），这种偏见只注意到那些符合其假设的证据，而忽视反对假设的证据。① 这意味着，人们明显具有不同的品格特征这一论断并不是像人们所认为的那样证据充分。确实，某些人和其他人"明显"具有不同的品格特征或人格特征。但是我们之所以发现这一事实是明显的，是因为我们趋向于犯基本归因错误，而不管是否真的存在这些品格上的差异。哈曼对品格特征的这一攻击，"其潜台词就是道德品格观念是一个幻象，因而道德哲学最好是关注特殊情境中的解决问题的判断，而不要以为伦理学可以关注在情境中表现出来的好的品格"。②

亚里士多德式的美德伦理学具有一种常识心理学，它承诺了一种具有广泛基础的品格特征，而人们实际上不具有这种品格特征。多里斯与哈曼在不同程度上否定了亚里士多德主义的品格概念。

如我们所看到的，新亚里士多德主义美德伦理学关注道德行动者的一个后果是，它趋向于使它的规范性理论更多地基于描述心理学，而不是以行动为中心的相应理论。美德伦理学的基础是性格特质概念，这些特质必须考虑众多的更一般的人类学的、社会学的、心理学的以及语义学的考察。例如，亚里士多德进行了人类学的观察，他发现存在着许多不同的国家组织方式，但他认为城邦是唯一合适的政治体制，因为它是唯一能够鼓

---

① Harman G. No Character or Personality[J]. Business Ethics Quarterly, 2003（13）: 89.

② Kupperman J. The Indispensability of Character[J]. Philosophy, 2001（76）: 239.

励人民实现人类更高本性的体制。许多美德伦理学家持这样一种观点：他们的规范理论比以行动为中心的理论更具有吸引力，这正是因为他们的理论具有人格心理学的根源，以某种方式考虑了个体行动者的需要、能力和局限，而这是以行动为中心的理论所没有的。

性格特质可以被粗略地定义为个体行动者所特有的、内在的某种结构，这一结构能够用来解释个体行动者特有的行动、信息处理以及主观经验等。特质可能是行为上的、认知上的、动机上的或者情感上的，它可以是能够直接观察到的外在行动上的特征，也可以是必须通过外在特征推断的内在的认知和情感结构。只有观察者能够观察到外在特征，而只有行动者本身才能知道内在特征。这一差异会引起内在特征评价上的认知困难。行为上的不一致不能排除内在的一致性，由于与其他情感或认知特征相冲突，一个情感或认知特征可能很少表现为行为。比如，一个人可能有一种参加派对的一贯欲望，但是几乎没有参加过，因为他有一种更强的一贯的工作欲。或者，一个人可能是勇敢的，但从没有遇见展现他的勇敢的机会。

美德伦理学涉及一种标准，我们通过这种标准来判断这样的特质是道德上好的或坏的。因此，它似乎必定要保证某些关于性格特质的存在和本质的描述心理学的主张的真实性：

（1）个体行为在某种程度上是一致的；

（2）行为的一致性是普遍的潜在的或者内在的或者生物物理学的结构的一个标志，这些结构与行为之间有直接或间接的因果关系。

（3）这些结构或多或少会抵抗情境压力。

如果美德伦理学实际上要承诺这些以及其他的描述心理学主张，那么它的规范理论就要以某种方式对改变人格心理学的趋向保持开放，而以行动为中心的伦理学理论的规范方面则不能。哈曼的策略是通过质疑（2）的真实性来支持如下主张：个体行为的一致性能够通过情境因素的一致性而不是稳固的内在结构得到更好的解释。如果这一情境主义的挑战有充分的根据，那么任何持有心理学上的实在论的美德伦理学理论将不得不承诺一个高度局部化的、依赖具体情境的美德概念。

多里斯将哈曼的策略发展为一种更精致的版本。多里斯要求我们考虑以下情境：行动者 A 正在一个郊区商场电话亭打电话，当 A 离开电话亭时，一个路过的人跌倒了，在 A 的面前将许多文件散落一地。A 会停下脚步，在这些文件被践踏之前帮助他捡起这些文件吗？

美德伦理学家或特质理论家（他们相信性格特质的存在）将会回答说，A 是否会在这一情境下停下来帮助他取决于 A 的人格。换句话说，美德伦理学家将这样回应：A 将在情境 S 中以某种方式行动，因为 A 具有某些性格特质。比如，如果 A 的人格主要是自利的趋向而且受到钱的驱动，那么 A 很可能不会停下来帮忙，除非那个人是他的老板或者有价值的客户。然而，如果 A 的人格主要是同情的趋向而且关怀他人，那么无论那个人是什么身份，A 很可能将停下来帮忙。因此，A 在这一情境下的行为都能够看做是 A 的性格特质的结果。

因此，美德伦理学家或特质理论家其实是在对行动者 A 的行为进行解释：行动者 A 履行 X 行为是因为 A 具有品格特征 t1。然而，"行动者 A 履行 X 行为是因为 A 具有品格特征 t1"这一陈述似乎等同于"行动者 A 履行 X 之类的行为是因为 A 具有履行 X 之类的行为倾向"这一陈述，后者是一个对行动者过去行为的非解释性的经验概括。我们可以通过以下三个区分来解决这一问题：第一，有必要区分作为对到目前为止的行为种类的概括的特质与作为与行为之间有因果关系的特质。第二，有必要区分性格特质的两个性质：特质可以是预测性的，或者特质可以既是预测性的又是解释性的。第三，有必要区分以下两个问题：（1）本体论问题，品格特征的本质是什么？（2）认识论问题，我们有什么证据表明品格特征的存在？

如果特质仅仅被解释为对行动者到目前为止的行为种类的概括，那么它们就不是解释性的。特质理论家要求特质是解释性的。因而，在特质理论家那里，特质是能够对行为进行解释，具有解释功能的心理实在物。

我们可以考察这样一个行动事实：A 攻击了 B。对 A 迄今的行为的种类概括可能采取以下行为特征的形式：A 倾向于攻击他人（类似于定理的概括)。这是一个行为定理,它告诉我们在这一案例中 A 的行为并不反常,就像"都柏林喜欢下雨"这一陈述告诉我们的是下雨在都柏林不反常一样。这样的陈述是对过往行为或事件的概括。它们通常被我们用于预测未来的行为或事件,A 还会有进一步的侵犯行为或者都柏林还会下雨,但它们不是解释性的。我们在这两种情况中都可以继续追问"为什么"。美德伦理学家和特征理论家往往希望走得更远,而不仅仅是提供可能的预测性的行为概括,他们还想解释行为。为此,美德伦理学家假设了内在特质的存在,这些特质解释行为特征或倾向,而它们自身又不可解释。这样的内在特质采取精神结构或生物物理学结构的形式,它们通常以某种方式与行为构成因果关系。我们可以把上述考察概括如下:

(1)外显的行动(事实):A 攻击 B。它是被解释的、非解释性的、非预测性的。

(2)行为特征(定理或概括):A 的行为具有侵犯性。它是被解释的、非解释性的、预测性的。

(3)内在特质(理论上的结构):A 具有侵犯性的性格。它是不可解释的、解释性的、预测性的。

然而,这还没有回答认识论问题。如果特征理论家打算假设这些不可解释的、解释性的结构的存在,那么他们似乎至少必须告诉我们,如果有证据支持他们的主张,证据是什么。由于我们作为人类的认知局限,我们只能基于行动者的外部行为来判断这个行动者的内在特质。特征理论家以及某些美德伦理学家的论证过程如下:

(1)个体行为在某种程度上是一致的。

(2)这种一致性的最佳解释是个体存在着内在的精神的或生物物理学的结构,它们对行为产生直接或间接的因果作用。

(3)因而,存在着内在的精神的或生物物理学的结构,它们对行为产生直接或间接的因果作用。

因此,特征理论家假设了个体行为是一致的,并主张这种一致性最好由稳固的内在特质的实在性来解释,这些内在特质在因果联系上决定了行为。至少存在两种与第一个命题相关的跨情境的一致性。第一种一致性是个体在每种相同类型的情境下展现相同的行为，我们姑且称之为 A 型连贯性。由于在绝大多数情境中起作用的变量比较多，所以很难再出现这种一致性，在实验室外的条件下甚至更难估量。例如，当一个个体遇见一个需要帮助的人时，他就表现出利他的行为，等等，他就展现了 A 型一致性。第二种一致性是 B 型一致性，指个体趋向于在各种不同类型的情境中展现相同类型的行为。比如，某一个体在两种不同的情境中都展现出利他行为，一种情境是他在公共场合遇到一个有困难的人，另一种情境是他在没有他人在场的情况下遇见一个有困难的人，那么他就展现了 B 型一致性。

多里斯和美德伦理学家以及特质理论家都同意存在着 A 型一致性，虽然他们对它提供了不同的解释。特质理论家认为，行动者行为的一致性是其人格的产物；情境主义者认为，行动者行为的一致性是相同情境因素的产物。特质理论家还断言存在着 B 型一致性。因此他们主张，对这种跨情境的一致性的最佳解释是存在着内在的精神的或者生物物理学的结构，它们对行为产生直接或间接的因果作用。某些情境主义者在批评特质理论家时认为：第一，并不像特质理论家所认为的那样，实际上很少有证据表明 B 型一致性的存在；第二，B 型一致性同样可以由情境因素得到更好的解释。

因此，多里斯试图通过考察 A 型和 B 型一致性来反对性格特质的实在性。首先，他论证 A 型一致性通过诉诸情境因素的一致性能够得到更好的解释，其依据就是 Isen 和 Levin 的电话亭实验的结果。该实验的实验目的在于表明，行为通过诉诸情境因素比通过诉诸人格因素能够得到更好的解释。Isen 和 Levin 发现，与人格因素相比，情境因素与 A 的行为具有更强的关联。

接着，多里斯论证只有很少的证据表明 B 型一致性的存在。B 型一致性存在的证据大体上是偶然观察的产物，是零碎的、不系统的。个体在其一生中展现了大量的行为，我们对行为的抽样范围是有限的和无结构的。当然，行为并不是完全随意的，存在着某种 B 型的跨情境一致性，但是这种一致性是比较有限类型的情境和情境因素的产物，这些情境和情境因素在绝大多数人的生活中起作用。

特质理论家和情境主义者都宣称提供了这种情境中的行动者行为的原因解释。那么谁的解释更有说服力呢？这就需要诉诸对行为的预测力这一标准。多里斯认为情境主义的解释之所以更好，就是因为它具有更强的预测力。如果人格理论的解释是正确的，我们应当只需要依靠我们对个体人格的了解就能够预测 A 在实验情境中的行为。然而，Isen 和 Levin 的实验数据似乎表明这样的预测是不准确的，更准确的预测只能通过诉诸情境本身的特征而获得。因此，多里斯推断行为是由情境因素导致的。美德伦理学家和人格心理学家一样预先做了这样一种假设：在个体行为中展现出来的一致性在极大程度上是行动者一种或多种内在特质的产物。现在，由于情境主义的解释比人格心理学的解释更为可信，因此美德伦理学的心理学基础就是可疑的。

多里斯由此认为，对行为一致性的最精确的解释只能是诉诸与情境相关的因素。因而经验证据似乎是质疑而非支持我们将性格特质归于个体行动者。它容许高度局部化的，与情境相关的性格特质，但这种特质相当不同于美德理论的宽泛的特质概念。同样，它也容许人格结构的归因，但是这样的结构最多是片断的，不同于美德伦理学家假设的一般地具有一致性的人格结构。多里斯论证的结果对美德伦理学造成了困扰。如果行为的一致性不能被看做是潜在的稳固的内在特质的外显标志，那么有德之人的概念将是站不住脚的。第一，如果美德伦理学家将有美德的行为定义为由有德之人展现的行为，那么为了避免循环解释，美德伦理学家就必须提供独立于道德行为的道德主体性的标准。美德伦理学家通常诉诸一套道德上值得赞美的稳固的内在特质，即美德。然而，如果多里斯是正确的，那么道德主体性就只是一种在某些类型的情境下做出某些类型的行为的倾向。第二，既然道德的行动者行为中的一致性大体上是情境因素的产物，那么它就存在一个程度问题，即在何种程度上它是值得道德上赞美的，因而可以被合理地称为"有美德的"。第三，美德伦理学

55

的行为指导模式的标准大体上是模仿性的。非有德之人被鼓励、规劝去模仿道德楷模的行为，通过这种方式他将习惯于像有德之人那样行动，并培养对那种行为的理解。然而，如果有德之人和非有德之人的行为都是由偶然的情境因素导致的，那么道德模范的概念以及任何道德行为指导理论的概念都将失去意义。

多里斯由此推断，美德伦理学的未来发展策略要么必须放弃谈论性格特质（除了高度局部化的品格特征之外），并采纳一个具体情境化的或极其特殊化的美德概念，这一转变将把美德伦理学从伦理学理论中清除出去；要么必须承认它的规范理论和它要试图取代的以行动为基础的理论一样，是理想主义的，因而美德伦理学就不是值得我们优先采用的伦理学方法。

以下是关于情境主义的四个实验：

第一个实验是斯坦利·米尔格拉姆（Stanley Millgram）称为"服从权威"的实验。在这个实验中，实验对象被授予这样一项任务，当学习者（他实际上是实验者的助手）对所提问题回答错误或者不回答时，就对他进行逐渐增强的电击（实际上并没有产生真正的电击，但实验对象并不知情）。实验对象还被告知，实验的目的是测试人们的记忆机制，因而他们并不知道实验的真实目的。电击强度从 15 伏开始，并以 15 伏为单位逐渐增加，直至最高强度 450 伏。当强度达到 300 伏时，学习者开始猛烈撞击房间的墙壁，而不再回答问题。强度达到 315 伏时，同样如此。在更高强度时，学习者不再产生任何反应。当实验对象征求实验者的建议或者表示他不想继续下去的时候，实验者会告诉他："请继续"或者"接着干"；"实验要求你继续下去"；"你绝对必须继续"；"你没有其他选择，你必须继续"。如果实验对象被告知这四种回答后，他仍然要求停止，对他的实验就结束了。实验结果是，40 个实验对象中，5 个达到了 300 伏，这个强度被表明是"极剧电击"，学习者在这个强度开始猛烈撞击墙壁。5 个达到了 315 伏，学习者在这个强度再次撞击墙壁。2 个达到了 330 伏，这个时候学习者没有了任何反应。1 个达到了 345 伏，1 个达到了 360 伏。其余 26 个实验对象，即总数的 65% 达到了 450 伏。也就是说，这 40 个实验对象中的大多数持续到底，对学习者进行了最高强度的电击。①

哈曼提到，这一实验是在"二战"之后进行的，其目的是要解释对数百万人实行种族灭绝的德国士兵的行为。设计这些实验是为了测试出"服从命令"这样一个理由是否具有说服力，也就是说，大多数人是否会听从道德的命令或不道德的命令。这是因为在纽伦堡审讯期间，人们通常认为服从命令不能成为犯下这种反人类罪行的理由。德国之外的欧洲人认为，如果他们和德国士兵处于相同的情境，他们将抵制那些命令而不会做出罪恶的不道德行为。然而米尔格拉姆的实验结果非常令人吃惊：绝大多数人会像德国士兵一样服从命令，对他人施与巨大的痛苦。概括地说，米尔格拉姆的实验用来检验这样一个假设：即使面临着不可抗拒的命令的压力，大多数人将保持同情心而拒绝残忍。然而实验结果却是大多数人能服从命令。②

哈曼指出，实验者曾预料只有极少数实验对象执行的电击能够超过"强电击"（150 伏），但我们看到实验结果是所有实验对象执行的电击都超过了这一强度，实验者们都没有料到这种结果。那些被告知了实验细节的人，大多非常自信地认为如果他们参加这个实验，他们会在 150 伏就停止，这要远远低于实际实验中所有试验对象所达到的强度。哈曼这样分析的意图似乎是想表明，我们假设品格特征的存在是一个错误，因为如果存在品格特征的话，实验结果就应当如试验者先前预料的一样。哈曼进一步分析说，65% 的实验对象实施了 450 伏的电击，这个强度已经超过了"危险电击"，在这个强度之前，学习者已经没有任何反应了，因此我们很容易认为，这些实验对象的人格存在问题，从而将实验对象的行为归因于他们的

① Harman G. Moral Philosophy Meets Social Psychology: Virtue Ethics and the Fundamental Attribution Error[J]. Proceedings of the Aristotelian Society, 1999 (99): 321-322.

② Harman G. Moral Philosophy Meets Social Psychology: Virtue Ethics and the Fundamental Attribution Error[J]. Proceedings of the Aristotelian Society, 1999 (99): 321-322.

品格缺陷，而不是具体的情境。然而，哈曼指出，我们不能通过试验数据（65%的实验对象实施了450伏的电击）来推断大多数人的品格是有严重缺陷的。如果这样推断，那么所有的实验对象至少达到了300伏的强度这一事实将意味着所有人的品格都有问题。因此，哈曼认为，我们不能将实验对象的行为归因于他们的品格，我们应当用其他的因素来解释他们的行为。哈曼这样分析的逻辑似乎是：如果我们假定存在着品格特征，并用它来解释我们的道德行为，而实验数据表明所有人都不具备好的品格，那么这种假设就是毫无意义的。

第二个实验源于"善良的撒玛利亚人"的寓言。这个寓言大致如下：

> ……那人为了显示自己的高明，故意问耶稣说："我的邻居是谁呢？"耶稣回答说，"一个人从耶路撒冷到耶利哥去，在半道上落到了强盗手里。强盗们剥光了他的衣服打他，然后丢下奄奄一息的他离开了。这时一个祭司碰巧从路旁经过。祭司看到了这个人，从路边走过去了。又有一个利未人，也从这里经过，看到他时也从路边走了（利未人是宗教仪式的重要参与者）。但是一个撒玛利亚人（一个宗教流放者）行路经过此地，看见他快不行了，就动了恻隐之心，走上来用油和酒洗净他的伤口，撕下自己的干净衣服给他包扎好，扶他骑上自己的牲口，护送他住到店里，并照顾他。第二天，撒玛利亚人又拿来两个银币，交给店主说，'你暂且照应他一下，用多少钱，我回来时还给你。'你想想这三个人，哪一个是这个遇难之人的邻居呢？"他说，"当然是那个怜悯他的人"。耶稣对他说，"就照这个样子去做吧"。①

这个寓言的标准解释关注的是寓言中的撒玛利亚人，是这个行动者的宗教或道德品格的类型，这一寓言向我们暗示，这三个人在信仰或者道德

---

① Harman G. Moral Philosophy Meets Social Psychology: Virtue Ethics and the Fundamental Attribution Error[J]. Proceedings of the Aristotelian Society, 1999 (99)：323. 译文参考了张久宣. 圣经故事[M]. 北京：中国社会科学出版社，1987：561-562.

类型上存在差别。然而情境主义的心理学家则有不同的解释，达利(Darley J M)和巴特森(Batson C D)认为，人们可以想象祭司和利未人同撒玛利亚人在所处情境上的各种差别。比如，祭司和利未人可能正在专心思考他们的宗教事务，而撒玛利亚人则很可能没有；祭司和利未人可能正匆匆赶路赴约，而撒玛利亚人则可能不那么匆忙。

达利与巴特森从情境主义研究的角度出发，为了考察行为的差异究竟是由何种差别导致的，设计了一个实验。实验对象是普林斯顿神学院的学生。每个学生到达的时候都被告知，他将在另一幢楼中作一个演讲，并将对他的演讲进行录音。在前往演讲去的途中，实验对象碰见一个人(实验助手)摔倒在门口(表现得像心脏病发作的样子)。实验对象在何种情况下将停下来帮助这个摔倒的人呢？

50%的实验对象的演讲主题被指定为"善良的撒玛利亚人"寓言；另外50%实验对象的演讲则被指定为其他主题。有些实验对象被告知，他们快要迟到了，必须抓紧时间赶到演讲地。有些被告知他们有足够的时间。还有一些则被告知他们要提前到达。通过这些实验对象对问卷调查的回答，可以判断出他们所具有的不同的宗教信仰和道德取向。

实验结果显示，63%的不匆忙的实验对象停下来帮助摔倒者，45%的中度匆忙的实验对象停下来帮助摔倒者，极为匆忙的实验对象中的10%停下来帮助摔倒者。实验结果表明，实验对象是否提供帮助与发言的主题没有关系，与宗教信仰也没有关系。上述变量中唯——个导致行为差别的因素就是实验对象的匆忙程度。[①] 情境主义者认为，对"善良的撒玛利亚人"寓言的标准解释忽视了情境因素，在这个实验中则忽视了不同实验对象的匆忙程度，因而犯了基本归因错误。

第三个实验是"电话亭实验"。实验对象 A 正在城郊的一个购物广场打电话。当他离开电话亭时，另一个人 B(实验助手)走过来了，他装满东西的文

---

① Harman G. Moral Philosophy Meets Social Psychology：Virtue Ethics and the Fundamental Attribution Error[J]. Proceedings of the Aristotelian Society, 1999 (99)：324.

件夹掉到了地上，里面的东西散落在 A 的面前。A 会停下来，在文件没有被前来抢购商品的人群践踏之前帮助 B 把它们捡起来吗？这一实验分为两组，在第一组实验中，实验者在电话的硬币返回槽中放置了一枚硬币；而另一组实验中则没有放。因此在前一组实验中，实验对象将捡到一枚硬币，因而有一个好心情；后一组的实验对象则没有。实验结果是，在前一组 16 个实验对象中，提供帮助的人数是 14 人，没有提供帮助的是 2 人；后一组 25 个实验对象的相应数据则分别是 1 和 24。① 因此这一实验表明，实验对象的行为似乎与品格没有关系，唯一有关系的是有没有放置硬币。

第四个实验是"未成年人的诚实品格研究实验"。心理学家休·哈茨霍恩(Hugh Hartshorne)与马克·梅(Mark A May)以 8000 多个中小学学生为实验对象，进行了诚实品格方面的研究，这些学生的年龄在 8~16 岁。实验对象们在实验提供的情境下，有机会在考试中作弊，伪造体育运动成绩，偷窃小数额的钱等。实验研究发现，在同一组实验对象中，在相同情境下表现出不诚实行为的比例具有相当高的相关性。比如，在考试中作弊的学生大多会在下一次考试中作弊。但研究发现，实验对象在不同类型的情境中的行为很少具有连贯性。比如，一个实验对象在考试中作弊，但他不一定会伪造体育运动成绩，也不一定在没人注意的情况下偷钱。所以实验表明，至少在未成年人中，似乎不存在着统一的诚实或不诚实的品格特征，而只存在着非常具体和狭窄意义上的品格特征，比如考试作弊或者在未被注意的情况下偷钱。②

上述四个实验是情境主义者援引得最多的实验。其中前三个实验表明，微小的情境改变对人们的道德行为产生了重大的影响。第四个实验表明，个体在不同情境中采取了具有不同道德取向的行为模式。情境主义者的论点是：不存在美德伦理学意义上的美德或品格特征。这些实验证据能

① Doris J. Lack of Character: Personality and Moral Behaviour [M]. Cambridge: Cambridge University Press, 2002: 30-32.

② Webber J. Virtue, Character and Situation [J]. Journal of Moral Philosophy, 2006 (3): 209-210.

否证明情境主义者的观点呢？

第二节　对情境主义的回应

情境主义者的观点是否正确和合理，取决于他们对美德伦理学的美德概念的理解、他们引用的实验证据的合理性以及他们由实验证据做出的推理。情境主义的反对者们对情境主义观点的批评大致上是从这三个方面着手的。根据批评者们的分析，情境主义在这三个方面都存在不同程度的问题。第一，情境主义者所援引的某些实验是无效的，因而不能作为情境主义的有效证据，它们要么是不成熟的实验，实验结果具有不确定性；要么实验对象的选取不具有稳定性；要么设置方法不当，不能有效地证明情境主义的观点。第二，情境主义者对实验结果的分析存在问题，因而得出了错误的结论。第三，情境主义者对美德伦理学的美德概念的理解存在偏差和片面性，因而对美德概念作出了不公正的断言。下面将具体考察情境主义在这三个方面的问题。情境主义者的试验方法是存在问题的，他们的方法建立在片面的假设之上，这种实验方法从一开始就注定了他们不能证明品格特征的不存在，这也为他们对试验结果的分析推理错误埋下了种子。

乔纳森·韦伯(Jonathan Webber)将情境主义者所引用的实验分为两类："似是而非的证据"(specious evidence)与"有意义的证据"(significant evidence)。[1] 他认为第一类证据是无效的，应当不予以考虑。一是"电话亭实验"，二是"未成年人实验"，都属于"似是而非的证据"。

"电话亭实验"是一个并不稳定的实验，也就是说它的实验结果是不可重复的。克里斯汀·米勒(Christian Miller)指出这一实验在进行重复时产生了相当不同的实验结果，米勒的证据是 Blevins 和 Murphy 重复这一实验产生的结果。Blevins 和 Murphy 使用相同的实验条件得出的结果是：

---

① Webber J. Virtue, Character and Situation[J]. Journal of Moral Philosophy, 2006
(3)：197，199.

	提供帮助的人数	未提供帮助的人数
有硬币	6	9
无硬币	15	20

我们将这一实验结果与原始实验的结果相比较就会发现，在电话亭的硬币返回槽中是否放置硬币与实验对象是否提供帮助之间并无必然关系。[1]韦伯指出，一些类似的实验表明，明媚的阳光可以使人们更愿意接受问卷调查，或者使人们给服务员更多的小费，这些微小的情境变化似乎确实能够影响人们的帮助行为。但是某些实验表明，当看到他人处于严重的困难或危险中时，实验对象的行为通常不会受到微小情境变化的影响。[2] 因此，"电话亭实验"面临着两个层次的困难，首先，由这个实验它可能不能得出情境变化可以影响行为的结论。其次，即使情境变化可以影响行为，这种影响也是有限的，不具有普遍性。所以，这个实验确实不能作为情境主义者的有效证据。

"电话亭实验"实验结果的不可重复性反映了心理学领域的一个重要问题，即重复问题。判定一个实验结果是否具有证据价值的最佳方式就是重复实验，而且最好是由其他的实验小组来执行。如果一个实验结果不能被重复，那么它很可能就是一个幻象。丹尼尔·卡尼曼指出，这样的幻象的数量最近已经上升到令人不安的程度，他提出，所有心理学实验结果在被其他重要实验室成功重复之前不得发表。[3] 然而，在当今国际心理学界，

---

① Miller C. Social Psychology and Virtue Ethics [J]. The Journal of Ethics, 2003 (7)：390.

② Webber J. Virtue, Character and Situation [J]. Journal of Moral Philosophy, 2006 (3)：197.

③ Wagenmakers E J, Wetzels R, Borsboom D, van der Maas H, Kievit R. An Agenda for Purely Confirmatory Research [J]. Perspectives on Psychological Science, 2012, 7(6)：632-638. 当前实验的重复问题变得凸显，已经有学者开始启动应对这一问题的计划（http：//www. openscienceframework. org/project/EZcUj/wiki/home）。比如心理学的复现性计划（the reproducibility project）就旨在考察一些重要的已发表的结果能够重复的程度或范围，一些实验哲学家已经开始参照实施他们自己的重复计划（http：//pantheon. yale. edu/~jk762/ xphipage/Experimental%20Philosophy-Replications. html）。

实验的重复问题却十分突出。在资助实验和发表实验结果的体系中存在着偏见。与预料到和预测到的结果相比，关于未预料到和未预测到的结果，发表的虚假证实的比例实际上要高得多。因为实验者不愿意报告无效结果（null results），有的杂志编辑甚至劝阻无效结果的发表。①

对于"未成年人实验"，Kamtekar 提出了这样一个质疑：根据对未成年人的行为观察来推断成年人的品格特征是不合理的，因为与成年人相比，未成年人具有更强的可塑性，尚未形成特定的行为模式，也更加缺少性格上的整体性。② 然而韦伯认为，这一批评对多里斯而言是不公平的，因为多里斯并没有在这种方式上使用这一实验证据。多里斯确实意识到，我们可以"合理地认为，正处于人格发展中的孩子们比已经充分形成人格的成年人更少地表现出行为的连贯性"，在他看来，这一实验"之所以重要，在很大程度上也不是因为它能够作为这种解释视角的证据"。③ 所以多里斯不应承受这一指责，但其他没有意识到这一问题的情境主义者则不能避免这一指责。这一实验只能用来说明诚实这一品格特征的结构及其形成，而不能作为证据来反对这样一个观点：成年人的行为是受到诸如诚实、慷慨和勇敢等一般的性格特质的调控的。④ 因此，我们要把这一实验排除在情境主义者的有效证据之外。

亚里士多德认为："青年人对人生的行为缺少经验，而人的行为恰恰是政治学的前提……他们的生活与欲求受感情的宰制。"⑤ 与成年人相比，

---

① http://plato.stanford.edu/entries/experimental-moral/Experimental Moral Philosophy.

② Kamtekar R. Situationism and Virtue Ethics on the Content of Our Character [J]. Ethics, 2004（114）：466.

③ Doris J. Lack of Character: Personality and Moral Behaviour [M]. Cambridge: Cambridge University Press, 2002：63.

④ Webber J. Virtue, Character and Situation[J]. Journal of Moral Philosophy, 2006（3）：200.

⑤ [古希腊]亚里士多德. 尼各马可伦理学[M]. 廖申白，译. 北京：商务印书馆，2003：7-8.

未成年人更容易受到外部因素的影响，对行为理念的持守不够坚定，更容易受到激情的左右而摇摆不定，尚未形成稳固的品格。所以，选取未成年人作为实验对象是不恰当的。

情境主义所引用的实验最大的问题在于这些实验不能用于考察美德或性格特质的实在性。因为美德和性格特质不仅是跨情境的，而且是跨时间的。黛安娜·弗莱明（Diana Fleming）对情境主义者的实验证据提出了更一般的批评：从方法论的观点来看，情境主义研究中所使用的实验方法非常不适合于探究品格特征的存在或影响。弗莱明认为情境主义者设计的实验所探究的是特殊情境中那些导致行为变化的变量，而不是用于探究较长时期内行为的连贯性。然而品格特征预测的只是较长时期内的行为趋向，而不是任一特殊情境中的行为。所以，具有一种品格特征并不意味着行动者相关方面的行为或反应在所有情境下都是绝对连贯的或可预测的。但情境主义者的实验没有考虑这些问题，因而他们在试验设置上使证据倾向于情境因素。换句话说，情境主义者使用的方法只能用来证明情境因素在行为选择中的作用，而不能否定品格特征的存在。而且，即使情境主义者是正确的，我们的行为大体上是由情境因素导致的，情境能够控制行为，但人们还必须具有对情境产生回应的能力，这不是由情境决定的。①

根据弗莱明的分析，他对情境主义实验方法的批评有两点。第一，品格特征是一个长期的倾向，要证明它是否存在，所设置的实验应当是在一定时间跨度内，对同一群体的实验对象进行反复的、跨情境的实验。当然，情境主义者可以针对这一错误对他们的实验方案进行调整。但笔者认为，即使这样，情境主义的实验方法仍然不能证明品格特征是不存在的。因为这些实验最多只能证明品格特征在某些有限的群体内不存在，这是经验证据不可避免的局限性。第二，情境主义者的实验设置实际上建立在这

---

① Fleming D. The Character of Virtue: Answering the Situationist Challenge to Virtue Ethics[J]. Ratio (new series), 2006 (19): 38-39.

样一个假设上：道德行为取决于情境因素。这一假设并不错，但不全面，因为我们可以假设道德行为取决于情境因素，也取决于品格特征。因此，在一个片面的假设之上，情境主义者设置的实验只能证明情境对道德行为的影响。如此看来，情境主义者的方法也犯了哈曼所说的"证实偏见"错误，日常道德只注意了品格特征存在的证据，而情境主义者只注意了情境因素对行为产生影响的证据。弗莱明的分析总体上是正确的，但他认为品格特征预测的只是较长时期内的行为趋向，而不是任一特殊情境中的行为，这一观点是存在问题的。在笔者看来，如果品格特征具有预测行为的功能，它就必须保证预测的准确性。换个角度说，如果一个行动者具有严格意义上的品格，那么除了"悲剧困境"之外，他的道德行为必须是一贯的，但弗莱明没有强调这一点。

在心理学领域，也存在着针对社会心理学家的这一批评。批评者把社会心理学家设置的情境实验称作"单次研究"（one-shot studies），这种实验研究不足以评估一个人的品格特质。这些实验没有追踪多种不同场合的跨情境中特定个体的行为。在这些实验中，心理学家只观察在一种场合中某一特定情境下某一个体的行为。我们基于一次观察不能对受试者的行为一致性作出判断。当我们对某种类型的多个情境中的行为的聚合进行比较时，行为与性格之间的关联程度更高。[①] 如范德所言，"问题在于单个的行为通常不能提供人格信息"，[②] 要想考察关于特质预测力的任何论点，都需要观察个体在一定时间跨度内（数年甚至数十年）大量不同情境中的个体行为。

情境主义者在对实验结果进行分析时，有一个明显的错误：由大多数实验对象在情境的影响下选择不道德的行为（或者不履行道德的行为）这一事实不能推断出不存在品格特征这一结论。毕竟有少数实验对象选择了道

---

① Epstein S. The Stability of Behavior：I. On Predicting Most of the People Most of the Time[J]. J Pers Soc Psychol, 1979, 37(7)：1097-1126.

② Funder D C. The Personality Puzzle, 1st edn[M]. New York：W. W. Norton & Co, 1997.

德的行为，虽然这不足以证明这些少数实验对象具有美德，但也不能否定他们具有美德。因此，情境主义者用统计学上的大多数来否定少数，犯了以偏概全的错误。

统计学分析不是一种演绎推理，仅仅凭借统计学分析产生实证结果这一事实不能保证揭示所有事情。通常，如果一个实验结果的 P 值最多是 0.05，那么这个实验结果被视为"真实的"，但是这样一个值表明的只是在零假设（null hypothesis）①是真实的情况下我们观察得到的概率，② 它不是基于已有观察的零假设是错误的概率。所以，即便统计学分析指出零假设是被否定的，这仍然可能是错误的。而且当检验多重假设时，错误否定零假设的几率将以指数方式上升。

比如诚实，仍然包括具有显著概率的诚实行为，虽然它没有准确的预测力。情境主义者主张，人格对行为的影响非常低，因为30%或者40%这样一个相关系数是我们基于人格变量来预测行为的上限，但是40%的相关系数意味着基于人格特质来预测行为在70%的时候是准确的。③ 虽然观测的聚合（aggregations of observations）并不能使我们预测个体在某一特定场合的行为，但它有助于我们预测个体在未来大量观测中的均数反应。

实验中的某些统计数据只能表明试验对象中的群体行为，不能由此推断群体中的个体行为。比如霍桑和梅伊的研究未能追踪受试者作为个体的行为，而是从群体行为来推断个体行为。问题是，一个群体中的所有个体并非都像群体大多数一样行动。比如，撒谎和偷窃之间的一致性系数0.1是所有孩子的平均值，但这并不能排除某些个体的偷窃和撒谎情境之间的

---

① 在统计学中，零假设（虚无假设）是做统计检验时的一类假设。零假设的内容一般是希望证明其错误的假设。比如说，在相关性检验中，一般会取"两者之间没有关联"作为零假设。

② 统计学根据显著性检验方法所得到的 P 值，一般以 $P<0.05$ 为显著，$P<0.01$ 为非常显著，其含义是样本间的差异由抽样误差所致的概率小于 0.05 或 0.01。实际上，P 值不能赋予数据任何重要性，只能说明某事件发生的概率。

③ Rosenthal R, Rubin D B. A Simple General Purpose Display of Magnitude and Experimental Effect[J]. J Educ Psychol, 1982, 74: 166-169.

关联性更高。因此，行为一致性关联所呈现的只是一定数量样本的行为在不同情境之间的分布的关系，但它们不反映特殊个体不同的行为。更重要的是，当社会心理学家使用的实验统计数据以代数方法转换为人格心理学家所使用的相关系数时，情境对行为的影响在统计学上并不比性格特质对行为的影响大。① 比如，在"善良的撒玛利亚人"研究中，实验对象是否处于匆忙状态与帮助行为的相关性是38%。在米尔格莱姆实验中，受害者和隔离的影响的相关性是42%，而人格对行为的影响一般在40%。

在通过实验结果来推导和解释美德伦理的问题时，情境主义者认为美德伦理学的基本概念——美德不具有实在性，是不具有合法性的。这里，情境主义者存在两个解释上的错误。第一，情境主义者不能以不存在着现实的性格特质来否定美德伦理学的合法性。情境主义者的实验表明，大多数人的道德行为容易受到情境的左右因而不具有美德，或者说日常道德所说的美德非常脆弱。心理学的实验结果仅仅反映了这样一个事实："我们大多数人不真正具有美德……它只是意味着具有真正的美德是一个非常困难也很少能实现的成就。"②实际上，这一事实与美德伦理学家的主张是一致的，因为美德伦理学向来都主张人们很难获得美德，只有极少数道德圣贤才能获得。第二，情境主义者在解释上的错误实际上是基于一种概念偷换，他们将现实的性格特质等同于性格特质概念。性格特质只是美德伦理学的一个概念设置，作为一种理论，它原则上无需承诺这一概念的实在性，虽然我们可以在某种程度上证明这一概念的实在性。

关于针对情境主义者的这种批评，有三种主要的辩护。某些美德伦理学家作出了某种让步，认为美德是极为罕见的，但是他们认为，美德仍然是一种有用的规范性理念。另一些辩护者则弱化了美德概念，从而使得更

---

① Funder D C, Ozer D J. Behavior as a Function of the Situation [J]. J Pers Soc Psychol, 1983, 44: 107-112.

② Merritt M. Virtue Ethics and Situationist Personality Psychology [J]. Ethical Theory and Moral Practice, 2000 (3): 367-368.

多的人或者至少更多的行为可以被视为是有美德的。① 还有一些辩护者则质疑了情境主义者的实验证据或者解释。纳夫斯卡·阿萨内索尼斯(Nafsika Athanassoulis)与戈帕尔·斯瑞尼瓦桑(Gopal Sreenivasan)等批评者都指出了情境主义者在解释上的这两个错误。阿萨内索尼斯以"服从权威的实验"为例分析，这一实验只是用来检验这样一个假设：即使面临着不可抗拒的命令的压力，大多数人仍将保持同情心而拒绝残忍。实验结果是大多数人将服从命令，但是这不等同于如下结论：人们根本就不具有品格特征。因为虽然有些人在"学习者"越来越痛苦的情况下仍然愿意继续进行实验，但是在这些人中间存在程度上的差异，有些实验对象甚至放弃了实验。实验揭示的是，在不可抗拒的命令下大多数人没有了同情心，而不像先前所假设的，但是他们的行为是"破坏性的服从"的结果。这一结论所要表明的是，人们在将积极的品格特征归于他人甚至是自己的时候过于乐观。大多数人没有同情心，即使他们自己认为有，我们不应该假设他们在压力之下能做出有同情心的行为。另外，如果情境主义者能够从实验得出人们不具有同情心的品格特征这一结论，那么我们将从实验结果得出相反

---

① 克里斯汀·米勒(Christian Miller)认为，这一证据可以通过混合的整全的特质理论来得到很好的解释，比如因为可以改善心情而帮助他人的倾向。这些特质能够解释和预测跨情境的行为(具有这种倾向的人，在其他情况相同的情况下，只要能够保持他的心情，他就会帮助别人)，在这个意义上这样的特质是整全的，但这些特质既不是美德也不是恶德，在这个意义上，它们又是混合的。参见 Miller C. Character and Moral Psychology[M]. New York: Oxford University Press, 2014. 马克·阿尔法诺(Mark Alfano)认为美德和恶德的归因倾向于像自我实现预言(self-fulfilling prophecies)一样运作。所谓自我应验预言，又称为自证预言，即我们对待他人的方式会影响到他们的行为，并最终影响他们对自己评价。当人们对一件事进行预言或者解释之后，往往就会把事情的发展按照自己预言和解释的方向推进，结果预言就这样自己兑现了自己。人们倾向于按照被归为他们的特质来行动，无论这些特质是美德还是恶德。按照阿尔法诺的观点，当人们按照美德行动时，他们经常这么做不是因为他们拥有这个特质，而是因为他们认为他们有这一特质，或者因为他们知道别人认为他们有这一特质。他把这些类似于道德品格的特质称为人为的美德(factitious virtues)，甚至表明，美德的概念应当被修正为反思性的美德和社会期望的美德。参见 Alfano M. Character as Moral Fiction[M]. Cambridge: Cambridge University Press, 2013.

的结论，因为实验对象的"服从权威的行为"本身也反映了一种品格特征。为什么我们不能断定，大多数人具有一种稳定的、稳固确立的服从命令的倾向？另外，实验中许多个体表现出了与实验者对抗的倾向，所以乔纳森·韦伯认为，特质就是一种以特定强度对特定刺激以特定方式来进行特定反应的长期倾向性，心理学实验的结果也反映出了一种人们对抗情境的倾向性，这也是特质的一种。① 这样一来，情境主义者就自相矛盾了。因此，这一实验挑战的不是人们具有品格特征这一假设，而仅仅是大多数人在压力之下仍将做出有同情心的行为这一假设。②

情境主义对美德伦理学提出的这个合法性批评似乎没有命中靶子，毕竟美德伦理学家无需且通常没有主张所有人都是美德的。相反，许多美德伦理学家认为，美德是道德发展的规范性目标，而人们通常会因为各种原因不能达到这一目标。因此，如果从绝大多数人的倾向是没有美德这一事实来反对正统的美德伦理学，那么这种反对观点的论证就是不合理的。

阿萨内索尼斯接着分析说，美德伦理学只是预设了人们拥有美德的可能性，而不是大多数人实际上具有美德。有德之人或者道德圣贤通常只是我们努力追求的一种道德理想，而我们不一定都必然能实现这种理想。情境主义使我们注意到社会心理学的结论：人们行为中的一致性和规律性非常小，并不像我们所认为的那样。这是正确的，但是这并不影响美德伦理学家的主张。美德伦理学家无需论证大多数人实际上具有美德或者原则上都可以成为有德之人。阿萨内索尼斯进一步指出这种分析方法的不良后果，他提醒我们不要根据有限的行为证据过于仓促地对具体品格特征的存在下结论。因为不同的品格状态可以有同样的外部表现，所以一个对这些外在行为进行观察的实验者就不能确切地知道这一行为显现的是何种内在状态。为了阐明这一点，阿萨内索尼斯诉诸亚里士多德在美德、自制、不

---

① Webber J. Virtue, Character, and Situation[J]. Journal of Moral Philosophy, 2006
(3)：193-213.

② Athanassoulis N. A Response to Harman：Virtue Ethics and Character Traits[J].
Proceedings of the Aristotelian Society, 2000 (100)：217.

自制和恶德之间所做的区分。就外在行为而言，有德之人与自制的人没有太大差别，因为他们都履行了正确的行为。他们之间的区别在于内在状态；有德之人行动轻松自如，而自制的人的外在行为是理性与相反的欲望之间内在斗争的结果。同样，邪恶的人与不自制的人也以同样的方式行动，但不自制的人不同于邪恶的人，因为他的行动是欲望与理性斗争的结果。因此，单凭外在行为的经验证据不足以对行为者的品格状态做出精准的推断。我们可能会混淆自制的人和有德之人，或者不自制的人和邪恶之人。①

对情境主义者第一个推理错误的批评，情境主义者应当没有异议。但对他们的第二个推理错误的批评，情境主义仍然存在反驳的余地。杰西·普林茨（Jesse Prinz）最近在一篇文章中指出，对情境主义者第二个推理错误的批评存在严重的缺陷。普林茨提供了两个理由。第一，极少数人拥有美德这一论断预设了人们可以成为有德之人，而这就预设了品格特征能够决定人们的行为。但我们也可以假设绝大多数人不具有表征美德的品格特征，因而只有极少数人具有美德。因此，如果情境主义心理学只是旨在表明，人们的行为通常不是由品格特征决定的，那么在这方面的实验证据前，假设通常不具有能导致行为的品格特征的人们能够获得这些特征就很有问题了。普林茨这里所说的实验证据似乎是指人们的人格特征在很大程度上是遗传性的，即它们很可能取决于我们的基因。② 如果真是这样，表征美德的品格特征与我们绝大多数人具有的品格特征之间就不只是程度上的差别，而是整个认知结构（cognitive architecture）的不同。普林茨假设我们绝没有理由认为道德教育能够给我们一个全新的心灵机制（mental machinery）。因此，如果情境主义关于大多数人的心灵（mind）的论断是正确的，那么对于大多数人而言，表征美德的心灵不仅仅很难获得，而且很

---

① Athanassoulis N. A Response to Harman：Virtue Ethics and Character Traits [J]. Proceedings of the Aristotelian Society, 2000 (100)：217-218.

② Prinz J. The Normativity Challenge：Cultural Psychology Provides the Real Threat to Virtue Ethics[J]. The Journal of Ethics, 2009 (13)：121-122.

可能在理论上就是不可能的。

第二，美德是很难获得的这一论断可能会为道德理论设置一个难以逾越的障碍。在当代道德哲学中，美德伦理学家引以为豪的一点是，他们的理论不像后果主义和康德主义伦理学理论那样严苛。后果主义表明，我们应当通过冷峻的功利演算来选择我们的行为，而不是通过考虑我们同他人之间的关系。康德主义认为我们应当服从律法式的理性命令，即便最后的结果是巨大的苦难。美德伦理学家通常宣称能够解决这一问题，因为美德没有对实践推理的方法提出超人的要求。如果当代美德理论家重新拾起严苛的古希腊美德概念——只有圣贤能够是道德的，那么美德伦理学的魅力将大打折扣。如果一种道德理论要求大多数人具有我们不可企及的能力，那么这种理论将不能指导我们的日常生活。这样的道德不是我们在寻求美好生活时所应追寻的。[①]

在我们看来，普林茨的这两点理由不过表达了同一观点的两种视角，一种是经验心理学的，一种是伦理学的。他的核心观点应当是，有德之人与一般人的品格特征或相关心理结构之间具有本质上的差异，而且他假设这种差异是先天的，不能通过道德教化加以彻底改变。囿于心理学知识的匮乏，我们很难从心理学的角度来反对他的观点。但我们相信，他所提到的心理学证据并不是绝对有效的，因为这些经验证据仍然是统计学上的比例。从伦理学的角度看，美德伦理学还是可以找到资源来进行回应的。虽然亚里士多德主张美德很难获得，但他强调道德德性在我们身上的养成既不是出于自然/本性(nature)，也不是反乎自然的，而是依靠习惯获得的。亚里士多德主张，自然只是赋予我们接受德性的能力，这种能力以潜能的形式存在，要实现它需要依靠我们的现实活动与习惯。因此，考虑到普林茨的观点，问题的关键就在于美德究竟能否为一般人习得，或者说有德之人与一般人心智结构上的差距是不是不可逾越的。无论亚里士多德是否主

---

① Prinz J. The Normativity Challenge：Cultural Psychology Provides the Real Threat to Virtue Ethics[J]. The Journal of Ethics, 2009 (13)：125-126.

张有德之人与一般人之间的这种先天差异可以消除，美德伦理学都可以假设这一差别是可消除的。而这一假设是否正确还有待心理学等相关科学来加以检验，这仍然是一个未决的问题，因此我们仍然可以假定一般个体获得美德的可能性。所以，普林茨对美德伦理学的责难不一定是正确的。

从上面的分析来看，情境主义者对实验结果的分析与推理确实是存在问题的。情境主义的实验结果只能表明大多数人不具备美德这一事实，仅此而已，由这一事实做出的关于美德的任何一般判断都超出了这些实验的解释能力。但是针对美德伦理的实证批评者并未就此罢休，他们都有关于人们拥有何种倾向而非美德的实证观点。他们断言，这些倾向在结构上与（传统意义上的）美德差别很大，因而美德在心理学上是不切实际的，是一种规约性的理念（regulative ideal）。因此，重要的是在描述与规范之间，大多数人拥有的倾向结构与美德倾向结构之间，究竟存在多大的差距。

哈曼对美德概念的一个重要批评是，美德概念背后有一种惯常的归因错误，即"基本归因错误"——习惯于把人的行为归因于性格特质。虽然我们在日常生活中确实存在这样的倾向，但我们通常还有另一个倾向，即在为自己的行为辩护时，通常把自己的过失行为归因于外部环境。实际上，"基本归因错误"有两种表现形式，一是哈曼所说的这种形式，另一种是"行动者—观察者偏差"（actor-observer bias）。所谓"行动者—观察者偏差"就是行动者与观察者之间的归因偏差：当我们作为他人行为的评价者（观察者）对他人行为进行归因的时候，通常倾向于把他人的行为归因于内部的性格特质；而当我们作为自我评价者（行动者）对自己的行为进行归因时，却往往倾向于把行为（通常是有过失的行为）归因于外部的情境因素。①

国内也有学者指出了情境主义者没有全面地引用基本归因错误："基本归因错误还至少决定于两个方面，第一个方面是事件的结果，其完整形

---

① 侯玉波.社会心理学[M].北京：北京大学出版社，2013：77.这个伦理现象确实普遍地存在于我们的道德生活中，是一个值得我们深思的问题，它实际上是个体在评价他人和自我评价时使用了双重标准，即对他人严苛，对自己宽容，这可能与广泛存在于我们之中的"自我中心"有关。

式应该是，当做了一件坏事时，人们倾向于将之归因于外，而当做了一件好事时，人们倾向于将之归因于内，这是一种自我服务偏见（self-serving bias）。第二个方面是文化，基本归因错误的结果是在西方个体主义文化下研究得到的结果，而在东方集体主义文化下，人们倾向于更多地归因于外。"①

显然，情境主义者这么做的动机主要是为了证明自己观点的正确性，因而有意忽视基本归因错误的其他方面。因此，情境主义者的这种做法是为了寻求证实自己信念的证据，而对与自身信念抵牾的证据不予理睬，这实际上也是一种心理学上的"证实偏向"的表现。情境主义者所犯的这一错误，显然违背了其所依靠的实证心理学的"科学精神"。

情境主义者否认美德的实在性很大程度上是基于对美德伦理学美德概念的误解，或者说他们批评的美德观念并不是美德伦理学所理解的美德。如安娜斯所言，"情境主义者误解了他们所攻击的经典的或亚里士多德式的美德伦理学（的美德概念），因此他们攻击了一个错误的靶子。"②

安娜斯与 Kamtekar 都认为，哈曼和多里斯将品格特征理解为像习惯和未经思考的自动反应一样的行为倾向。而亚里士多德主义的美德概念更像是一种认知倾向，拥有一种品格特征要求行动者具有某些种类的进行实践推理的能力，因此品格特征是理性能力而不是条件反射。

安娜斯对美德的解释是亚里士多德主义的。她指出，情境主义者将品格理解为一种"未经反思的模式化反应的习惯"③。然而在美德伦理学中，美德不是一般意义上的习惯，它包含了选择，是我们在选择中培养起来的倾向和习惯。而选择就要求实践推理（practical reasoning）。为了解释实践推理的作用，安娜斯对美德做了这样的解释："美德是出于正确的理由，

---

① 喻丰，彭凯平.从心理学视角看情境主义与美德伦理学之争[J].华中师范大学学报，2013（1）：172.

② Annas J. Virtue Ethics and Social Psychology[J]. A Priori, 2003 (2): 30.

③ Annas J. Virtue Ethics and Social Psychology[J]. A Priori, 2003 (2): 24.

以正确的方式，做正确的事情的倾向。"①这一解释涵盖了美德的两个方面：情感与理智。

所谓"以正确的方式"，主要是指美德的情感方面，即行动者在做正确的事情时可以具有不同的感受。他在行动时可能要同自己的感受做痛苦的斗争，也可能没有这种内在冲突。安娜斯认为美德伦理学在这一点上可以有不同的选择，可以选择亚里士多德的观点，也可以选择康德的观点。亚里士多德主张："仅当一个人节制快乐并且以这样做为快乐，他才是节制的。相反，如果他以这样做为痛苦，他就是放纵的。同样，仅当一个人快乐地，至少是没有痛苦地面对可怕的事情，他才是勇敢的。相反，如果他这样做带着痛苦，他就是怯弱的。"②因此在亚里士多德看来，美德在于做正确的事情时没有相反的情感，否则行动者就只是自制的，而不具有真正的美德。康德伦理学则恰恰与之相反。康德伦理学主张美德是一种意志力量，美德在于通过克服情感来做正确的事情。康德认为，"许多人很富于同情心，他们全无虚荣和利己的动机，对在周围播撒快乐感到愉快……这样的行为不论怎样合乎责任，不论多么值得称赞，都不具有真正的道德价值。"在康德看来，真正具有道德价值的行为是："这个爱人的人心灵上布满为自身而忧伤的乌云，无暇顾及他人的命运……就在这种时候，并不是出于什么爱好，他却从那死一般的无动于衷中挣脱出来，他的行为不受任何爱好的影响，完全出于责任。"③安娜斯指出，无论美德伦理学选取哪种观点，康德的抑或亚里士多德的，都表明美德包含了行动者的感受与情感状态。但是安娜斯并不重视这种解释，她更重视的是实践推理在美德中的作用。

于是安娜斯转向了对美德的理智方面的说明。美德的理智方面是指：

---

① Annas J. Virtue Ethics and Social Psychology[J]. A Priori, 2003 (2): 25.

② [古希腊]亚里士多德. 尼各马可伦理学[M]. 廖申白, 译. 北京：商务印书馆, 2003: 39.

③ [德]康德. 道德形而上学基础[M]. 苗力田, 译. 上海：上海人民出版社, 2005: 14.

有德之人不仅做正确的事情，而且是出于正确的理由，因为他理解何为正确的事情。他的品格就在于他能理解每种情境下什么是正确的行为。有德之人的特别之处就在于他具有这种理解力。那么这种理解力是如何建立起来的呢？安娜斯说，我们最初从他人那里接受道德教育时，学习关于是非的特殊的道德判断，将某些人当作行为榜样或教师。作为学生，我们起初接受这些观点是因为别人是这样教授的，或者它们似乎是明显的，于是在他人的权威下我们接受了这些碎片式的道德观点。因此我们的道德观点可能是混乱的，包含着不一致性与断裂。好的道德教育的作用就是使学生自己思考他们所接受的道德观点。之后学习者将开始自己反思学到的道德知识，探究和处理这些观点之间的不一致，然后对判断和实践进行统一，使自己能够对作出的特殊的道德判断进行解释和辩护。这一过程不可能一蹴而就，因为它需要经验和实践，需要行动者在每一阶段都通过自己的思想来思考自己的行为，并尽力理解它们。安娜斯进一步指出，道德专家（有德之人）就是擅长进行实践推理和道德反思的人。①

安娜斯描述这一过程似乎是为了使我们相信，我们在建立起自己的道德信念的过程中，通过理智的道德推理我们就可以成为道德专家或者说道德上卓越的人。她这样做的目的实际上是强调理智和实践推理在美德概念中的重要地位。② 在安娜斯看来，美德概念不仅包含外在的行为倾向，还包括内在的理智活动以及情感状态，这种理智状态尤其重要，是美德的规定性要素。安娜斯进一步指出，这种理智性的实践推理包含着对情境的理解和敏感，具有美德的人能够对每个新情境提出的要求产生敏感的反应，"美德之所以是一种可靠的倾向，正因为它是在选择中建立和培养起来的，它通常对每一情境提出的新要求和变化是敏感的。否则，它就不是美德，

---

① Annas J. Virtue Ethics and Social Psychology[J]. A Priori, 2003（2）：25-26.
② 安娜斯这里应当还有一个目的，即反对亚里士多德主义伦理学受到的"精英主义"的批评，虽然她没有明言。按照安娜斯的观点来推理，一般人通过自己的道德反思和实践是可以获得美德的，之所以大多数不具有美德，是因为他们没有或者很少进行这种理智活动。

而仅仅是习惯"。①

在阐述了美德伦理学的美德概念之后，安娜斯开始处理情境主义对美德概念的反对。她认为，情境主义将美德视为不考虑情境因素的稳固的品格特征。她引用多里斯的表述来支持她对情境主义的理解：要成为有德之人，"就要努力培养不受情境约束的、能够决定我们行为的品格"。② 安娜斯认为，情境主义这种理解是错误的，因为美德是以理智和灵活的方式对情境进行反应的倾向，而不是对情境漠不关心的固定的行为习惯。笔者认为安娜斯对情境主义的这一分析是对情境主义的误解。情境主义者说品格特征是"不受情境约束的"，并不一定是说行动者不考虑情境，他们可能是说行动者考虑情境之后仍然会做出符合其品格特征的行为。一个证据就是，多里斯明确地分析说："在亚里士多德看来，品格是一种'持久而很难改变的'倾向。美德被认为具有可靠的行为表现：虽然好人可能会遭遇阻碍其美德活动的不幸，但是他绝对不会邪恶地行动。亚氏还认为美德还表现为在最困难最苛刻的情境下履行正确的行为。"③多里斯在这一分析中明明白白地指出了亚里士多德美德概念对情境的考虑。所以当安娜斯说，"当多里斯告诉我们应当关注情境及其产生的复杂性时，他没有意识到他所告诉我们的也正是美德伦理学家告诉我们的"，④ 她还"攻击了一个错误的靶子"。她的错误在于对情境主义的误解，情境主义并没有批评美德伦理学的美德概念不考虑情境，而是强调决定行为的是情境变化而不是品格特征。

不过安娜斯对美德概念的阐释还是具有很重要的作用的，它表明美德概念不只是外在的行动倾向，还包括行动者内在的理智和情感活动，这才是情境主义对美德概念的理解的不足和片面之处。情境主义者对品格特征的理解，完全是通过外在行为来判断行动者的内在状态，这种理解方式的

①　Annas J. Virtue Ethics and Social Psychology[J]. A Priori, 2003 (2): 27.

②　Doris J. Persons, Situations, and Virtue Ethics[J]. Nous, 1998 (32): 506.

③　Doris J. Persons, Situations, and Virtue Ethics[J]. Nous, 1998 (32): 506.

④　Annas J. Virtue Ethics and Social Psychology[J]. A Priori, 2003 (2): 28.

理论基础是行为主义的，然而行为主义有着明显的局限性，即行为不能完全表现内在状态。因为我们许多内在的精神状态没有外化为行为，外在的行为只是对我们内在活动的部分表现，它只能表现出我们各种理智和情感活动产生的最终结果，而不能反映这些活动及其过程本身，而这些活动及其过程恰恰是道德人格的重要组成部分。所以，就此而言，安娜斯是正确的。

斯望顿与 Kamtekar 表达了相似的观点，二者也都认为情境主义者对品格的解释是不充分和不完全的。斯望顿认为，品格还包括"良好的内在状态"，"对一个美德伦理学家来说，美德不仅仅是履行某类行为的倾向……拥有美德还需要具有良好的内在状态"。① 不过斯望顿没有明确指出这种内在状态是什么，Kamtekar 则对这种内在状态作了较充分的说明。她批评多里斯与哈曼将人们的品格和推理方式分离开来，一个人的品格不仅与其行动倾向内在相关，而且与他考虑如何行动的方式相关。② 她说："美德伦理学的品格概念是整体论的，它包含了我们应当如何推理(reason)：解释一个人行为的是其作为整体的(而不是与行动分离的)品格，这种品格是在某种程度上连贯的、整体的动机，它包括这个人的欲望、关于世界的信念以及终极目标与价值。"③从这种观点来看，两个人可以具有相同的行动倾向，但他们可以具有不同的思考行动的方式，因而具有不同的品格。因此，情境主义者对品格的解释的确是不充分的。

古希腊的美德概念，尤其是亚里士多德伦理学中的美德概念，有着很明显的道德心理学特征，即强调美德主体的内在心理学状态。比如诚实，它不仅仅是行诚实之事的行动倾向，也不仅仅是长期稳定的行诚实之事的行动倾向，甚至还不仅仅是出于正确理由行诚实之事。这些只是涉及与诚

① Swanton C. Virtue Ethics: A Pluralistic View[M]. New York: Oxford University Press, 2003: 30.
② Kamtekar R. Situationism and Virtue Ethics on the Content of Our Character[J]. Ethics, 2004 (114): 460.
③ Kamtekar R. Situationism and Virtue Ethics on the Content of Our Character[J]. Ethics, 2004 (114): 460.

实本身相关的行为。而诚实的美德还涉及诚实之外的许多其他的行动，并且涉及行动之外的内在因素，比如情感反应、价值观、欲望、态度、兴趣、期望、敏感性等。也就是说，美德不仅仅是行为，而且还是一种复杂的心灵状态，它是多维度的复合体。关于这些内在状态，亚里士多德有很多论述，比如有德之人"必须首先有一种亲近德性的道德，一种爱高尚的事物和恨卑贱的事物的道德"，①"仅当一个人节制快乐并且以这样做为快乐，他才是节制的。相反，如果他以这样做为痛苦，他就是放纵的"。②

　　所以，我们不能把一个具有诚实美德的人简单地等同于在交易中诚实无欺或者说真话的人。如果他如此行动只是因为他认为诚实可以带来最佳的结果或者他害怕被别人揭穿谎言，而没有将诚实本身作为理由，那么这个人就算不上是具有诚实美德的人。一个具有诚实美德的人在其他行动以及情感反应方面也是有所体现的，他的行动和选择都会体现诚实的价值，他喜欢并尽可能地和诚实的人一起工作、交往，他会教育子女成为诚实的人。他反对、厌恶、鄙视不诚实的行为和人，对欺骗性的故事感到不悦，鄙视那些依靠不诚实手段获取成功的人，而不认为他们是聪明的，当身边的亲人和朋友做出不诚实的事情时，会感到沮丧。可见，美德是一个多维度的概念，是一个包含行为和内在状态的概念，是一个具有多方面心理内涵的精神状态。因此，"将行动者的一种美德建基于某个单一的被观察到的行动甚至是一系列相似的行动之上，尤其是你不知道行动者这样的理由时，就显然是鲁莽的"。③

　　情境主义者对美德伦理学美德概念的理解偏差使得他们忽视了这样一个问题：实验中观察到的行动者的行为不能充分体现行动者的内在状态。所以，通过实验得到的证据不足以否定品格特征的存在。除非未来的技术

---

①　[古希腊]亚里士多德. 尼各马可伦理学[M]. 廖申白，译. 北京：商务印书馆，2003：303.

②　[古希腊]亚里士多德. 尼各马可伦理学[M]. 廖申白，译. 北京：商务印书馆，2003：39.

③　Sreenivasan Gopal. Errors about Errors：Virtue Theory and Trait Attribution[J]. 2002，111：47-68.

手段和实验方法可以通过行为观察充分了解行动者的内在状态，否则不能对品格特征作出确凿的判断。

而且，完全拥有这样的倾向就是拥有完满或完美的美德，它是非常罕见的，有很多种不能达到这一理想的方式(Athanassoulis，2000)。拥有一种美德存在一个程度问题，大多数人确实能够被描述为具有美德的，比那些确实不诚实的、以自我为中心的且贪婪的人好很多，但他们仍然存在盲区——在少数范围内没有按照一个人所期望的理由行动。所以在大多数情境下诚实或仁慈的，并且在苛刻的情境下也能如此的某个人，仍然可能沾染庸俗的绅士派头，倾向于在其祖先之事上近乎虚伪，以错误的腔调对陌生人不够仁慈。①

而且，使一个人的情感与其对行动理由的理性认识相一致是不容易的。我可能足够诚实，从而认识到我必须为一个错误承担责任，因为不这样做、不诚心诚意地承认、心中没有内在冲突而轻松地承担责任，就是不诚实的。美德伦理学家们根据亚里士多德的观点，区分了完满或完美的美德与自制或意志力。具有完满美德的人在行动时无需与相反的欲望作斗争，自制的人则不得不控制欲望或诱惑。

将自制的人描述为"缺乏"完满美德，这似乎有违我们的直觉，直觉认为当人们面对巨大的困难时仍然能够努力地做出正确的行动，那么这样的人尤其值得钦佩。但是这种直觉的合理性取决于什么"使得行动困难"。②如果是行动者所处的情境，比如说，他看到某人遗失了一个装满钱的钱包，而他又非常贫困，或者当某人寻求帮助的时候，他正处于极度的悲伤之中，那么他克服困难归还钱包或提供帮助就是特别值得钦佩的。但是，如果使得行动困难的是他品格中的不完美——保留不属于他的东西的诱惑，或者对他人苦难的近乎冷酷的冷漠，那么他就不值得钦佩。

---

① Nafsika Athanassoulis. A Response to Harman：Virtue Ethics and Character Traits [J]. Proceedings of the Aristotelian Society, 2000(100)：215-221.

② Philippa Foot. Virtues and Vices[C]//Virtues and Vices and Other Essays in Moral Philosophy. New York：Basil Blackwell, 1978：11-14.

美德不能仅仅被还原为行为倾向，而且美德理论观照的是人的作为整体的人生和生活，而不是孤立的行为。情境主义所操作的美德与传统的概念化的美德没有多少关系。情境主义者把美德还原为按照特定的行为原则或规则来行动的行为倾向。多里斯就认为，把行为归因于品格或性格特质就是说，人们在特定的诱发条件下倾向于按照某种方式行动。那么把某人的行为归因于其诚实的品格特征，就是指这个人倾向于按照诚实的义务要求来行动。大概就是把钱包归还失主的倾向。然而，美德理论家强调品格内在维度的重要性，把美德定义为行动者及其行为的内在特征。

美德伦理学关注的是人的整个人生，而不是某一特定的行为或一个决定。情境主义认为某种模式的行为对于对应的某种品格归因是必要的，但特定的行为模式对于美德的归因既非必要条件也非充分条件。之所以不是必要条件，是因为一个有德之人可能以 X 方式行为，但他仍然具有 X 美德。之所以不是充分条件，是因为一种行为倾向只是美德的一部分。在最低限度上，如果这个行动者的行为倾向算做是一种美德，他必须具有一个好的行为动机。至少可能的是，一个行动者具有诚实的行为倾向只是出于对不诚实行为的社会后果的恐惧，而不是关心失主本人。或者这个行动者诚实的行为倾向只是为了给他人留下好的印象。

相反，一个行动者可能具有感恩的美德，而不用说"谢谢"。或者一个行动者可能缺乏感恩的美德，虽然他做出了感恩的行为。这样一个缺乏好的动机的行为倾向可能是有益于社交的，与缺乏任何诚实的或感恩的行为倾向相比较。很少有人(可能除了情境主义者之外)会认为这足以被视为美德。

美德伦理学家有很好的理由拒斥对美德的倾向性分析。因为如果美德仅仅被理解为"正确地行动的倾向"，被还原为"产生好的效果的性格特质"，[1] 那么美德伦理的最为典型的特征——品格的首要性，在规范伦理学

---

[1]　Julia Driver. The Virtues and Human Nature [C]//Crisp R (ed.). How Should One Live? New York: Oxford University Press, 1996.

中就失去了。美德伦理学最好按照美德的非还原性解释来理解，按照这种非还原性的解释，美德是性格状态。具有好的品格要求拥有对思维和信念进行较高层次的思考的能力，使得行动者能够反思并改变自己的信念和推理模式。

一个有德之人会考虑以何种高层次的欲求、价值和信念来掌控自己的生活。在一定范围内，他将培养某种高层次的欲求，比如克服对窘困的恐惧，远离其他高层次的欲求，比如仇恨。他还将通过反思和习惯的培养来建立价值观，遵循某些原则。拥有一个价值观必定想要具有某种欲求。如果某人看重"诚实"的价值，那么他就想要成为诚实的人，就会真心地想要把在大街上拾到的钱包归还给失主，即便这个钱包里有很多钱，而他又非常需要钱。他不是想要成为一个仅仅承认归还失物的义务的人。要具有强大的品质，还需要培养适当的情绪：他归还钱包的时候感觉良好而不是勉强，更不是愤怒。总而言之，道德品格的构成包括高阶的欲求、价值、信念、能力和情绪的培养、与道德事项相关的持久的行为模式。虽然它们之间相互关联，但这些品格要素之间不能单独依据哪一项来解释其他项。一个行为如果是出自一种美德状态，即表达美德的行为，那么它必定表达适当的内在状态。

情境主义对美德的还原主义的解释还存在另外两个问题，一个是意志薄弱的问题，另一个是特质的观测等价性问题。首先，情境主义者使用的实验数据忽略了美德伦理学文本中一个关键的区分，即不自制和恶、自制与美德。美德与恶并不构成品格状态的完整分类，毋宁说，它们是品格状态序列(圣人美德、一般美德、自制、不自制、恶、兽性)的两端。① 这里的两种重要状态是自制和意志薄弱。意志薄弱的人缺乏理由和感受的一致性，而这种一致性正是有德之人的特征。虽然他认同并追求善，但他还有诱惑他背离善的情感和欲望。与自制之人的区别是，意志薄弱的人屈服于

---

① [古希腊]亚里士多德. 尼各马可伦理学[M]. 廖申白，译. 北京：商务印书馆，2003：199.

诱惑，或许伴有懊悔，他做了自知为错的事情。①

　　仅仅通过考察外显行为，情境主义者的实验不能提供关于个体品格的充分信息。在行为观测中，实验者混淆了自制之人和有德之人、不自制之人和邪恶之人。

　　其次，在处理观测等价的特质时，对美德的倾向性解释的解释力较弱。毫无疑问，人们具有多种性格特质。两种被视为个体内在差异的不同的特质可能在同一情境中出现冲突，这使得我们通过观察不能确定哪一种特质在行动者行为中得以表达。我们可以以同情和诚实的美德为例来说明观测的等价性。当纳粹分子要求说出藏在你地下室的犹太人，你进行回应时，作为行为倾向，这两种美德具有观测等价的表现。② 因此，行为不一致的实验结果可能不是因为行为没有特质基础，而是因为同一情境中出现了不同特质。当一个倾向与一个与之相反的倾向同时出现在同一情境中时，行为就可能出现不一致，只要根据那个特质来对之进行评估。但我们不能由此推断，如果行为不是由特质主导的，那么就是由情境因素控制的。一个情境可能涉及多种特质，而不同的特质可能激发不同的行为。

　　多里斯在阐述其观点时指出，人格结构在评价上通常是不一致的，同一道德人格中往往存在着不同道德价值取向的倾向，直白地说，一个人不可能具有所有的美德，这是他概括的情境主义的基本观点中的第三点。这个问题在美德伦理学中被称为"美德的统一性"(the unity of virtue)问题。

　　这一问题可以追溯到苏格拉底、柏拉图以及亚里士多德。苏格拉底将美德等同于知识，因而美德也就统一于知识。柏拉图将各种具体美德统一于正义这一至德。亚里士多德认为："一个人如果有了明智的德性，他就

---

　　① Davidson D. How is Weakness of the Will Possible? [C]. Davidson D (ed.). Essays on Actions and Events. New York: Oxford University Press, 1980: 21-42. 另见 Robert Audi. Weakness of Will and Practical Judgment[J]. Nous, 1979 (2): 173-196.

　　② Sober E. Contrastive Empiricism [C]//Savage W (ed.). Scientific Theories (14). Minneapolis: University of Minnesota Press, 1990: 392-412.

有了所有的道德德性。"①在亚里士多德那里，所有具体的美德都是中道的体现，而明智正是把握中道的关键，所以亚里士多德认为美德是统一的。然而，这似乎与我们的直觉格格不入。因为在道德生活中我们的感觉经验不是这样的。苏珊·沃尔夫（Susan Wolf）的一段话很好地表达了这一点："巴顿将军勇敢但没有耐心，也不够宽容。比尔·克林顿富有同情心但在美女面前不能自制。甘地是勇敢、正义、正直的楷模，但也是一个冷酷而没有同情心的丈夫。特蕾莎修女是一个无私奉献的人，但也是一个苛刻、很难相处的人。"②我们还可以举出生活中很多这样的例子来证明美德不是统一的。当然这不意味着美德必定是分离的、破碎的，或许有人具有几乎所有的美德。

沃尔夫站在亚里士多德的立场上为美德的统一性提供了一个证明。她的证明大致上可以表达为一个三段论：

(1) 任何一种美德本质上都包含知识；

(2) 知识本质上是统一的；

(3) 所以美德是统一的。③

然而沃尔夫的三段论存在很大的问题。且不说她对两个前提的证明是否充分，最大的问题在于由前提(1)和前提(2)不能推断出结论(3)。因为即使(1)和(2)是正确的，它们也不过是(3)的必要条件，而非充分条件。沃尔夫这里的错误在于任何一种美德不仅包含知识，还可能包含行动者的意愿、倾向或偏好。因为我们的道德行为不仅需要对相关道德知识的理

---

① [古希腊]亚里士多德. 尼各马可伦理学[M]. 廖申白，译. 北京：商务印书馆，2003：190.

② Susan Wolf. Moral Psychology and the Unity of the Virtues[J]. Ratio, 2007 (20)：146.

③ Susan Wolf. Moral Psychology and the Unity of the Virtues[J]. Ratio, 2007 (20)：150.

解，还需要主体有一种意愿来推动这一行为，否则即使道德主体意识到了什么样的行动是道德的，他仍然可能不会选择这一行动。简单地说，沃尔夫的立场是一种纯粹的理智主义，但纯粹的理智主义道德观是可疑的，虽然它具有一定的合理性。除此之外，还有道德能力的问题，即使道德主体知道何种行为是道德的，也愿意这么做，但如果他没有能力来履行这一行动，他仍然不能表现出相关美德。

因此，就笔者的看法，沃尔夫要想得出美德统一性的结论，她必须至少证明四个前提：（1）任何一种美德本质上包含知识和行动者的意愿；（2）知识本质上是统一的；（3）行动者在与每种美德相关的方面具有相同的意愿；（4）行动者在与每种美德相关的方面都具有能力。但是笔者估计（3）和（4）是她无法证明的。因此，沃尔夫不能证明美德的统一性。

不过，经验上不能证明美德的统一性这一结论同沃尔夫的立场并不冲突。沃尔夫承认，古希腊哲学家也意识到人类心理允许善与恶的杂居，人们通常表现出德与恶的共存。古希腊哲学家主张美德的统一性虽然怪异，但他们并不愚蠢。因此他们很可能不是将这一主张视为经验命题，而是裂解为一个具有规范性前提的推论。① 如果是这样的话，我们就无需反对沃尔夫的观点了。

尼拉·巴德沃（Neera Badhwar）提出了一种"有限的美德统一性"（the limited unity of virtue）观点。他否认美德具有普遍的统一性，但承认美德"在某些范围内"具有统一性。他的观点可以表述为如下三个要点：（1）道德主体在其特定的生活圈子中表现出某种美德，但在这一圈子之外则不一定表现这一美德。比如，某人对其朋友和同事非常慷慨，但对一般的点头之交以及陌生人则不一定慷慨。（2）道德主体在某一生活圈子中表现出某一美德，那么在其他圈子中他不会表现出与这一美德相对的恶德。如果某人在其朋友圈子中是一个仁慈、公正的人，那么他对任何人都不会太坏。

---

① Susan Wolf. Moral Psychology and the Unity of the Virtues[J]. Ratio, 2007 (20): 147-148.

(3)在同一个生活圈子中，道德主体的所有美德将是统一的。也就是说，如果一个人在其朋友圈子中表现出仁慈的美德，那么他在这一圈子中必定也是慷慨的、公正的、节制的、勇敢的等。①

巴德沃的这种观点实际上是在说，美德具有某种统一性，但这种统一性只存在于道德主体狭小的生活圈子。因此他的观点的实质可以用两个要素来表达：(1)美德只存在于道德主体的某个生活圈子；(2)美德是统一的。从经验的角度看，巴德沃的观点是相当片面的。在我们的生活中确实存在这样一种人，他们对不同的人在某类行为上有不同的表现，比如某个人对亲人非常慷慨，而对其他人则不那么慷慨甚至是吝啬。然而这只是个别现象，巴德沃却将这一片面的个别现象夸大了。

从理论上分析，巴德沃将道德主体的某种特殊的人际关系看做是美德的一个决定因素，因而一种人际关系就对所有的美德都产生作用。但这歪曲了美德与人际关系之间的关联，因为不同的美德处理的人际关系是不同的，比如忠诚与朋友、夫妻等关系相关，守信则与所有契约关系有关。因此，如果美德具有统一性，那么这种统一性就不可能只限于某一特定的生活圈子或人际关系。巴德沃认为美德的统一性存在于特定的人际关系的观点无法解决这一矛盾，因而是错误的。

笔者的看法是，在现实之中美德不具有普遍的统一性，但美德可以具有部分的统一性。这种部分的统一性有两种表现形式：(1)某一或某些个体可能具有所有的美德；(2)绝大部分人可能拥有某些具有相关性的美德，而不拥有另外一些具有相关性的美德。第一种表现形式的"部分性"与美德的载体有关，第二种则与美德的数量或范围有关。而且第一种表现形式很可能不存在，因为这样的个体是道德理想的化身，我们不知道他是否存在。因此最有可能的情况是，我们大多数人具有一定数量的美德，而缺乏某些美德。

戈帕尔·斯瑞尼瓦桑在最近的一篇论文中也反驳了美德的统一性论

---

① Badhwar N K. The Limited Unity of Virtue[J]. Nous, 1996 (30): 308.

点。他认为美德的统一性论点有一个很强的基本假设："真正的美德不可能导致其拥有者在道德上犯错误。"①他的主要思路就是通过论证否定这一假设的可能性来反驳美德的统一性。斯瑞尼瓦桑认为这一假设可以细化为三个次级假设：(1)没有真正的美德两难问题；(2)诸美德在经验上的相容性；(3)美德在道德上是自足的(self-sufficiency)。② 这三个次级假设都是基本假设的必要前提，因此否定任何一个都可以证明基本假设的错误性。斯瑞尼瓦桑认为这三个次级假设可能都是错误的，他简单地考察了前两个假设，而重点证明了第三个次级假设的错误性，他表明美德在道德上不是自足的。

美德的自足性观点是指美德概念可以支撑整个道德理论，而无需其他概念的参与。持这种观点的往往是那些非常激进的，试图排斥所有其他理论类型的美德伦理学，因此这些美德伦理学被形象地称为"帝国主义的"(imperialist)美德伦理学。斯瑞尼瓦桑认为有些概念如"权利"(或者其他的概念)，是美德无法取代的。因此美德虽然是道德理论一个重要而独特的概念，但它必定不是道德的全部。③ 斯瑞尼瓦桑思考这一问题的思路是，如果美德概念是自足的，那么美德伦理学就可以解决一切道德理论问题，而它实际上不能做到这一点，因此需要其他伦理概念的参与，所以美德不是自足的。然后他再用这一结论来否定美德的统一性。斯瑞尼瓦桑对这一问题的思考路径非常独特，情境主义者是从微观的、心理学的角度来反对美德的统一性观点，而他则是从宏观的、理论宰制的角度来反对这一论点。他的思考方法似乎与第二章讨论的多元论者的思考方法是一致的。这种思考路径给我们的启示是，美德不能解决全部道德问题，有些问题是不能用美德概念来考虑的。美德是一个古代伦理学概念，而权利等概念是近代以来才出现的，它们有着不同的价值取向，因此美德无法代替这些概念的作用。

---

① Sreenivasan G. Disunity of Virtue[J]. The Journal of Ethics, 2009 (13)：195.

② Sreenivasan G. Disunity of Virtue[J]. The Journal of Ethics, 2009 (13)：203.

③ Sreenivasan G. Disunity of Virtue[J]. The Journal of Ethics, 2009 (13)：207.

　　美德的统一性是一个很强势的论点，它已经超出了美德的实在性论点。后一论点只是表明美德是存在的，人们可以具有某些美德，但前者试图表明人们不仅可以具有美德，而且是具有所有美德。虽然美德的统一性观点超拔于现实的观点，但情境主义者并不能通过反对这一论点来否定美德的实在性。当然，既然美德统一性论点在经验上存在问题，那么美德伦理学就应当适当调整美德概念的内涵。美德伦理学应当暂时放弃美德统一性论点，否则它将成为一种过于理想化的理论，对道德主体提出过高的期望和要求。这将使得这种理论丧失实际的吸引力，也使得这一理论不能很好地指导道德实践。

　　通过对情境主义上述几个方面谬误的分析，我们基本上可以驳倒情境主义者关于美德实在性提出的批评。所以，哈曼在最近的文章中也承认，社会心理学并没有证明性格特质（无论是日常道德还是美德伦理学中的）的不存在，社会心理学的研究成果只是削弱了我们对于品格特征实在性原本所持有的自信。① 当然，对情境主义观点的驳斥并不能比较充分地证明美德的实在性，我们还需从正面寻求美德实在性的证据，尤其是从心理学当中寻求证据。

第三节　美德伦理与情境主义的虚假对立

　　美德伦理与情境主义之间的对立有一个较为明显的原因，即二者实际上属于两种伦理类型，美德伦理学属于规范伦理学或实质性伦理学，即提出了具体的道德价值观点或规范性要求的伦理学理论，而情境主义总体上属于描述伦理学，即客观描述道德现象的伦理学理论。但这一原因仍然只是现象层面的或表层的原因，二者对立背后的深层原因是当今伦理学理论建构的一个普遍动机，即在分析各种伦理问题时倾向于提出自己有特色的

---

　　① Gilbert Harman. Skepticism about Character Traits[J]. The Journal of Ethics, 2009 (13)：241.

"主义"，而不是客观而全面地处理伦理问题。双方之所以固执于自己所坚持的观点，其内在动机就在于这种"理论化"的企图。如果美德伦理学家承认道德行为并不总是由道德主体的性格特质或美德决定，那么其理论的规范性就消失了，美德伦理学就不成其为美德伦理学了。同样，情境主义者如果承认道德行为并不总是由情境起主导作用，那么情境主义也就不成其为情境主义了。正因为如此，双方才会忽视最新的心理学研究成果和相关文本，重演心理学领域早已发生的争论剧情。因此，从上述两个方面的原因来看，二者的对立是一种虚假的对立，这种对立是可以消解的。

美德伦理学和情境主义关于美德实在性的争论，随着心理学领域"人—情境"之争的发展，双方在这一问题上的立场有收敛的趋势，这主要表现在关于道德行为归因问题的看法上。争论双方在争论的初期，对道德行为归因的观点是非此即彼的，即道德行为要么归因于性格特质，要么归因于外部情境。但后来双方关于这一问题的分歧有所缓和，双方都承认道德行为要受到性格特质和情境的影响，只是对于何者居于首要位置或起决定性作用持不同看法。

这一发展趋势在伦理情境主义者多里斯那里有明显的体现。多里斯并不否认我们可以观察到行为的规律性或一致性，但他认为这些规律性或一致性最终取决于情境的相似性。因此，多里斯似乎并没有彻底否认品格特征的实在性，但是他认为，"归根到底，问题是我们所观察到的行为的一致性应当首要地通过稳固的倾向结构还是情境的规则性来解释。情境主义者……偏向于用后者来解释。"①

从美德伦理学和情境主义在道德行为归因问题上的观点来看，二者的主张都具有一定的事实基础。美德伦理学所基于的日常道德观察实际上是：在相同情境下，不同的人往往存在不同的道德行为选择，因而，决定道德行为的是人的道德品格；具有美德的人可以在不同的情境中选择合乎其道德品格的行为。但基于实证心理学研究，情境主义者强调的事实是：

---

① John Doris. Persons, Situations, and Virtue Ethics[J]. Nous, 1998(32): 507.

在相同情境中，人们的行为可以具有一致性，在不同的情境下，尤其是在一些对行动者造成压力的情境下，多数人的行为将不具有一致性。然而，根据我们在第五章关于特质和情境的交互作用的论述，双方这种收敛之后的分歧仍然是存在问题的，双方没有考虑特质的强弱和情境的强弱等具体情况，在不同的情况下，特质或情境的作用是不同的。因此，争论双方的对立仍然是不合理的。

这样看来，二者之间的对立并非不可调和，二者可以达成共识：在现实生活中，人们的道德行为选择一般都要受到内在品格和外在情境的综合作用。少数具有美德伦理学意义上美德的人可以排除情境的干扰，按照自身品格特征选择道德行为，而多数尚未获得此种美德(或者开始形成但不稳固)的人，则很难摆脱情境的扰动。所以，伦理情境主义者哈曼也改变了最初的激进立场，在最近的文章中承认，社会心理学并没有证明品格特征(无论是日常道德还是美德伦理学中的)的不存在，社会心理学的研究成果只是削弱了我们对于品格特征实在性原本所持有的自信。① 从事实的层面看，美德伦理与情境主义实际上是基于各自立场，对道德行为的归因作了偏好性的解释。美德伦理学家和情境主义者在争论中为了驳倒对方，采取了过激的理论反应，偏执于一端，使得自己的观点片面化。双方都忽视了现实道德生活中个体人格和外部情境的多样性和复杂性，对它们作了简单化的处理。

从理论类型的角度来看，美德伦理与情境主义之间对立的虚假性在于二者站在不同的伦理层面谈论道德行为归因问题。美德伦理学是一种规范性理论，实际上是从"应然"的角度来谈论美德(品格特征)与道德行为的关系，旨在阐发一种以美德为基础的道德价值来源和行为的规范性标准。情境主义是一种描述性理论，情境主义者是从"实然"的层面来考察道德行为与道德情境的关系，试图从事实层面澄清情境在道德行为选择机制中的影

---

① Gilbert Harman. Skepticism about Character Traits[J]. The Journal of Ethics，2009
(13)：241.

响和作用。因而双方的论争并没有真正地交锋，实质上是各自阐发自己的观点而已。

美德伦理学从"应然"的层面来谈美德与行为的关系，这在亚里士多德伦理学那里表现得非常明显。亚里士多德把美德（道德德性）定义为一种品格。① 进而他表明，美德是一种关于选择的品格，它在于对中道的把握。在亚里士多德看来，只有具有实践智慧的人才能把握中道。具有实践智慧的人能够在情感和行为上对情境作出适当的回应，即"在适当的时间、适当的场合、对于适当的人、出于适当的原因、以适当的方式"来处理情感和行动。② 实践智慧实际上就是一套特有的认知、感受和判断模式，因而美德实质上是一种特有的心理结构，而有德之人的行为是这种特殊心理结构的外化和投射。

不仅如此，亚里士多德还强调有德之人对情境的情绪反应的适当性，即情感反应同关于如何行动的正确推理之间的协调一致性。有德之人的灵魂是和谐一致的，不受冲突的折磨，这就有别于诸如自制（enkrateia）、不自制（akrasia）与一般的恶（kakia）等非德性状态。自制或不自制的人的内心是冲突的，自制本质上是一种自我克制：自制的人认识到自己应当如何行动，但要这样做他必须与相反的感受作斗争。不自制的人在某种程度上也知道自己应当做什么，但他因为相反感受的强大而不能做到。亚里士多德似乎认为，任何处于非德性状态的人都会受到内在疑惑或冲突的折磨，即使他表面上表现出像有德之人一样的心理的一致性。相反，有德之人享受自己的人格，从践履美德之中获得快乐。

由此可见，美德伦理学的美德概念具有一种事实上的（道德）精英主义的倾向，将极少数具有卓越道德品格的人特有的行为模式和心理机制作为道德行为标准，这实质上是关于"应当"的规范性理论，而不是纯粹关于事

---

① ［古希腊］亚里士多德. 尼各马可伦理学［M］. 廖申白，译. 北京：商务印书馆，2003：42-45.

② ［古希腊］亚里士多德. 尼各马可伦理学［M］. 廖申白，译. 北京：商务印书馆，2003：47.

实的描述性理论。基于对美德与道德行为之间关系的这种理解，有些美德伦理学家主张用美德概念来解释"正确的行动"。比如，当代西方美德伦理学家罗莎琳德·赫斯特豪斯(Rosalind Hursthouse)在讨论"正确的行动"问题时主张，"一个行动是正确的，当且仅当它是一个有德之人在所处情境中出于其品格所采取的行动"。①　显然，当代西方美德伦理学是从"应当"的角度来分析道德行为的，即为正确的行为提供独立于道德规则的判断标准(即美德)。哈曼注意到了这一点，他指出赫斯特豪斯等美德伦理学家的基本思路是："对道德进行分析的起点最好是美德或品格概念，然后根据美德或品格概念来解释道德行为等其他道德要素，我们通过考虑一个具有良好品格的人在某一情境中如何行动，来确定一个人在这一情境中应当如何道德地行动。"②因此，美德伦理学没有将理论的重心放在考察事实层面人们道德行为的一般模式，从而缺乏对道德行为的一般模式的系统实证研究。

如果我们只是指出美德伦理学缺乏这种实证研究，美德伦理学家应当没有异议。然而情境主义者对美德伦理学的指证远远超出了这一批评。哈曼用日常物理直觉(没有物理学知识的人会认为从飞机上落下的物体做自由落体运动，而实际上它将做抛物线运动)经常犯错误为比方，来说明我们在日常道德生活中通常把个体的道德行为归因于其品格特征是受到了直觉的误导，忽视了行为者所处的细微情境。如果我们对美德伦理学的批评是：正如"投弹手需要通过训练来克服其物理直觉"，③ 伦理学家应当具备行为研究的专门知识，那么这一批评是合理的。但哈曼借用实证研究中的数据来否定美德和品格特征的实在性，把道德行为完全看做道德情境的产物。应当说，哈曼对美德伦理学的批评是不恰当的。从事实的层面看，实

① Rosalind Hursthouse. On Virtue Ethics[M]. New York：Oxford University Press，1999：28.

② Gilbert Harman. Moral Philosophy Meets Social Psychology：Virtue Ethics and the Fundamental Attribution Error[J]. Proceedings of the Aristotelian Society，1999(99)：317.

③ Gilbert Harman. No Character or Personality[J]. Business Ethics Quarterly，2003(13)：89.

证研究的数据并不能否定美德和品格特征的实在性，就某些特殊的行动者而言，美德与道德行为之间可以具有归因关系，但这种归因关系不能在所有行动者身上普遍化。从规范性的层面看，美德伦理学只是主张以美德作为行为的道德标准，而不是认为关于美德的事实具有普遍性。

正因为二者都试图强调自身理论的合理性，他们在争论中对于社会心理学的实证研究结果予以不同角度的分析和解读。美德伦理学家和情境主义者在对心理学实验进行解释时，都是站在自己的立场上，缺乏一种客观的态度。比如他们在讨论米尔格莱姆的"服从实验"时，亚当斯等美德伦理学家采取了更为乐观的分析，他强调不到65%的实验对象在执行电击时是"完全服从"的。相反，多里斯等情境主义者则强调其他版本实验中的高服从率：执行附加任务时93%的人服从，92%的人在执行"行政暴力"时服从。①

由此可见，当代西方美德伦理学的研究重心是论证美德概念在伦理学理论中的基础性地位，而忽视了道德实践中人们进行道德行为选择的经验性研究，从而未能客观地指出美德同道德行为之间的真实关系。美德伦理学的理路是"至上而下"的，试图以理想化的"应然"状态来提拉人们的现实道德品格。情境主义则是从事实的层面强调现实道德生活中情境对于道德行为的影响。因此，从"是"与"应当"的视角来看，美德伦理学强调"应当"，情境主义强调"是"，二者采取了不同层面但实际上并不对立的立场，然而双方都没有充分意识到，其实他们的观点是可以融合的。对道德事实的强调不排斥我们对应然状态的追寻，对"应当"的强调与追求要以道德事实为参考，将美德伦理学方法与情境主义的心理学方法整合起来，建构能够有效地指导道德实践、改善个体品格的道德理论。

归根结底，美德伦理学与情境主义在争论中对实验数据的偏向性分析，都是为了论证自身观点的合理性。但双方其实没有必要为了自身理论

---

① John Doris. Heated Agreement：Lack of Character as Being for the Good[J]. Philos Stud，2010(148)：19.

的合理性去不合理地处理实验证据，因为二者的理论趣旨是根本不同的，前者是一种规范性理论，后者是一种描述性理论。二者的错误在于，情境主义作为一种描述性理论，试图颠覆美德伦理学的规范性，虽然事实层面的东西可能会影响规范性理论的实践效力，但不能从根本上决定规范性理论的合法性；而作为一种规范性理论，美德伦理学虽然考虑了个体对情境的反应，但它最终主张个体应当克服甚至消除任何情境的影响，完全从品格特征出发来选择道德行为，这忽视了人们一般道德心理的合理性。

美德伦理与情境主义之间的争论有一个更隐秘的原因，对立双方都有一种"理论化"的目的，即构建以"还原论"和"一元论"为特征的普遍化的伦理理论。如前所述，这种"理论化"源于西方哲学的普遍主义传统，是这一传统在当代西方伦理学中的延续。西方哲学根深蒂固的普遍主义传统使得西方伦理学家在构建伦理理论时难以割舍普遍主义的情怀，往往把各自的伦理观念上升到可普遍化的高度。然而在现实和实践的比照之下，伴随这种普遍化情怀的往往是偏颇和谬误。这正如汉斯·赖欣巴哈（Hans Reichenbach）在谈论哲学的起源时所言："大量的观察到的事实不能满足求知欲望；求知欲超越了观察，而要求普遍性。但是，不幸的是，人类总是倾向于甚至在他们还无法找到正确答案时就作出答案。"①

虽然美德伦理学家大多明确反对现代伦理理论的普遍主义和"理论化"，但美德伦理学家为了表明其理论体系的独立性，通常把美德构想成为一个可以独立解释道德行为的规范性概念，从而把以美德为基础的伦理谋划成为一个具有普遍性的伦理方案。如此一来，美德伦理学家在反对"理论化"伦理方案的同时，自身也陷入了"理论化"的窠臼。为了实现"理论化"的抱负，美德伦理学家往往不愿正视自身的理论困境。当代美德伦理学家实际上是先假定了某种理论模式，再去完善这一模式，而不是基于对道德心理学的成熟研究，在此基础上来构建理论。为了维护其理论的合

---

① ［德］H. 赖欣巴哈. 科学哲学的兴起［M］. 伯尼，译. 北京：商务印书馆，1983：11.

理性，美德伦理学家往往没有正视自身理论的不完备性。多里斯认为，"许多美德伦理学文本的……策略通常是在忽视经验文本的前提下去发展各自的理论，然后再试图表明，其如此发展起来的理论如何能够经受心理学事实的考验。"①当遭遇来自心理学的实验证据的质疑时，"美德伦理学的支持者经常试图削弱经验批评的力量，其手段要么是对提出批评的经验社会心理学表示怀疑，要么是否定对美德伦理学产生不利影响的证据。"②情境主义者在提出其理论时同样如此，为了证明情境对于道德行为的决定作用，他们往往对实验结果进行片面的解读。概言之，美德伦理与情境主义为了自己的"主义"牺牲了对"问题"研究的真诚态度。

美德伦理学与情境主义关于道德行为归因问题的片面看法，可能或明或暗地导源于理论家们在构建现代知识体系时，"为了知识体系的一致性和知识生产的便利而对世界画面的随意改动"③。因此，我们要明白，"哲学的存在是为了探究真理（truth），因此哲学家要探究事物的真实状态并准确表达出来。任何知识要确立自身的知识合法性，使自身够资格成为'真的'（true）知识（即真理），就必须如实地描述真的（real）实践状况（即真实）。"④我们要批判社会的道德现实，要构想可能的好生活，都必须建立在把握伦理事实的基础上，否则我们的批评和构想都将没有说服力。

因此，伦理学研究的前提是要如实地描述、准确地理解道德现象。显然，要做到这一点仅凭日常的道德体验和假设是不够的，这需要严谨的观察、调查和记录，真实地掌握反映我们道德生活的第一手材料。因此，我们需要有专业的系统的调查方法、分析方法、理论支撑。在伦理学中，道德社会学、道德人类学等描述伦理学就是专门进行这些工作的亚学科。我们需要分析社会的伦理文化和社会心理，分析个体的道德心理，因而需要

---

①　John Doris. Heated Agreement：Lack of Character as being for the Good[J]. Philos Stud，2010(148)：19.

②　John Doris. Heated Agreement：Lack of Character as being for the Good[J]. Philos Stud，2010(148)：135.

③　赵汀阳. 论可能生活[M]. 北京：中国人民大学出版社，2004：166.

④　李义天. 美德伦理学与道德多样性[M]. 北京：中央编译出版社，2012：288.

对社会心理、个体道德心理进行专门研究。这需要关于人的情感、动机、意志、行为选择机制等诸多方面的系统化的理论研究，甚至还需要进行实证性的心理实验研究。这些都不是建立在日常道德经验基础上的常识性分析所能做到的，因而需要专业化的理论支撑。最后，我们要指导道德实践，需要掌握具有某种程度普遍性的道德规律。比如，在道德教育实践中，我们必须遵循个体的道德发展规律。这需要我们掌握和了解个体在不同发展阶段的道德认知、道德认同、自我道德建构等方面的真实情况，这就需要专业化的道德发展理论作为依据。

按照传统的"事实—价值"的二分法，规范伦理学无疑是一门价值学科，但它也必须尊重事实，了解事实，否则其价值研究将成为无本之木、空中楼阁，最终沦为道德情感的宣泄或空洞的道德说教。而清楚明白地描述伦理事实，尊重伦理事实，这无疑是伦理理论的使命之一。仅凭日常的道德思想和语言是很难完成这一使命的，我们需要专业的思考和精细、准确的专门话语来完成，而且在此基础上还要真诚地对待伦理事实，不能为了特定的价值目的和理论化的便利而有意忽视或曲解事实，这是我们构建伦理理论的前提。这就为我们的伦理学研究提供了一个方法上的原则。

然而，有人可能会主张，道德哲学与研究事实的科学无关，不应当受到诸如社会心理学等实证科学的影响，"真正的"道德哲学原则上是不受实证或实验结果影响的，并使用"是"与"应当"的二分来支持其主张。因而他们会认为，无论科学发现了什么样的"是"，都不能影响"应当如何"。还有些道德哲学家会主张，基本的道德哲学原则必然为真，实证研究最多能够确立偶然的事实，即有条件的、依具体情况而定的事实。另一方面，心理学实证主义则主张客观主义。随着 20 世纪心理学的发展，其从业者表现了一种近乎神经质的需要，需要被视为科学的，就像物理学家一样，这使得他们拒斥主观世界，因为这不属于物理领域。① 实证主义关于客观主义的

---

① Baker W. Positivism versus People：What should Psychology be about［C］//Tolman C. Positivism in Psychology：Historical and Contemporary Problems. New York：Springer-Verlang，1991：13.

一个极端表达是：既然所有事物都是物理上被决定的，因而没有选择和个人的责任。① "从自然主义的视角看，人的思维、感受、需要、兴趣和价值得以被科学地探究，是通过将它们还原为更为基本的物理、化学和生物学过程。"②

因而许多科学家主张，对人类行为的科学解释中的因果决定论与法律、政治、伦理主张的自治和自我决定不相容。斯金纳清楚地认识到科学的决定论和道德之间的不相容："根据我们所说的前科学的观点，一个人的行为至少在某种程度上是他自己的成就。他自由地思考、决定和行动，他因自己的成功而获得荣誉，因自己的失败而遭受责备。根据科学的观点，一个人的行为是被遗传天赋决定的，它可以追溯到人类的进化史以及他作为一个个体所处的环境。这两种观点都没有得到证明，但是在科学探究的本质中，证据应该转而支持第二种观点。"③这种不相容性不仅为激进的行为主义者主张，而且为其他激进的心理决定论者主张。许多研究者批评激进的心理唯物论把精神还原为脑行为和基于此的把伦理范畴从科学论说中取消掉。④ 根据实证主义的观点，心理学应当回避任何道德价值或者不去理会确定什么是道德上应当的。⑤ 本着"为科学而科学"的原则，实证主义者把科学研究视为"纯粹的""客观的"知识领域，反映了"是"与"应当"的对立。许多研究者思考科学和伦理学之间的关系是通过把"事实"和

① Blakemore C. The Mind Machine[M]. London：BBC Publications, 1988.

② Sugarman J. Persons and Moral Agency[J]. Theory and Psychology, 2005（6）：795.

③ Skinner B. Beyond Freedom and Dignity[M]. New York：Alfred A. Knopf, 1971：101.

④ Wcbel C, Stigliano S. Are We beyond Good and Evil？[J]. Theory and Psychology, 2004（1）：81.

⑤ 实证主义心理学家主张学术知识应独立于道德政治活动。实证主义关于心理学"价值中立"的观点甚至反映在美国心理学协会的伦理章程中："这个章程暗含的是伦理中立的坚定信念，经过科学训练的心理学家的客观眼光，他们不受人类的利益、价值、意识形态和社会立场的影响。"参见 Rossiter A, Walsh-Bowers R, Prilletlensky I. Ethics as a Located Story：A Comparison of North American and Cuban Clinical Ethics[J]. Theory and Psychology, 2002(4)：533-556.

"道德价值"并举。对经验主义的哲学家和科学家而言，重要而可回答的问题是"事实是什么"，关注"应当如何"不过是一种形而上学或者更糟糕的做法。①

然而，这种把"事实与价值"或者"是与应当"绝对对立起来的观点是错误的。从最低限度上说，实验证据能够帮助建立什么是可能的、必然的和不可能的，比如某些现实的东西就是可能的。② 假定我们接受"应当意味着能够"的原则，如果实证科学能够做到这一点，那么它至少能够限制规范性观点。不可能实现的行为或状态不能成为道德要求。此外，如果存在诸如品格、美德、幸福等厚重的伦理概念，那么，我们就有可能用实证的方法来探究某些规范性问题，正如现在实验道德哲学家所做的，通过实证方法探究这些厚重的伦理概念。毫无疑问，我们"应当如何"依赖于非道德的事实。比如，某人应受惩罚这一道德主张预设了非道德的事实：这个人犯罪了。实验证据也正是在这种方式上与道德相关。

此外，如果我们需要一种基本的道德理论，也是作为人类这样的生命存在物而需要道德理论。实证研究能够做的一件事情是帮助确立我们是何种生命存在物。无需质疑，想象应当与材料结合，我们假设人类可以或能够如何时，需要知道人类是怎样的，人的心理过程是怎样的。这些假定可能是合乎经验的也可能不合乎经验，合乎经验的当然是最好的。当然，实验证据或者更宽泛的经验证据究竟如何与道德相关，目前还存在激烈争论。但不容置疑的是，实验证据能很好地为经验假设提供基础，在这个意义上，我们的假定与道德哲学相关。

所以，美德伦理学以及其他伦理学理论在进行理论建构时，须跳出是与应当的对立，既要遵从事实，又要在此基础上提出合理的伦理主张和要求。因此，伦理学家需要注意的就是不要为了表达自身理论的便利，或者

---

① Gergen K. Realities and Relationships: Sounding in Social Construction [M]. Cambridge: Harvard University Press, 1994: 99.

② Mark Alfano. Experimental Moral Philosophy [DB/OL]. (2014). http://plato. stanford. edu/entries/experimental-moral/Experimental Moral Philosophy.

为了所谓的理论体系的一致性，又或者为了强调和突出自身的观点，而有意忽视实证科学的研究成果所表明的事实，更不能因为"普遍化"或"理论化"的企图而有意曲解相关事实。对美德伦理学而言，当前美德伦理学家最为紧要的是重新回归安斯库姆所谋划的道德心理学路线，停止构建疏离伦理事实和实践的理论体系。

第三章 美德—情境之争的积极后果

第一节 美德的内外之道

我们可以对美德的实在性进行说明、解释和某种程度的证实，但这种说法并不十分具有实践意义。更有价值的是，我们要借助这样一个契机，关注原本并未受到关注的美德的心理学阐释问题以及它与美德实践的关联，并在现有道德心理学知识的基础上对这个问题进行分析。情境主义对美德实在性的质疑，最大的贡献可能在于它引起我们对美德与行为、情境与行为以及美德与情境之间关系的注意。

传统的特质心理学家认为行为是人格特质的函数，而心理学的情境主义者则认为行为是情境力量的函数。心理学领域中二者之间的对立也体现在伦理学领域。在伦理学领域，美德伦理学家主张道德行为是道德品格的函数，而情境主义者主张道德行为是道德情境的函数。然而，当前心理学领域中特质心理学家和情境主义者之间的对立已经有所缓和，双方都修正了自己的观点。虽然他们仍然认为特质或情境是行为最有力的主导因素，但双方却都不得不承认，行为是个体人格特质和情境交互作用的产物，即行为是特质和情境这两个因素的函数。如果我们把这个心理学共识投射到伦理学领域，那么我们就必须承认，道德行为是个体道德品格和道德情境交互作用的结果。而事实上已经有学者尝试对美德伦理学和情境主义进行调和，"提出了一种基于社会期许的美德理论，这一理论遵循了情境主义的原则，放弃了特质的概念，强调社会情境的作用，同时也重构了美德的概念，使美德伦理学家易于接受"。①

当代西方人格心理学与社会心理学的关于特质和情境的争论最终达成基本共识，那就是人格特质与情境交互作用。性格特质对个体所处的情境具有影响作用。在人格心理学中，人格的一个重要维度是人格影响力，它是指人格特质和机制可以影响到人们的生活。人格会影响到我们如何行动，如何评价自己，如何认识整个世界，如何与他人互动，如何感知，如何选择社会环境，在生活中追求的目标和期望是什么，如何对环境做出反应。人们并不是仅仅对外部力量被动地作出反应，相反，在人们的生活中，人格扮演着关键的角色。在此意义上，人格特质被看做是影响我们如何思考、行动和感受的力量，② 它不仅有着对情境产生特定反应的向度，还有着影响个体外部环境的作用。人格特质对环境的影响体现为以下四种方式。

第一是知觉。在人格心理学中，知觉是指我们如何看待或解释给定的环境或事件。不同的人面对同一事件时，他们所关注的东西和对事件的解释可能存在巨大差异，这一差异就是人格影响力的体现。比如，面对同一张墨迹图，有人看到的是一只鸭子，而有的人看到的是一只兔子。面对陌生人的微笑，有人觉得是伪装的笑，有人则认为是友善的表现。同样的墨迹图，同样的微笑，但人们的解释是不同的，这便是人格的作用。

因此，人格心理学所谓的知觉就是指人格对于个体认知、分析和理解情境的影响。当看到狮子残忍地猎杀羚羊时，有人看到的是强者的力量，有人看到的是优胜劣汰、物竞天择的自然法则，有人看到的是弱者的苦难。当他们分别用语言来表达对这一情境的理解时，我们可能会对他们的言辞作出不同的评价，第一种残忍，第二种冷漠，第三种仁慈。在这个例

---

① 喻丰，彭凯平. 从心理学视角看情境主义与美德伦理学之争[J]. 华中师范大学学报，2013(1)：174.

② [美]兰迪·拉森，戴维·巴斯. 人格心理学：人性的科学探索[M]. 郭永玉，等译. 北京：人民邮电出版社，2011：92.

子中，情境或事实本身在复杂丰富的人文背景中具有多面性，与不同人文价值相对应的人格导致个体对同一情境采取了不同的视角，情境本身所含有的多面信息在不同特殊个体那里，都只呈现出单一面向的信息，其他面向的信息则被遮蔽或遗漏。于是不同人格的个体对同一情境的理解出现了"横看成岭侧成峰"的情况。这就是说，在人格的影响下，情境本身对个体的呈现出现差异。

当这种情况出现在标准的道德情境中时，道德人格或品格同样会对情境的呈现产生作用和影响。面对衣衫褴褛的乞丐，同情心极强的人会倾向于认为这是一个可怜的人；相对冷漠的人会倾向于认为这可能不是一个真正的乞丐，而是一个骗子。相应地，前者可能会进行施舍，后者可能会置之不理。我们再考虑道德敏感这一概念，道德敏感的人遇到道德情境，能很快地意识到自己的道德责任，而不够敏感的人则对情境的反应较为迟钝，甚至不会产生反应。因此，同一道德情境，其道德意味呈现在道德敏感者面前，但不呈现在道德不敏感者面前。

在知觉这一过程中，虽然道德人格对情境本身的呈现产生了较大影响，似乎人格起着主导作用，但道德行为仍然是道德情境和道德人格综合作用的结果。首先，道德行为是由情境的刺激引发的，但同一情境引发了不同的行为。其次，引发不同行为的是"不同的情境"，而"不同的情境"是由不同的人格作用于同一情境导致的。在这一过程中，美德的实在性就体现为对情境的影响，而道德行为的差异则是进一步的确证。

第二种是情境选择。人格的影响力还表现在我们如何选择我们所处的环境。不同的人选择不同的专业和课程、不同的爱好、不同的活动场所、不同的朋友和伙伴、不同的生活方式。人格对情境的这一影响被称作情境选择，即人们倾向于自己选择所处的情境，换言之，人们通常不会随波逐流，相反，他们主动选择自己想身处的环境。[①] 很有可能个体选择生活环

①　[美]兰迪·拉森，戴维·巴斯. 人格心理学：人性的科学探索[M]. 郭永玉，等译. 北京：人民邮电出版社，2011：94.

境的方式反映了个体的人格特点：一个人会选择严肃的、矜持的和理智的生活，正因为他是一个严肃、矜持、爱思考的人。人格心理学研究发现，外向者选择社交形式的娱乐活动，如棒球或排球等团体活动，而不是长跑或游泳等个体活动。人格会影响人们所处的情境，当面对选择时，人们通常选择与其人格相适应的情境，因此人格心理学家通常通过调查人们在生活中的选择来研究人格。①

同样地，道德人格也会影响我们可能置身于其中的各种具体的道德情境。有的人根本不会处于某些道德情境中。比如，一个遵守规则的人通常不会处于因交通肇事而犹豫是否要逃逸的情境中；一个自律、洁身自好的人不会处于挣扎于是否要上交贪污款的情境。赫斯特豪斯在论正确的行动与美德的关系时也主张，有德之人绝不会处于某些情境之中。她假设了如下一个情境：一个男人引诱两个妇女 A 和 B，通过婚姻承诺使她们为他生孩子，但是他只能娶其中一个。② 因而他可能会困惑，在这种情境下什么才是正确的行动呢？然而，有德之人不可能置身于这一情境之下。

情境选择这一现象反映了个体人格对其所处情境的影响，也就是说有时候我们身处其中的道德情境，排除道德运气的影响之后，通常是我们基于自身人格进行选择的产物。

第三种是唤起。所谓唤起是指我们促使他人产生反应，即特定的人格特质会唤起环境中的特定反应。在这个意义上，我们创造了自身所处的社会环境。比如，好动的孩子会引起父母对其活动的限制和频繁地干预。身材魁梧的人并不想威胁他人，但他仍然可能引起他人的被威胁感。性格暴躁、控制欲强的人会引发他人敌对和回避的反应。人格心理学研究中有这样一个典型的案例，"一位男性患者，他在与女性维持关系方面存在障碍，已经离过三次婚。他向治疗师抱怨说，每个与他一起生活的女性都会变得

---

① ［美］兰迪·拉森，戴维·巴斯．人格心理学：人性的科学探索［M］．郭永玉，等译．北京：人民邮电出版社，2011：85．

② Rosalind Hursthouse. On Virtue Ethics［M］. New York：Oxford University Press，1999：46-47.

坏脾气、恶毒和可恨；他抱怨说他的每段关系都从满意开始，以女人变得愤怒并离开他而告终。研究者推测，这个男人一定是做了什么事情唤起了他生活中的女人们的这种反应"。① 唤起现象告诉我们，有时候虽然我们并非有意，但却因自己的人格不可避免地处于某种情境中。

第四种是操控。操控是指个体有意地影响他人，是个体基于自己的人格故意使用特定的策略来控制、影响或改变他人。操控他人的行为、思想和情感方式是人格的一个重要表现。易焦虑或胆小的人会试图影响他所在的群体，以避免看恐怖电影或进行冒险活动。责任心强的人坚持每个人都应该遵守规则。不同人格的个体，其操控形式也不同。比如，外向者比内向者更倾向于使用怀柔策略；高神经质者倾向于采用冷处理策略；好争吵的个体则倾向于使用强制策略。

由上述四种方式来看，人格特质确实可以通过不同的方式影响到个体所处的情境。同时，情境对特质也具有显著的作用。情境对特质的作用主要表现在两个方面：第一，特质大多产生于对情境的反应，或者说特质大多是由与之相关的情境刺激诱发出来的，因为特质往往表现在情境中，离开了具体情境，特质一般不显现；第二，情境不仅诱发特质，也可以遮蔽特质，即在与个体特质相反的情境中，个体在情境的压力下，会在不同程度上隐藏特质，甚至表现出与特质不一致的行为，情境压力强度越大，其对特质的遮蔽性越强。

首先，当代心理学中的"个体—情境"交互作用论认为，特质表现为个体对所处情境作出的反应，个体的性格差异是在特定情境下表现出来的差异。所以，有学者强调，"特质是一种面对情境时，直觉而自动化且相对稳定的行为意向，并包含着认知、情感和动力的过程。"② 也就是说，只有在情境的刺激下，特质这一内在机制才能外显从而被观察到。比如"急性

---

① [美]兰迪·拉森，戴维·巴斯. 人格心理学：人性的科学探索[M]. 郭永玉，等译. 北京：人民邮电出版社，2011：95.

② 喻丰，彭凯平，韩婷婷，柏阳，柴方圆. 伦理美德的社会及人格心理学分析：道德特质的意义、困惑及解析[J]. 清华大学学报（哲学社会科学版），2012(4)：133.

子"这一特质，具有这一特质的个体只有在面对挫折情境时，才会表现出这一特质。心理学家用"如果……如果……那么……"的语句形式来陈述这一观点："如果一个人在情境中受挫(如自动售货机吞了钱但是没有给他物品)，而且这个人恰巧是个急性子(人格因素)，那么他就会烦躁，也许还会攻击挫折源(比如一再踢打自动售货机，大声诅咒)。"①某些道德人格如勇敢，只有当个体在遇到需要见义勇为的事件(如发生火灾、歹徒行凶、有人落水等)时，我们才能从其行为得以观察。

不过，也有少数特质不是对情境的被动反应，而是由个体主动去寻求和考虑相关情境。比如，细心和体谅人在于以一种普遍的关注去考虑情境细节，喜欢冒险的人寻找新奇和刺激。② 当然，这些特质在相关情境的刺激下也会表现出来，但这种被动的反应不是这些特质的核心特征。然而，有学者并不同意，认为所有的特质都是对情境的反应，其理由是"体现出个体特质的时间必然是处于某一情境之下"。这一理由所表述的内容并不错，毫无疑问，所有特质的表现必然处于具体情境中，但这并不能说明所有特质都是对情境的反应。我们最多只能说绝大多数特质是对情境的反应。

其次，情境压力的程度对特质的影响。有些情境的力量非常强大，在这样的情境下，几乎所有的个体都会以同样的方式作出反应，而这种反应方式是与情境本身相适应的。这种情境在心理学上被称为强情境(strong situation)，即几乎所有人都会以同样的方式作出反应的情境。比如葬礼、宗教仪式等强情境通常会导致活动参与者统一的行为。③ 在强情境中，个体人格特质对行为似乎没有太大作用，这就是因为情境的作用太强从而遮蔽了个体的内在倾向和特质。一个极端的例子是，"剧院里突然发生火灾，

---

① [美]兰迪·拉森，戴维·巴斯. 人格心理学：人性的科学探索[M]. 郭永玉，等译. 北京：人民邮电出版社，2011：93.

② Webber J. Character, Attitude and Disposition[J]. European Journal of Philosophy, 2015, 23(4)：1082-1096.

③ [美]兰迪·拉森，戴维·巴斯. 人格心理学：人性的科学探索[M]. 郭永玉，等译. 北京：人民邮电出版社，2011：93.

人们都很惊慌地冲向出口，任何一个冷静理性的人都会在人群中变得激动和不理性"。① 在强情境的作用下，个体特质的表现变得不明显。

西方一些历史事件中人们的行为表现也可以说明这一点。比如20世纪60年代，在美国的反战游行和嬉皮士对抗政府的运动中，大学生普遍服用非法药物，焚烧征兵卡片，参与非法游行，即便是许多平时遵纪守法的学生也是如此。当然，即便是强情境，也不能完全消解特质的表现。比如"二战"期间，许多人甚至一些正派和虔诚的德国人都与纳粹政权合作，跟随和服从希特勒，但也有人会迟疑犹豫，还有人积极反抗。② 因此，强情境也只是从概率的大多数意义上遮蔽特质的作用。这也正是前文分析的米尔格莱姆实验的错误之一。

性格特质的实在性并不意味着我们的道德行为只是由性格特质单独决定的。它不能否定情境对道德行为的作用，道德主体的行为由性格特质与外在情境共同决定。情境主义者与美德伦理学家都只片面地强调了其中一个方面。因此，对于美德伦理学而言，一方面行为判断不足以形成品格判断，另一方面品格判断对于行为判断也是不充分的。当然，美德伦理学主要是从道德价值和规范性的意义上来谈美德与行为的关系的，但显然美德伦理学家并未真正弄清楚品格、情境与道德行为之间的复杂关系，因为这一问题并未走进美德伦理学家的视野。然而，如果我们尚未弄清楚美德、情境和道德行为之间的关系，那么美德伦理学对美德概念的规范性构想将严重偏离实际情况，其规范性将曲高和寡而无法落到实处。因此，我们非常有必要借助心理学的相关知识较为细致地描述美德与情境是如何影响道德行为的。

首先，我们要注意我们所使用的是心理学的人格特质概念，是具有程度高低差别的，而不是美德伦理学的美德概念，后者只存在有与无的区

---

① [美]霍华德·弗里德曼，米利亚姆·舒斯塔克. 人格心理学：经典理论和当代研究 [M]. 许艳，王芳，译. 北京：机械工业出版社，2011：287.
② [美]霍华德·弗里德曼，米利亚姆·舒斯塔克. 人格心理学：经典理论和当代研究 [M]. 许艳，王芳，译. 北京：机械工业出版社，2011：287.

分。因此，我们必须明确个体的性格特质具有强弱之分，可以把性格特质大致分为强、较强和弱这样三个层次，同样，情境也有强弱之分，我们也可以把情境分为强、较强和弱三个层次。由于道德行为是个体内在道德人格特质和外部情境这两个变量的函数，因而至少我们大致可以将道德行为分为九种情况来考虑。当然，这种划分并不是十分精确的，它只是为我们对道德行为的分析提供一种较为客观的方法。这里还要明确的是对性格特质的强、较强和弱三种状态以及情境的强、较强、弱三种类型进行界定。强特质是指传统美德伦理学意义上的美德，较强的特质是指一种中间状态，即具有一定程度的某一美德方面的特质，但尚未达到美德伦理学所言的美德的状态，弱特质是指趋近于无性格特质的情况。强情境是指对绝大多数人来说会屈从于情境压力，以相同的方式采取行动的情境。比如，在强悍的持刀歹徒的逼迫下交出钱包。较强情境是指具有一定程度的压力，大部分人可以自由地进行行为选择的情境。比如，赡养没有子嗣的姨妈，这个姨妈难以相处，但她又不愿意进养老机构，希望和你生活在一起。弱情境则是指不会给行动者带来压力的情境。比如，一位陌生人向你问路，你恰好知道而且不赶时间。

其次，我们要区分两种类型的强弱之分，第一种是不同个体之间特质强度的比较，不同情境之间的强度比较；第二种是对特定个体而言，其自身特质的强度和所处情境的强度的对比。这是一个一般原则，只要个体特质强度大于情境强度，个体行为就会表现其特质，反之则不表现其特质。当然，这两个不同类型的事项之间如何进行强度比较，是一个操作性的问题，但实际上这可以转化为情境之间的强度比较。这是因为特质的强度可以转化为情境的强度，具言之，个体特质的强度是需要根据以往情境的强度这一重要指标来评估的。

第一种情况是强特质强情境，根据强特质的界定，个体无论什么情况下其行为都将表现其性格特质。也就是说，这样的个体类似于道德楷模，无论处于何种困难的情境中，即便是要求"舍生取义"的情境中，个体也会选择表达其特质的行为。当然，如果个体处于一种对其提出冲突性的道德要求的情境中时，个体也会难以抉择，但这并不意味着其行为未能表现其特质，因为这种情况涉及个体不同的特质。比如在中国传统伦理话语中，忠孝两难的情境中，具有很强的孝德特质的个体选择"尽忠"并不能说明个体"不孝"。第二种情况和第三种情况分别是强特质较强情境、强特质弱情境。在这两种情境下，个体都会没有困难地选择表现其特质的行为。

第四种情况是较强特质强情境。在这种情况下，虽然个体可能具有较为稳固的性格特质，或者说其德行修养有一定的成就，但在强情境下，个体的行为将不能表现其特质或美德。比如，一个具有一定程度的勇敢美德的人，可能敢于协助警察抓捕犯罪分子，但不敢制止一个正在大街上抢劫的歹徒。第五种情况是较强特质较强情境。在这种情况中，就需要我们对个体的特质强度和情境强度进行比较，如果特质强度大于情境强度，那么个体行为将表现其特质，如果特质强度小于情境强度，个体行为将不表现其特质。第六种情况是较强特质弱情境，在这种情况下，由于特质强度大于情境强度，因而个体行为将表现其特质。

第七种和第八种情况分别是弱特质强情境和弱特质较强情境，由于这两种情况下个体的特质强度都要小于情境强度，因而个体行为将不表现其特质。第九种情况是弱特质弱情境。这种情况中，也需要对个体的特质强度和情境强度进行比较，根据其特质强度和情境强度之间的强弱关系来判断个体行为是否表现其特质。

显然，上面关于美德、情境共同作用产生道德行为的分析，更多的是一种对道德行为产生的内外原因的解释，而不是我们对个体进行行为预测的实际方法。我们不可能对所有个体进行严格的测试。当然，我们在日常生活中可能对身边的亲人、朋友或熟人有类似的基于日常观察的品格评估，对其在特定情境中的可能行为会有所判断。比如，我们在知晓了某一事件的真相之后，会对某一涉及该事件的朋友说，"想不到你居然这么大方，真是太阳从西边出来了"，或者，"我就说嘛，你哪能干出那样的事情"。

总体上看，不同强度的特征和不同强度的情境共同作用，影响个体的行为决定。性格特质和情境之间相互较量，对个体产生影响。当情境的力量强过个体特质时，特质的作用和影响就会变小，当情境弱于性格特质时，个体特质的作用和影响就变强。

不过，对于作为个体性格特质的美德和情境共同作用产生个体行为的现象，我们应当区分三种类型。第一种类型是上面我们所讲的作为个体性格特质的美德与情境相互较量的情况，即情境产生不利于美德外化为行为的情况，这也是最为复杂的一种情况。另外还有三种类型：第一，个体不好的性格特质或者说恶德与外部情境的较量，在这种情况中，外部情境是迫使个体做出道德的行为的力量；第二，个体美德与外部情境的影响是一致的情况，即外部情境是促进和推动美德外化为行为的力量的情况；第三，个体的恶德与外部情境一致的情况，即外部情境将推动个体恶德的外化，共同驱动不道德的行为。第二种类型与第一种类型相似，只是两种变量的性质刚好相反，但它们共同作用产生行为的机制是一样的。第三种类型与前两种类型刚好相反，美德与情境之间的作用不是相互抵消，而是叠加。因此，在这种情况下，情境是有利于美德的外化的。这样一来，较弱的性格特质在情境的驱动下也能外化为道德的行为。第四种类型则是最为糟糕的情况，不好的个体特质和外部情境的影响叠加，产生不好的道德行为。

前面我们对情境主义的观点进行了批评，指出了其错误和对美德伦理学美德概念的误解。但情境主义者的错误是因为他们为了否定美德的实在性以及否定美德伦理学的合法性而产生，许多错误是因理解、分析和推理的不当而导致的，然而情境主义者的许多实验论据本身在很大程度上是合乎事实的。因此，无论我们是否已经成功化解了情境主义对美德伦理的挑战，我们都可以从情境主义者关于行为不一致性的实验证据中有所启发，让我们的思考超出最初的美德是否具有实在性的问题，可以重新构想一种美德概念，它不是传统美德伦理学所构想的那种完满的、整全的美德概念，而是一种与情境相关的、不完善的、局部性的美德概念。

首先，依据与个体倾向相关联的情境类型，美德可以是分离的，即不能笼统地讲有无美德，而要具体地讲有何种美德。美德在现实中表现为分离性的性格特质，而不是统一的性格特质。用弗兰纳根的话说，美德是模块化的，即某些行为倾向可以看做是组成美德的模块(modules of virtues)，这就是弗兰纳根提出的道德的模块化假设。① 他认为诚实、慷慨等美德具有不同的情感基础、情感领域和学习历史。一个人可能有仁慈的品格，但同时又缺乏坚毅的品格。个体基于自身独特的先天禀赋和倾向，基于自身特有的学习和情感体验，通常会在不同的性格特质方面有不同的表现和行为倾向。因此，在与某些倾向相关的情境中，个体可以表现出跨情境的一致性，在与其他一些倾向相关的情境中则不能表现出跨情境的一致性。也就是说，个体往往会表现出具有某一或某些美德而缺乏另一些美德。当然，从规范性的角度说，某些美德伦理学家主张美德的统一性观点，对美德进行了较高标准的界定，认为具有某一美德的人必须具有所有美德，因为不存在分离的道德性格特质，归根到底只有一个统一的美德。② 另一些美德伦理学家认为统一性论点不过是陈词滥调，③ 认为各种美德之间不存在必然的联系，④ 承认某些美德之间是不相容的，⑤ 甚至认为一种"局部性"的跨情境一致的倾向可以拥有积极的道德价值，因而也是美德的一部分。⑥ 对这一问题前文已经作了较为详细的讨论，这里不再赘述。

其次，就某一项美德而言，美德也是依赖具体情境的、碎片化的。这

① Flanagan O J. Varieties of Moral Personality：Ethics and Psychological Realism[M]. Cambridge：Harvard University Press, 1991.

② Julia Annas. Intelligent Virtue [M]. New York：Oxford University Press, 2011; Cooper J M. The Unity of Virtue [J]. Soc Philos Policy, 1998 (1)：233-274; Irwin T H. Disunity in the Aristotelian Virtues[J]. Oxf Stud Anc Philos Suppl, 1988：61-78.

③ Bernard Williams. Ethics and the Limits of Philosophy [M]. Cambridge：Harvard University Press, 1985.

④ Peter Geach. The Virtues[M]. Cambridge：Cambridge University Press, 1977.

⑤ Philippa Foot. Moral realism and moral dilemma[J]. Philos, 1983 (7)：379-398.

⑥ Robert Adams. A Theory of Virtue：Excellence in Being for The Good[M]. Oxford：Oxford University Press, 2006.

种不完善的美德不仅被心理学家的实验所发现，也被我们的日常观察所印证。① 以诚实的美德为例，就我们的日常观察，某个人捡到一个钱包，并将它归还失主，他可能下次遇见这样的情况还会这么做。但他可能在工作中并不总是说真话，比如在向上级汇报工作或反映问题的时候。他还可能在公司业务中偷税漏税，但在自己的个人所得税方面却没有欺骗行为。再比如，就勇敢这一美德而言，一个人可能在路见不平时敢于面对危险出手相助，但在医院里打针的时候却会感到害怕。在慷慨美德方面，一个人可能是一个慷慨的人，但对家人比对陌生人更慷慨。总之，我们通常看到的是和各种具体情境相关的"碎片式"的美德，而不是表现在所有情境中的完整的美德。因此，我们也没有理由期望一个无所畏惧地冲进火场救人的消防队员在牙医诊所里表现出同样的无所畏惧。

再次，美德的情境化还表现在情境的压力程度上，这与性格特质的强度有关。这里可以用它说明前面两种情况。第一，在不同类型的情境中，个体在相关美德方面有不同的表现，比如，在与勇敢相关的情境中个体表现出勇敢的美德，而在与仁慈相关的情境中，个体未能表现出仁慈的美德。这背后的原因是，个体在与勇敢相关的情境中感受到的情境压力要小于他在与仁慈相关的情境中感受到的情境压力。当然，这背后还有更为根本的原因，比如，个体在这两个方面的先天倾向是不同的，或者个体在这两方面的经历和接受的教育是不同的。第二，在相同类型的情境中，比如在与诚实相关的情境中，在情境压力较小的情况下，个体表现出诚实的美德，但在情境压力较大的情况下，个体可能不能表现出这一美德。

当然，美德不应该被还原为行为倾向，美德还包含一个内在心理状

---

① 与情境主义的实验者不同，我们这种日常观察不是基于某一次观察来理解美德，而是基于同对象的多年交往和多年的观察，这一优点可以媲美人格心理学家的纵向研究。而且，我们不是仅仅基于对象外显的行为来进行评价的，我们在同观察对象的长期交往和生活中还了解其价值观，各种欲求、感受、信念、情绪等，这一点就连许多人格心理学的研究都难以实现。当然，这不意味着日常观察比实证研究更具有说服力。日常观察往往是私人性的、体悟性的，不能作为严格的学术证据，但这并不影响我们通过日常观察提出观点。

态，对具有不同强度特质的个体而言，性格特质和情境的影响在个体内部造成的心理活动强弱是有区别的，而这些心理活动也是个体性格特质的重要内涵。然而，即便如此，行为倾向仍然是美德的组成部分。我们不应该轻视情境主义者的数据，这些狭窄的而非整全的行为倾向能够支持可靠的行为预测，在特定的情况下应当被视为美德的构成部分。这样的品格归因似乎更为准确，同时也是有意义的，它可以把不同的人在道德价值上区分开来。实际上，情境主义者会持赞同的态度，因为情境主义者目前也不否认人格特质的存在，而且这种观察和他们实验证据的解释是一致的。

但问题是，这些性格特质是否足够稳固或"整全"，使得它们可以被视为美德。根据传统的美德伦理学理论，把这样的人视为有美德的人是没有意义的。情境主义者可能会把品格归因描述成"在朋友和家庭中的慷慨"或"登山的勇敢"，因而他们会反对把美德设定为美德伦理学所说的"整全"的美德，如隐去了情境的慷慨、诚实。这里我们需要重新回到事实与价值的问题上。现在，无论是情境主义者还是美德伦理学家都不会否认这一事实：绝大多数人的美德不是完满的、整全的，而是碎片式的，不同的个体之间的差异在于程度的差别。那么现在的问题就是，我们究竟是要设定一个完满的美德概念，还是设定一个不那么完满的美德概念？我们认为，设定一个完满但绝大多数人遥不可及的人格目标是没有好处的。在这种完美的高标准下，除了极个别圣人（实际上这种人只存在于我们的各种文字记载和传说中）之外，其他人都被视为没有美德的，因而它对现实生活中我们的道德人格几乎没有区分能力。我们最好还是把美德视为一种可以以情境作为参照背景，加以程度上的区分的东西。这样更有利于我们对不同的人进行更为细致的道德人格评价，更有利于我们追求可实现的美德。因此，我们应当接受情境主义者的主张：局部性的特质是稳定的，但它们并不如我们想象的那么稳固，因为它们并非在所有情境中都是可靠的，而只在与特定行为相关的狭窄范围的情境中是可靠的。

我们对美德实在性问题的反思不应当止步于把它还原为当代人格心理学和社会心理学的争论，还应当返回到道德哲学领域。因为心理学领域的所有论述均为事实性的，而作为一个道德哲学问题，美德的实在性还牵涉到规范性问题，还涉及美德伦理学应当如何发展的问题。而在道德哲学领域，对这一问题的反思又不应当仅仅局限于美德伦理学与伦理情境主义的争论，我们还应当把美德实在性问题所反映的更深层次的美德伦理学理论构建策略考虑进来，而这需要我们在这一反思的基础上，把美德伦理学放在一个更为宏大的伦理学发展历史背景中来。

现代以降，伦理学家们普遍认为，一种规范伦理学理论应当帮助行动者在面临道德问题时决定如何行动。现代伦理学家通常假设他们的理论构建工作具有实践的意义：正确运用他们理论的行动者将能够解决道德困境问题。因而布兰特（Brandt R B）在其《伦理学理论》的开篇宣称："什么是伦理学理论呢？有人可能提出这样一个回答：每个人都知道什么是伦理问题；伦理学理论必须要提供这些问题的解决办法。"①日常道德或习俗道德提供的解决办法通常是诉诸道德习俗和传统。宗教道德提供的解决办法一般是让人们参照神的命令和宗教戒律。与上述二者不同，理性主义道德则强调人的理性反思以及由之产生的普遍的道德法则。

作为西方理性主义伦理学传统的流变产物，以义务论和功利主义为代表的现代伦理理论的一个主要的理论目的是为规范伦理学提供具有普遍性的理论基础，与之对应，现代伦理理论的一个重要的实践目的是为社会提供具有普遍性的道德行为指导原则和规则。这正如斯坦利·克拉克（Stanley G Clarke）和埃文·辛普森（Even Simpson）所言，大多数现代道德哲学家有一个共同的愿望："寻求一种理论，它能够提供系统地运用于具体情境的普遍原则。"②现代伦理理论的这一重要特征被批评者称作"理论化"，它的一个重要目的就是省略对情境特殊性的考虑。

---

① Brandt R B. Ethical Theory[M]. Englewood Cliffs, NJ: Prentice Hall, 1959: 1. 布兰特所说的伦理理论应当是指规范伦理学理论，因为元伦理学的目的不在于解决具体的道德问题，也不提出实质性的道德主张。

② Stanley G Clarke, Even Simpson. Anti-Theory in Ethics and Moral Conservatism [M]. New York: State University of New York Press, 1989: 1.

应当说，现代伦理理论的"理论化"追求普遍性的意图是具有一定合理性的。其合理性在于两点：一是试图提供公共生活的道德标准；二是确立理性在道德哲学中的权威地位。从社会发展的历史角度看，以义务论和功利主义为代表的现代伦理理论发端于欧洲市民社会的形成阶段。在哲学史上，这一阶段则是理性主义滥觞的时期。现代道德哲学的这种社会和思想背景，使其具有两个根本特征：一是理论目的和重心更多地是从社会的伦理秩序出发，为社会提供普遍有效的道德法则和判别行为对错的公共标准，这一特征我们称为"以规则为中心"；二是为普遍的道德法则提供理性论证和辩护。现代道德哲学的这两个特征交织在一起，使得现代道德哲学执念于道德义务和规则，热衷于为道德规则的普遍化提供理性主义的论证和辩护。① 这种致力于普遍化事业的伦理理论，我们可以称为普遍主义伦理学。

普遍主义伦理学试图对纷繁复杂的伦理现象进行一种简单化的解释，为人们的道德生活提供一种具有普遍性的关于（道德上的）正确与错误的道德信念，从而为人们的道德行为制定一种统一的"放之四海而皆准"的标准，并将这种标准融入人们道德生活的每一个细微处。在普遍化的理论动机下，各种现代伦理学理论试图以各自的基本概念来解释整个道德生活和所有道德现象，为人们的道德行为提供具有普遍性的指导原则或理论方案。

虽然现代伦理理论的普遍化策略具有一定的合理性，同时也是特定历史时期具有特定时代背景的理论化产物，但是它不可避免地存在难以克服的弊病。比如，普遍主义伦理学提出的道德规则通常是抽象化的，脱离了具体的道德情境，现代伦理学家指望我们能够以演绎性的决策程序的方式将这些规则运用到任何具体情境中；现代伦理理论还主张所有的道德价值都可以用单一的标准进行通约；对道德规则的正确运用可以解决任何道德

---

① 赵永刚. 美德伦理学的兴起与挑战：以道德心理学为线索[J]. 哲学动态，2013(2)：87.

冲突。然而，这种抽象的、单一的道德原则和标准，由于忽视了具体的情境以及道德主体在情境中的感受，往往会对道德主体提出不切实际的要求，显得过于严苛，因而人们很难遵从，这样的道德在现实中难以实现。一种道德理论如果原则上不能被我们实现，那么它就是有意将我们置于道德困境之中。不切实际对一种伦理理论是没有好处的。我们甚至可以说，如果一种规范性理论描述了一种从心理学上无法实现的生活方式，那么我们就有充足的理由拒斥这一理论。这些都还不是现代伦理理论的根本症结所在，揭示这一根本症结的是安斯库姆。

现代伦理理论的这种普遍主义特征，是近代西方哲学领域理性主义思潮以及现代西方哲学科学主义思潮的发展在伦理学领域产生的结果，同时也是伦理学对情感主义元伦理学观点的积极回应。根据情感主义的观点，伦理学不过是一种价值学说，而价值问题不能诉诸逻辑分析，因此，它不属于科学的范畴，从而否认"伦理学是一门科学知识，否认它具有科学知识的品格"①。为了正面回应情感主义的挑战，许多现代伦理理论试图寻求科学理论所具有的普遍性特征，从而表明伦理知识可以是一种科学知识。情感主义的这一挑战则导源于休谟提出的"是与应当"或者"事实与价值"的断裂。安斯库姆正是回到休谟的"是与应当"问题，发现了是与应当之间的逻辑桥梁是道德心理学。

第二节　美德的道德心理学构建

道德心理学是一门既关注内在性也关注外部实践的学科：一方面，揭示道德判断和道德行为的内在决定因素本身就是令人着迷的，另一方面，理解这些决定因素可以帮助我们更好地理解什么样的教育和政策干预可以促进好的行为、改善坏的行为。对于道德哲学而言，探究道德心理学有助

---

① 张传有．伦理学引论[M]．北京：人民出版社，2006：183．参见赵永刚．美德伦理学：作为一种道德类型的独立性[M]．长沙：湖南师范大学出版社，2011：54．

于我们判别和评价互竞的伦理学理论。当然，相关道德心理学的合理性不是评价一种伦理理论的唯一维度。同等重要的是一些评价性或规范性问题，它们与一种理论是否能够很好地处理正义、公平和好生活等一些重要信念相关。这些问题过去是将来仍然是哲学伦理学的核心问题。尽管这些问题很重要，但近些年来人们越来越趋于达成一种共识：一种基于无生命力的或不准确的道德心理学概念的伦理理论存在严重的缺陷，不具有竞争力。如伯纳德·威廉斯（Bernard Williams）曾不遗余力地指出，"一个伦理概念，如果它推荐的关系、承诺或生活计划与那些能够被合理期望，在我们的实际生活中扎根，并使得我们的实际生活生机勃勃的情感不一致，那么它（充其量）就是一种贫乏无力的难以令人赞同的要求。"①而这正是现代道德哲学的症结之一，也是美德伦理学得以兴起的重要缘由之一。

不仅美德伦理学需要有坚实的道德心理学基础，但凡是规范伦理学理论都应当具有这一基础，只是美德伦理学与道德心理学的关系更为紧密。梁漱溟曾说："凡是一个伦理学派或一个伦理思想家，都有他的一种心理学为其基础，或说他的伦理学，都是从他对于人类心理的看法而建树起来。"②因此，伦理学理论只有构建贴合实际的道德心理学理论基础，才有可能提出合理的、具有可操作性的道德主张和道德要求。概言之，一方面，美德伦理学乃至其他规范伦理学理论在提出道德要求的时候应当如实地考察道德个体的道德心理状态以及人类道德心理的运行机制；另一方面，道德个体在履行满足道德要求的行为时，需要对这些道德要求进行深层次的理解、认同和内化。因此，"如果缺乏道德心理的说明，伦理学就既不能说清道德要求的内在来源，也无法保证人们能够理解并愿意遵循它们"。③那么，美德伦理学应当构建怎样的道德心理学，又该如何去构建呢？

---

① Williams B. Ethics and the Limits of Philosophy [M]. Cambridge：Harvard University Press，1985.

② 梁漱溟. 梁漱溟全集：第 1 卷[M]. 济南：山东人民出版社，1991：327.

③ 李义天. 道德心理：美德伦理的反思与诉求[J]. 道德与文明，2011(2)：41.

我们知道，以实践和生活为目的的科学与技术经过短短三四百年的发展，使人类生活发生了翻天覆地的变化。但我们反观具有两千多年历史的伦理学，人类目前的道德状况"不仅没有因为伦理学的精细化而变得更好，反倒因为伦理学内部对道德要求的不同理解而日趋混乱"。① 当然，人类本身作为人文学科的研究对象比自然科学的研究对象要复杂得多，我们认识自然可能相对容易，而研究自身更为困难。但这并不能作为伦理学裹步不前的借口，因为伦理学本身的研究范式和方法的不当是一个重要原因，而这是可以通过我们的认识来改变的。其实，造成这种局面的一个重要原因是伦理理论的设计未能考虑到伦理实践中人们的真实处境和心理。换句话说，伦理学理论在表达"应然"时，没有受到"实然"的有力牵引，二者之间没有保持应有的张力，伦理学的理论设置未能充分考虑实践的需要。

诚然，伦理理论应当有一种适度的超越当前实践的理想化诉求，一是理论是价值目标的理想化，二是理论的体系构建的理想化。从其理想化诉求的第一个方面来看，伦理理论不能只有消极应对的一面，还应当有积极构建的一面。伦理理论对生活的指引不能"如同聚集在事故现场的人，要看明白刚才究竟发生过什么事情"。② 伦理理论立足于人类的普遍本质，洞察人类遭受的苦难，应当有所为，构想最佳的可能生活，并以此精神指引人类的生活，而不仅仅是附和大众沉沦于现实生活的要求。易小明指出，"现实生活也应当有一个本质性的精神的说明与提升，否则人们只能沉沦在具体的日常生活中不能自拔，就如动物的生存一样——虽然具体但却狭隘"，因此，人类应当"以自己的内在群体性特别是以其类性来超越动物，来缔构社会"。③

从其理想化诉求的第二个方面来看，伦理理论不同于日常道德观念的堆砌。伦理理论必须要超越杂乱的日常道德，对之进行整饬。而对之进行

---

① 李义天. 麦金太尔何以断言启蒙筹划是失败的？[J]. 伦理学研究，2007(5).
② ［美］约翰 D 卡托普. 伦理学的终点[M]//休·拉福莱特. 伦理学理论. 北京：中国人民大学出版社，2008：128.
③ 易小明. 文化差异与社会和谐[M]. 长沙：湖南师范大学出版社，2008：251.

整饬需要一种专业化的方法，这种方法必须排除偏见和情绪宣泄，必须以理性为指导。我们反对现代道德哲学的普遍主义并非反对其理性精神，而是反对它偏离和疏远现实的伦理生活。伦理学设定理想价值的意图本身是没有错的，但它必须建立在对伦理事实的理性认知的基础上。进一步说，伦理学作为哲学学科，应当具有哲学的特质，罗素认为，"如果有哲学这样一门学问的话，那么它必须是由其他科学不可能含有的命题构成的。"①也就是说，哲学不能仅仅站在人类已知的知识基础上对世界进行解释，还应探索人类未知领域的问题。道德哲学同样如此，我们应当允许伦理学理论运用理性方法基于已知的伦理事实提出具有超越性的命题。

然而，作为实践哲学的伦理学理论无疑源于现实，源于人们的生活，它是对实践和生活的反思，以及进一步地运用于伦理实践和生活并改善伦理实践和生活。杜威关于伦理理论的起源有一个假设。他认为："道德理论仅仅是一种更加系统的反思，思考我们在不同习俗、实践和活动中伴随着对善的独特理解之间发生冲突之时，我们应当如何去做。……当一个社会或群体发现自己旧的习俗不足以应对新的问题时也会产生对道德理论的需求。"②如此看来，按照杜威的观点，道德理论的发生源于人们应对现实道德问题的动机。而从一种历史叙事的视角来看，无论是苏格拉底的普遍主义伦理学，还是康德伦理学、边沁和密尔的功利主义伦理学，又抑或是罗尔斯的正义理论，无不是为了回应特定历史时代特定社会出现的现实问题。也正是因为这些理论对各自所处时代的现实问题给出了卓越而有巨大影响力的回应，它们才成为伦理思想史上的经典。

也就是说，伦理理论不仅要合乎理智，还需要具有可操作性，具有实践的可行性。一个社会接纳和提倡的道德要求在根本上是由伦理生活所决定的，作为一项理论研究，对现实生活中的道德要求进行理性的批判、反

---

① 罗素. 我们关于外间世界的知识：哲学上科学方法应用的一个领域[M]. 陈启伟，译. 上海：上海译文出版社，2006：13.

② 托德·莱肯. 造就道德——伦理理论的实用主义重构[M]. 北京：北京大学出版社，2010：5.

思与论证。伦理理论理想化指向本身并无错，但在现实的实践中需经得起考验，也就是说"为什么我们要这样做"。即采纳该道德要求的依据和理由是什么，如若经得起现实道德生活实践的考验，它就经得起深层次的反思与追问。伦理理论的这种理想化诉求就是把这些理由经过批判而建立在一个合理的基础上，从而具有有说服力的思想立场。

因此，我们构建的伦理理论要着眼于现实问题，而不能局限于理论，更不能削足适履，裁剪实实在在的现实生活来符合抽象的理论概念。现实生活是一种客观存在，理论的最终宗旨是关注生活、介入生活，回归现实生活，为实践生活提供规约与指导，如若伦理理论的这种现实诉求只是一种发号施令，或者是过于强调理论本身的完备性，而在日常生活的土壤中并不具有生长的可能，这样的理论只是一种空想。

从伦理理论的理想化和现实性这两种诉求来看，伦理理论的这两个指向都不能偏废。因此，以现代道德哲学为代表的伦理理论化事业并非全盘错误，它们只是在现实性层面做得不好，它们试图将伦理学理论建立在理性知识基础上的做法仍然是可取的。如此看来，"如果今天的学者打算继续把伦理学当做一门知识来讨论，那么他们就只能继续勇敢但审慎地考察和运用理性及其知识标准。从这个意义上讲，与其说启蒙的道德筹划失败了，倒不如说它尚未完成。"①所以，伦理理论要保持面向现实的高度的开放性，以伦理生活本身为检验的标准，对新的理论进行考量，以促进包括美德伦理学在内的各种"道德筹划"的完善。

美德伦理学以及一般的规范伦理学理论的构建需要考虑实践的向度。具体到美德伦理学的道德心理学构建同样需要考虑实践的向度。首先，美德伦理学在构建道德心理学的时候，其目的指向就要把实践摆在第一位。我们构建的道德心理学必须是为了解决伦理实践中的各种现实问题，比如品格教育效果的提高、道德信念的培育、道德人格的养成。这些目的的实现都有赖于合乎相关心理规律的道德心理学。美德伦理的道德心理学构建

① 李义天．美德伦理学与道德多样性[M]．北京：中央编译出版社，2012：79.

应当具有更务实的态度，这样才可以为美德的培养与实践提供有效方法。它要能揭示我们道德判断、道德选择和道德行为的决定因素，对这些决定因素的更好理解有助于我们发现好的道德教育和政策措施，来促进好的行为，抑制和改善坏的行为。

其次，我们构建的道德心理学应当考虑实践生活中真实的状况，虽然美德伦理学有一种关于至善的目的，但也要有针对现实状况的阶段性目标，而这种阶段性目标的设置必须参照现实，进而需要对现实有客观而清醒的认识和揭示。伦理学是哲学的分支，而"哲学的存在是为了探究真理（truth），因此哲学家要探究事物的真实状态并准确表达出来。任何知识要确立自身的知识合法性，使自身够资格成为'真的'（true）知识（即'真理'），就必须如实地描述真的（real）实践状况（即真实）"。① 我们要批判社会的道德现实，要构想可能的好生活，必须建立在把握伦理事实的基础上，否则我们的批评和构想都将没有说服力。在伦理学领域，对道德心理学的讨论往往会陷入争论或者沦为道德说教，伦理学太过于侧重探究"应然"，而忽视了对"实然"的严肃研究。伦理学家们应当充分意识到，忽视了对"实然"真实揭示，就难以确保"应然"探究的正确性。

最后，我们构建的道德心理学要能够运用于实践，可根据此种道德心理学采取相应的可行的实践手段、规范措施、制度设计等。就像情境主义所揭示的，个体道德心理的构成和运行在很大程度上要依靠外部环境的作用，而对个体道德心理产生作用的外部环境主要是由这些实践手段、规范措施和制度运行构成的。以上三个方面结合起来就共同构成了道德心理学的实践检验标准，成为我们评判一种道德心理学是否合理的试金石。

道德心理学的构建要合乎实践原则，但如何去落实和实现这一原则，却是一个难题。美德的实在性主张实际上预设了一种心理实在论，心理实在论为包括美德伦理在内的规范伦理学施加了某些限制。美德伦理学要满

① 李义天. 美德伦理学与道德多样性[M]. 北京：中央编译出版社，2012：288.

足心理实在论的要求，要保证以下三点为真：第一，被美德伦理学家假定为美德的性格特质必定是存在的；第二，人们在所具有的性格特质方面必定存在差异；第三，人们必定能够培养构成美德的特质。这三点中的任何一点不能为真的话，对其缺乏心理实在论的指控都将坐实。

关于第一点，我们在前文中已经进行了比较有力的论述，只要我们摒弃美德的统一性观点，并且对美德进行碎片化、程度化的理解，那么美德的实在性就没有问题。因此，美德伦理的道德心理学构建首先要遵循的一个规律就是对美德的心理学解释要合乎我们所界定的这种美德的实在性。如果我们超出这一界定来构想美德，那么这样的美德是不具有实在性的，而基于不具有实在性的美德构建的理论体系在道德心理学上将成为空中楼阁。

关于第二点，我们可以从以下两个方面来分析。首先，结合上文对实践原则的描述，道德心理学所指向的实践目标要合乎心理学规律。心理实在论对伦理理论还有一个关于道德责任的要求，即我们提出的道德目标和要求不能超出人们的能力，如果超出了人们的能力，那么我们就没有责任去实现这一目标。特质理论告诉我们，个体的性格特质必定存在差异。这是人格心理学的基本规律。美德作为个体道德上的特质，个体在这种特质上也必定存在差异。因此，我们在设定道德目标时，不能期望所有人都具有相同的道德水准和道德境界，那种期望所有人甚至只是期望有志于修身立德的人都能成为道德楷模的圣人道德是不可能实现的。如我们前面所论证的，美德不是一个完满的理想人格，它在某种程度上是"碎片化"的，是具有程度性的，因而它不是一个平面化的图式，而是一个线性的、阶梯式的、立体化的图式。基于特质的差异性规律，我们是不能把这一立体化的图式抹平的。这是我们必须正视的心理事实和规律。即便我们是在规范性的意义上谈道德人格，也必须遵循这一事实和规律，我们不反对个体的道德人格和道德境界是可以提升的，但在设定道德目标时也必须是差异化的，即不同的个体应当有不同的目标。

其次，既然个体在特质上有差异，那么我们就要基于不同的心理学规律，针对具有不同特质的个体采取不同的道德教育方式和手段。不同个体在偏好、道德情感、道德的敏感性、意志力、学习能力、理智推理等先天倾向上就存在差异，因此对个体道德人格形成和改变最能产生影响的关键因素也是不同的。因此，对具有不同先天倾向的个体而言，个体道德人格形成最为有效的心理学规律也是不同的，由此决定了个体间不同的道德教育方案。当然，这并不是说每个个体的道德教育方案都是不一样的，但至少存在若干种不同的类型。至于这些方案有多少种，又具体是怎样的方案，有待我们去探索。

关于第三点，我们要强调的是，在培养美德的过程中应当遵循性格特质形成和改变的心理学规律。个体在道德发展过程中，其道德人格的形成必然遵循一定的心理规律。如果我们设计的道德心理学未能遵循这些规律，就必定不能有效地指导道德实践。以强化为例，强化是行为主义发现的一个重要规律，即人的行为需要通过奖赏和惩罚来塑造，同样，强化也是态度形成和改变中的客观规律。如果我们在构建道德心理学的时候，忽视这一简单的客观规律，一厢情愿地相信个体善良的情感或实践理性就能够引导我们走向道德，那么无论其论证多么系统化，逻辑多么严密，都不可能有很好的实践效果。

由此可见，道德心理是客观的，不取决于我们如何构建，我们需要做的是真实和完整地揭示和呈现其过程和运行规律。在传统的道德心理学研究中存在两种取向，这两种取向基于两种不同的道德观：一是"规则服从"，二是"好的意向"。在"规则服从"的道德观中，道德被理解为"应当如何"或"不得如何"的道德规则和道德要求。这种道德观在判断个体是否道德时是通过该个体"在行为上表现出来的遵守和违背这些道德规则的多少来衡量的"。[①]　"规则服从"的道德观导致的道德心理学就是行为主义，它所关注的是个体对行为规则的遵守，而很少关注人格、情感、意向等内在状态。而"好的意图"道德观认为，一个行为是否道德应该看它是否有好

---

① 杨绍刚. 西方道德心理学的新发展[M]. 上海：上海教育出版社，2007：117.

的意图，即是否有好的动机、原则和道德价值观。西方康德主义、美德伦理以及中国儒家心性伦理学的道德心理学大致上也属于这类道德心理学。基于这种道德观产生的当代道德心理学主要是人本主义的。人本主义道德心理学家更多地关注道德态度、动机和价值的研究，认为"儿童性本善，只要有好的外部条件，就能生成良好的品行，教育是引发个体内在发展潜能的过程"。① 然而这两种道德心理学都是片面的，未能比较完整地体现真实的道德心理机制。显然，它们都没有揭示个体道德发展中的规律，"规则服从"与"好的意图"都是个体道德发展中不可缺少的方面和环节。

综上所述，我们在构建道德心理学的时候，要本着求真的目的，以"问题"为导向，发现问题，全面地分析问题，揭示客观的心理规律，在此基础上设计伦理学的道德心理学基础。如果我们为了强调某一孤立或片面的立场和观点去构建某种"主义"的道德心理学，这种片面的"主义"无论多么诱人，多么有新意，都将是违背心理学规律的。在这一点上，我们应当谨记休谟提出的忠告："另一种科学的方法，亦即首先确立一条抽象的原则，而后将之分化为各种不同的推论和推断，其自身可能是更完善些，但更不适合于人类的不完善的本性，是道德和其他各种主题中幻想和错误的一个共同的源泉。……现在是应该在所有道德研讨中尝试类似这样一种改革，拒绝一切不是建立在事实和观察基础之上的，不论多么玄奥或精妙的伦理体系的时候了。"②

我们通过梳理美德伦理学与情境主义关于美德实在性的争论，不难看出，"情境主义和美德伦理学双方争执的焦点最终都变成了对心理学或者是心理学概念的讨论。实际上我们可以说，情境主义的主要武器便是心理学的实证研究，而美德伦理学的主要回应方式则是一种哲学辩护。应该说，很多地方由于双方思维方式和擅长领域的不同，使得双方并没有站在

---

① 杨绍刚. 西方道德心理学的新发展[M]. 上海：上海教育出版社，2007：118.
② 休谟. 道德原则研究[M]. 曾晓平，译. 北京：商务印书馆，2001：27.

同一个平台上进行对话"。①　这就使得我们非常清楚地意识到，美德伦理学家以及其他伦理学家要想构建合理的道德心理学，就必须超出哲学心理学的论域，获得实证心理学的知识，或者说，哲学心理学和实证心理学之间应当出现一种融合汇通。

事实上，当前的道德心理学研究同时发生在研究方法相当不同的两个学科之中：一是哲学伦理学，二是心理学。直到 20 世纪末，哲学伦理学领域的道德心理学研究仍然是推测性的或者说纯理论性的，即基于日常经验和直觉的理论推测；许多重要的经验性主张，比如关于品格的结构、道德推理的本质等，都很少接受系统化的经验考察与检验。与之相反，心理学领域的道德心理学研究虽然具有较好的经验基础，但因不熟悉而缺乏重要的哲学维度的思考。在 21 世纪初，这一局面开始发生变化，哲学伦理学与心理学这两个领域中的研究者都开始充分地利用跨学科方法来研究道德心理学。心理学家开始从事哲学自觉的研究工作，比如韦格勒（Wegner D M）等人开始研究能动性和道德责任，格林尼（Greene J）、海特（Haidt J）等人的道德判断研究。同时，哲学家也开始进行经验性的研究，比如多里斯、哈曼等人进行的道德品格研究，普林茨（Prinz J）等人的道德情感研究，尼克尔斯（Nichols S）等人则开始研究道德责任，提比略斯（Tiberius V）等人正在进行关于幸福的研究，温伯格（Weinberg J）等人开始研究道德直觉。

毫无疑问，我们关于人类生活实际心理机制的探究和论述需要经验的支撑。鉴于此，伦理学理论的道德心理学研究和主张就需要获得经验上的支持。但是，这就使得我们要超出哲学的论域，去追问和回答基于实证研究的人文科学（如生物学、心理学、人类学、社会学、认知科学、语言学、神经科学等）问题。②　因此，当代道德心理学探究和回答的是哲学领域的问题，但其方法必须是经验上可靠的，而且是多元化的。

---

①　喻丰，彭凯平. 从心理学视角看情境主义与美德伦理学之争[J]. 华中师范大学学报，2013（1）：172.

②　Doris J, Stich S. Moral Psychology：Empirical Approaches [DB/OL]. （2006）. http：//plato. stanford. edu/entries/moral-psych-emp.

首先，我们要做到的就是如实地描述、准确地理解道德现象，即使道德心理往往也是一定道德现象中的道德心理，因此道德心理学研究通常也离不开对具体道德现象的描述和分析。显然，要做到这一点仅凭日常的道德体验和想象当然是不够的，这需要严谨的观察、调查和记录，真实地掌握反映我们道德生活的第一手材料。因此，我们需要有专业的系统的调查方法、分析方法、理论支撑。在伦理学中，道德社会学、道德人类学等描述伦理学就是专门进行这些工作的亚学科，这些学科的工作通常需要结合其他学科的方法，比如人类学、统计学、社会学等。

其次，我们需要分析社会的伦理文化和社会心理，分析个体的道德心理。因此，我们需要对社会心理、个体道德心理进行专门研究。这需要关于人的情感、动机、意志、行为选择机制等诸多方面的系统化的理论研究，需要对它们进行实证心理实验研究。这些都不是建立在日常道德经验基础上的常识性分析所能做到的，需要专业化的理论支撑，因而我们还需要心理学以及相关的生物学、神经科学等学科的参与和支持。

最后，我们要指导道德实践，需要掌握具有某种程度普遍性的道德规律。比如，在道德教育实践中，我们必须遵循个体的道德发展规律。这要求我们掌握和了解个体在不同发展阶段的道德认知、道德认同、自我道德构建等方面的真实情况，这就需要专业化的道德发展理论以及人格心理学、教育心理学等学科的研究成果作为依据。

然而，有些伦理学研究者可能会问，我们是否真的需要采取跨学科的方法来进行道德心理学研究呢？行文至此，我们一直在强调心理学等经验学科对哲学伦理学的重要性，我们甚至期待着经验研究可能塑造或重塑哲学伦理学的方式。但哲学反思同样影响经验研究，因为经验研究通常受到哲学假定的驱动，因此融合式的跨学科对话应当对双方都有利。伦理学尤其是美德伦理学之所以需要经验心理学方法以及其他相关学科的支持，就在于经验心理学知识对于伦理学研究的必要性、对伦理学未来发展的推动作用以及它的实践性与有效性。

首先，经验心理学知识对于从事伦理学研究的人来说是必要的。第一，从最弱的意义上讲，即使伦理学家不赞同心理学家的主张，与之进行辩论也需要知道心理学家们在谈什么，这样才知道如何去辩驳，这是学科间对话的要求。第二，实证心理学作为一门科学，已经产生了许多可经受检验的知识。"科学心理学以及其他相关学科的进展……各领域获得的研究成果为哲学家的进一步思考提供了条件和大量证据。"①这将迫使哲学家们意识到，使用贫乏的或者不准确的哲学心理学概念的伦理学理论在竞争中处于非常不利的位置。如果哲学家们继续使用一些晦涩、不精确的概念来谈论心理学领域的问题，就必然不会有效地解决问题，甚至还会招致嘲笑。正如著名生物学家弗朗西斯·克里克（Francis Crick）所说的，"我希望能有更多的哲学家学习有关脑的足够的知识……并在与科学证据相抵触时，能放弃自己所钟爱的理论。否则他们只会受到嘲弄。"②第三，伦理学中的道德心理学的发展已经遇到障碍，一些哲学式的心理概念不能很好地解释心理现象，因此必须要用新的概念来解释。而一些我们原本认为是最基本的概念在科学心理学的证据下，现在也被证明是可以进一步分解的。心理学原本是哲学的研究对象，但它后来从哲学中分离出来并获得了极大的发展，成为一门独立的学科，这本身就已经说明了用哲学的方法来谈论心理学是存在很大局限性的。哲学主要的精神是超越性，但如果我们连关于事实的知识都不具备的话，还如何谈超越性呢？因此，经验心理学知识无论如何都是道德哲学家应当具备的。

其次，经验心理学可以推动伦理学的发展。哲学的发展与包括心理学在内的科学的发展有着密切关系。在某种程度上，哲学历次转向都与科学的发展紧密相关，正是自然科学的发展使得哲学家们不得不承认，关于世界本源是什么的问题是他们无法把握的，因而哲学开始从本体论转向认识论。当一些革命性的科学知识为人们所普遍相信时，往往会引起哲学在这一知识领域的失语，因而不得不退出这一领域，或者在这些科学知识的基

① 刘毅. 试论科学心理学对分析哲学发展的影响[J]. 武汉大学学报，2009（3）：317.

② 克里克. 惊人的假说[M]. 王九云，译. 长沙：湖南科学技术出版社，2002：20.

础上作更深层的思考和探索。"科学心理学(尤其是认知心理学、生理心理学)以及其他相关学科(如现代神经科学、生物学、计算机科学、语言学、人类学等)的进展……激发了哲学家对心理活动的本质、身心关系、心理与世界的关系等问题的兴趣,各领域获得的研究成果为哲学家的进一步思考提供了条件和大量证据。"①同样,经验性的科学心理学的发展也会促进伦理学的发展。

因此,伦理学应当毫不犹豫地接纳经验心理学方法。情境主义与美德伦理学的争论很可能还会持续下去。对于美德伦理学家而言,争论是必须的,但他们绝不能否认情境主义所使用的经验心理学方法。这种争论不应是对抗性的,而应当是协商性的。美德伦理学家应尽快掌握相关心理学知识,以便更有效地参与同心理学的讨论。美德伦理学家应当帮助心理学家更好地理解伦理问题,心理学家则应当为伦理学家的研究提供更多有效的经验证据,只有双方的协调与合作才能真正有效地促进道德心理学以及伦理学的发展进步。

然而,哲学的伦理学是一门价值学科,这就使得问题变得复杂化了,问题的关键在于哲学的伦理学主张有时候并不是在谈论实际的心理现象或心理机制。因此,我们就需要辨别哪些主张是谈论心理事实,从而需要经验的支持,哪些主张不是谈论心理事实,从而在某种程度上不能以经验证据来严格约束。因而,哲学家有时候也并不确定自己的主张是否以及在何种程度上是经验性的主张。比如,美德伦理学家对美德所作的描述是现实中人的心理特质还是在阐释无需现实中人的心理特质作为例证的理想人格?这一问题已经表现在前文所述的美德实在性争论之中。此外,我们有时候也不清楚一个论点是否以及在何种程度上在经验上是可评估的。比如,新亚里士多德主义者赫斯特豪斯通过功能论证把美德解释为人在理性行动和情感、欲望方面的良好秉性,它作为特质能够使其拥有者以一种人

---

① 刘毅.试论科学心理学对分析哲学发展的影响[J].武汉大学学报,2009(3):317.

的"典型的"或"正常的"方式而生活。① 那么问题是"典型的"或"正常的"是指大多数人的状态还是指卓越的状态？如果是大多数人的状态，那么就需要对之进行经验性的验证，如果是一种卓越的状态，那么即便从价值上可以对之进行论证，仍然需要我们基于经验的考察来判断这种状态是否可能实现。② 与之类似的一个问题是心理健康关怀领域关于心理"正常运作"（normal functioning）的问题。这里所说的"正常"的心理健康是大多数人的心理状况还是指好的心理状态？如果是前者，那么这个问题原则上是可以通过经验研究来解决的；如果是后者，那么这一问题就要通过价值的论证加以解决。③

因此，我们说道德心理学的构建需要经验学科的参与，并不是说不假思索地用经验方法来考察所有道德心理学问题和伦理主张。我们首先要细致地分析和辨别一个道德心理学主张是否需要接受经验研究评估，或者在何种程度上需要经验的评估。当我们确定某一道德心理学主张需要进行经验研究的检验之后，接下来的工作就是对这一主张进行经验性的考察和评价，在此基础上进行理论推导。当然，诸如心理学之类的人文社会科学，甚至是纯粹的自然科学，就其本身而言，许多结论是暂时的。因此，哲学伦理学领域的道德心理学家必须具有足够的跨学科知识，才能对现有的结论以及相关争论进行裁断，才能够基于现有的结论对未来的可能进行有见地的推测。有时候，经验研究并不全面，因而哲学伦理学的道德心理学家在这种情况下要么被迫基于有限的经验研究进行谨慎的推理，要么在此基础上依靠自己的力量完善现有的经验研究。

① Rosalind Hursthouse. On Virtue Ethics [M]. New York: Oxford University Press, 1999: 207.
② 从赫斯特豪斯在 On Virtue Ethics 一书中的行文来看，她的观点优点模棱两可，一方面她似乎想避免亚里士多德的精英主义倾向——美德只能为少数人获得，另一方面她又承认实际上我们多数人在性格特质方面都是有缺陷的。
③ Doris J, Stich S. Moral Psychology: Empirical Approaches [DB/OL]. (2006). http: //plato. stanford. edu/ entries/moral-psych-emp.

通过经验研究的考察，我们就能够评估哲学道德心理学的合理性。我们可以通过经验研究来考察伦理理论的心理机能的推测性描述与经过系统经验观察的经验描述是否一致，简言之，哲学的描述在经验上是否充分。如果哲学伦理学的道德心理学概念以及主张被确定是经验上充分的，那么这一概念或主张就能够得到辨明。反之，如果哲学道德心理学在经验上是不充分的，那么结果就需要修正，甚至被抛弃，因为这种在经验上不充分的概念和主张预设了有问题的道德心理学。通过对道德心理学的经验考察，我们就可以对不同的道德心理学进行权衡，虽然我们不能把一个缺乏经验支持的方法彻底淘汰，但与具有坚实的经验基础的道德心理学理论相比，它无疑是缺乏吸引力的。

第三节 情境主义的合理性

在美德的实在性问题的争论中，最重要的一个问题是道德行为的归因问题，而这一问题必然涉及一个重要的伦理学问题，即道德责任。当我们进行道德行为归因的时候，随之而来的就是评判行为主体对其行为所负的责任。如果我们把道德行为完全归因于道德主体的性格特质，那么道德主体将为自己的行为负全责；如果我们把道德行为完全归因于道德主体所处的情境，那么我们就会取消道德主体的道德责任。我们前面已经指出，道德行为是道德主体性格特质和外部情境综合作用的结果，因此，对一个道德主体为其行为所负责任的判定将是一个可进行大致量化分析的事情，对于具体的行为，我们要具体地分析行动者的道德责任。进一步说，我们对我们道德上的性格特质负有怎样的责任。按照传统美德思想的观点，"为仁由己"，这表明我们自己应当为自身的道德品格负有全部的责任。但我们的道德人格不仅是自我选择的产物，同时也是环境的产物。

当然，美德伦理学家并不会承认这一指责，美德伦理学中，比如亚里士多德伦理学中，有着对道德责任的仔细分析，把行为分为出于意愿的行为和违反意愿的行为(被迫的和出于无知的行为)。① 但是这样仍然没有考虑某些因素，如道德运气、外部情境的作用等。美德伦理学家倾向于认为，只要道德行为是出于行动者自身意愿的，行动者就必须为自己的行为承担全部责任。这实际上就忽视了情境对于道德主体的作用，从而也忽视了外部情境对于个体行为及其性格特质的影响。然而，事实上外部情境对我们行为和性格特质的影响和作用恰恰说明外部情境及其产生的原因要分担个体的道德责任，也要对我们的道德人格发展负有重要责任，这就表明能够主导外部情境的实体需要为个体的道德人格发展提供外部支持。然而，我们考察亚里士多德的伦理学可以发现，亚里士多德实际上又十分强调共同体对于公民品格的作用，这与情境主义者的主张是一致的，因而亚里士多德的伦理学在这一点上似乎是不自洽的。因而，本章主要考察情境主义主张合理性的两个重要方面，一是具体情境中道德主体的道德责任②问题，二是与之相关的外部社会环境对于我们品格培养的作用和责任。

作为道德主体，我们需要为自己的道德行为负责，正如苗力田在《道德形而上学原理》的序言中所说，"每一个在道德上有价值的人，都要有所承担，不负任何责任的东西，不是人而是物。"③也就是说，我们作为行为的主体，是自己道德行为的发动者，行为中内含了我们的认知、情感、意志、动机和选择，行为是我们能动性和主体性的产物，因而我们要对自己的行为负有道德责任。萨特对人的道德责任的强调推到一个无以复加的地步，他主张"人要对一切负责……世界上没有外来的恶，所有人对恶的存

---

① 亚里士多德. 尼各马可伦理学[M]. 廖申白，译. 北京：商务印书馆，2003：58.

② 在伦理学文本中，道德责任有时候也指道德义务，但这里的道德责任是指我们以及他者为我们的道德行为和道德人格及其后果所应承担的责任。这意味着不仅我们自己应当因为自身的原因而受到道德上的责备，而且他者也应当因为是我们道德行为和品格的部分原因而承担一定的责任。

③ 苗力田. 道德形而上学原理·代序[M]//康德. 道德形而上学原理. 上海：上海人民出版社，2005：6.

在都负有同样的责任"。① 然而，这种观点显然夸大了人的道德责任，因为我们对自己行为所负有的道德责任是有限度的。道德主体的道德责任有许多条件，我们考虑得比较多的大多与道德主体本身相关，比如其认知是否充分、意志是否自由、道德主体的真实动机等。但我们道德责任的来源和依据并非只有我们的道德主体性，还有道德主体所处的情境和环境。因此我们在界定道德主体的道德责任时，还应当充分考虑主体之外的情境和环境因素，这正是情境主义主张所内含的积极意义。

我们可以设想某人不小心把砖块扔过了围墙，即使这没有产生伤害性的后果，他的同伴可能也会抱怨他这一行为。但如果这个砖块击中了围墙外的某人，那么这个人将承受更严厉的指责。或者我们还可以设想，一个司机有那么一秒钟注意力不集中，把视线从路上移到别处。这一举动当然是不好的，但如果在那一秒钟内，有一个小孩冲到马路上被撞到了，那么这个司机将受到更严厉的指责。

然而有些人会认为，我们对行为的道德判断应当完全以行为者的动机和行为者对所处情境的认知为基础，而与情境中的道德运气没有关系。因而从这样一种观点看，在这些情境中无论是否有人被砖头击中或被车撞到，肇事者应当承担的道德责任是没有差别的。但显然我们对这些情境应当区别对待。因此，这种排除情境因素对道德责任的影响的观点或许也属于一种基本归因错误。发生了不好的事情，我们将它归因于行为者不好的品格。当事情变得糟糕的时候，我们通常会责备行为者，将不好的后果归因于行为者的坏品格。甚至事情并没有变得糟糕，我们也迅速地将行为看做是品格特征的表达。比如，一个人视力不好，没能认出一个熟人，后者通常将这一行为归因于前者的冷漠。这种忽视具体情境和外部环境因素的评判显然是不客观的，也是不公正的。

虽然我们在进行道德评价时，是对个体的行为和品格本身进行评价，但我们必须承认，在对个体的道德行为以及道德品格进行评判时，必须考

---

① 转引自魏安雄. 论主体道德责任[J]. 现代哲学，1999(1)：97.

虑行动者控制范围以外的因素，比如情境因素和环境因素。一个人的外部环境限制了其行为的可能性。比如，我们的行为通常受到物理环境的影响，如天气、温度等，同时我们的行为也受到社会环境的影响，如是在工作还是在娱乐等，也受到个人过往经历的影响，如童年时代的运气等。在许多情境中，我们对造成行为及其后果的一些因素是无法掌控的，因而我们对这些情境下的行为也只能负有限的责任。

当然，虽然环境因素毋庸置疑地对我们的行为有实质性的影响，但我们也不能由此就推断，个体行为只受环境因素的决定。每种情境都能有许多不同的个体化的解释，个体的行为大体上是对他如何解释情境的回应。比如，一个人的行为可能受到社会环境这样的情境因素的影响，也受到他人的影响，但是仅以这些因素还不足以解释行为。一个人对他所面对的具体环境因素的反应，大体上是他如何解释这些环境的产物，也是一个人品格特征、态度、自我概念的产物。

个体的行为和品格有多重影响因素，不仅仅是心理特质和外部环境，至少还包括遗传因素以及过去的经验。因此，在其性格的形成过程中，他可能产生的任何变化也是这些因素综合作用的结果，那么我们就不能说个体应该对其行为和品格承担全部责任。然而，某些学者却主张真正的道德责任必须是由行动者自己承担的。罗伯特·凯恩认为，"道德责任不仅要求一个人是其行动的作者，而且也要求一个人在根本上对他的性格的形成负责。"[1]根据凯恩对道德责任的要求，个体性格特质的形成不能受到任何外在于个体的因素的决定。换言之，只有个体自身是其性格特质形成的原因，其品格完全是由其自我决定形成的。然而，这显然是不可能的，盖伦·斯特劳森用一个反证法证明了凯恩观点的错误。其论证结构如下：

（1）为了对一个行为真正地承担道德责任，一个人必须对他的性

---

[1]　Robert Kane. The Significance of Free Will[M]. Oxford：Oxford University Press, 1996. 转引自徐向东. 自我决定与道德责任[J]. 哲学研究，2010(6)：99-100.

格的形成负责；

（2）为了真正地对他的性格的形成负责，他必须有意识地和明确地做出选择来形成他的性格；

（3）但是，为了用一种有意识的、深思熟虑的选择来形成他的性格，他必须已经具有某些选择原则 P1，以便按照 P1 来选择形成他的性格；

（4）为了真正地负责，他必须在某些方面真正地对他具有 P1 负责；

（5）为了这样做，他必须按照某些进一步的选择原则 P2 来选择 P1；

（6）为了真正地对他具有选择原则 P2 负责，他必须具有某些更进一步的选择原则 P3，如此下去以致无穷；

（7）因此，真正的道德责任是不可能的，因为它要求真正的自我决定，而真正的自我决定是不可能的。①

斯特劳森的这一论证表明，真正的自我决定是不可能的，因为它需要一个无穷级数的选择原则来完成，因而任何个体都不可能完完全全地由其自身来决定其行为和品格。如此一来，按照凯恩对道德责任的要求，结果是任何个体都不能具有道德责任，也就是说他对道德责任的要求最终取消了道德责任。

应当说，每一个体被塑造成某种性格特质，既有其自身可控的原因，也有外在于个体的环境的原因，后者通常超出了个体的控制能力。因此，个体通常只能为其道德行为负有限的责任，造成其外部环境的那些原因也要承担一定的责任。然而，传统的美德伦理或者德性论观点往往忽视外部

---

① 斯特劳森的观点见 Strawson G. The Impossibility of Moral Responsibility [C]// Louis P Pojman, Owen McLeod (eds.). What Do We Deserve: A Reader on Justice and Desert. Oxford: Oxford University Press, 1999. 这里采用的是徐向东对其论证思路的概括，参见徐向东. 自我决定与道德责任 [J]. 哲学研究，2010(6)：99-100.

因素对我们道德行为和品格应承担的责任，过分强调个体在道德发展过程中的主观能动性以及个体自身对于其道德行为和道德人格的责任。我们应当客观地揭示道德行为和道德品格的生成机制，不能罔顾道德实践中的事实，一味地强调道德主体的主观因素。因此，有学者指出，"德性论模式强调了人的道德自觉性，单纯从主观方面来分析道德责任，但却忽视了道德责任的外在规定性，认识不到道德品质的形成本身就依赖于人类的生产生活实践，道德责任作为一种伦理精神和道德规范本身就是客观伦理关系的逻辑再现。"①

　　既然外部环境因素是生成我们道德行为和道德人格的重要原因，那么我们就应当探究这些外部环境因素形成的原因，找出哪些是可控的，哪些是不可控的。并对可控的外部原因进行积极操控，使得它们有利于我们发展美德。我们所处的情境各不相同但又有所相同，这些相同而又不同的情境共同对我们的行为、品格以及道德责任产生影响。根据情境的特殊性与一般性，我们可以把情境分为特殊情境和一般情境或社会情境，前者主要是指我们在具体的行动和事件中所处的具体情境，它有着时空的特殊性；后者主要是指我们当下生活的时代和社会所具有的道德文化环境，它对于特定时空中的所有个体而言是同一的，具有一般性。

　　对于特殊个体来说，其行为所面对的客观的具体事件、对象，所处的物理环境、时间是不同的，个体自身的生活处境、心情、情绪等也是不同的。这些不同的特殊因素构成了个体所处的具体情境。这些因素在很大程度上具有突发性、临时性和偶然性，因而个体很难操控。当然，这并不是绝对的，前文中我们探讨了性格特质和情境之间的相互作用，在某种程度上，在某些方面个体可以选择和改变自身所处的情境和环境。但性格特质对于情境的作用显然是有限的，因为发生在我们身上的事件，事件的时间、空间和我们面对的他者总会带有偶然性。我们通过自身的性格特质可

---

①　章建敏. 道德责任的界定及其实现条件[J]. 当代世界与社会主义, 2010(2): 165.

以避免自己卷入某些事件之中，可以选择交往的对象，甚至选择所处的空间，但在长期的生活中，我们可以尽量"不找麻烦"，但我们不能避免"麻烦找上我们"。所以，我们可以说，即便我们可以避免某些情境在自己生活中出现，但我们总会处于这样或那样的道德情境中，在这些特殊情境中，我们无法控制某些因素对我们行为的影响。在这些我们自身无法控制的特殊情境因素中，有些是纯粹的偶然性因素，是绝对不可控的，但有些因素虽然是个体无法控制的，但可以通过社会的制度安排来控制。比如，在商业竞争、就业等事件中，个体面临着是否选择不正当手段的情境，这种情境是可以通过社会相关制度的完善来消除的。因此，在特殊情境中，某些外部因素是由社会情境导致的。

社会情境或者一般情境涉及社会的方方面面，主要包括当今社会的政治、经济、文化等方面的传统和制度安排以及由此产生的社会观念，它们构成了生活和行为之大背景。比如，我们的文化传统会在很大程度上影响个体的交往方式、为人处世的方式和行为选择的心理机制；我们的经济制度会影响社会资源的分配，这也会在很大程度上影响许多人的价值观和生活态度；对于我们这个时代来说，价值观念的多元化、道德标准的多元化等特征是一个道德文化背景，对于所有人来说都是一样的。这一道德文化环境会对我们这个时代的大多数个体产生影响，这种影响会表现在我们的生活目标与具体的行为动机和行为表现上。比如，在当今时代背景下，许多人会更为看重物质生活的改善、经济上的利益等，从而在具体的行为中重物质利益的得失往往会成为我们行为动机的重要部分。这样一来，我们大多数人的行为往往会受到社会情境的影响。特定的社会情境不是该社会群体内部个体所能选择和操控的，它往往是由社会的政治、经济和文化制度的现实状况决定的。

因此，对于大多数人而言，无论是特殊情境还是一般情境，都会对我们的行为和品格形成产生不可避免的影响，它们和我们的性格特质共同作用于我们的行为，因而也共同构成了道德责任的来源。特殊情境中某些影响因素一部分来自偶然性，一部分来源于社会情境。因此，我们所能做的就是借助社会制度的力量来操控社会情境。

伦理情境主义的观点虽然较为片面地强调了情境对于道德行为的主导作用，但它能让我们意识到外部情境对于道德行为和道德人格塑造的重要作用。道德行为虽然最终是出于道德主体自己的选择，但这种选择很多时候是在情境的影响下做出的。因此，道德行为的决定因素既有道德主体的性格特质成分，也有情境的成分。对道德主体所处情境及其影响行为的机制进行深入理解，可以帮助我们更为客观地揭示道德主体所应承担的道德责任，更加宽容地理解情境中的道德主体。

然而，美德伦理学以及现实的道德生活往往低估了情境作用，从而导致我们在现实的道德生活中往往主观片面地评价道德主体的行为及品格。诚然，我们大部分的道德行为是个人因素的产物，然而如果认为性格特质对行为起决定性作用，可以完全不考虑情境因素，那么这种想法是天真的、不现实的。美德伦理学虽然考虑了个体对情境的反应，但它最终还是认为个体的理性能力应当而且可以消除任何情境的影响，因此，在美德伦理学看来，行为完全是由性格特质决定的。这与激进的情境主义一样，将性格特质与情境对立起来，是不正确的。美德伦理学忽视情境的作用，因而会夸大道德主体的道德责任，对道德主体提出严苛的要求；而情境主义夸大情境的作用，则会取消主体的道德责任。应当说，在实际的道德生活中，性格特质与情境都是影响行为选择的因素。因此，我们应当全面、客观地界定道德主体与外部因素之间的责任分布。

这种主体内外因素之间道德责任的划分并非简单地一分为二、各占一半，也并非遵循一条不变的原则，而是要根据具体情境来具体分析。在第四章中，我们谈到情境美德论，大致描述了不同强弱程度中性格特质的表现情况，情境的强弱对于个体行为存在着不同程度的作用。在强情境中，情境对个体施加了较大的压力，大多数人会顺应情境而行动，个体的性格特质不容易表现出来，因而个体的特质对其行为负有较小的责任；在弱情境中，情境对个体施加的压力较小，个体更倾向于或者说较容易表现出性格特质，因而在弱情境中，个体的性格特质对其行为负有较大的责任。

　　强情境一般都对个体造成极大的压力，绝大多数个体在这种情境中通常是出于本能或者出于维护自身利益而行动，比如在灾难、战争、政治运动中，个体通常首先是考虑自身的安全和利益。在极端的伦理事件中，道德主体的性格特质的作用被降至零点，而情境的作用被放大到一种无以复加的程度。以电影《超越边界》(*Beyond Borders*)为例。柬越战争时期，国际人道主义救援者尼克医生在柬埔寨对难民实施医疗救援。他需要将一批药品运送到柬埔寨境内，柬埔寨的当地武装领导者要求他在运送药品的途中帮忙偷运大量军火，否则就将他的救援队驱逐出境，尼克医生只得就范。尼克医生是一个正直的人，但在这样的强情境下，他的特质不能表现出来。因此，尼克医生不应当对其行为承担主要责任。所以，在这一情境中我们不能过多指责尼克医生偷运军火的行为。造成尼克医生这一行为的主要原因是外部情境，因此，这一情境背后的政治因素应当负主要责任。

　　此类强情境中的伦理事件不单单是伦理学问题，更多的是政治问题。对于此类问题，我们的解决之道是要操控这样的特殊情境以及这些特殊情境由以产生的社会和政治根源。虽然这种外部情境也是伦理学以及道德个体思考的对象，但伦理学以及道德个体都无力从实践层面来处理它们，这更多的是政治的任务。

　　或许有人会指出，正是在这样的强情境中，才更能检验个体道德人格的稳固程度。确实如此，在强情境中仍然能够表现出良好品格的人，其品格才更有价值，但这样的人只是极少数。情境主义的实验告诉我们，大多数人的道德行为会受到不利情境的影响，表现出缺乏美德的行为。我们可以回到美德伦理学的知识框架来解释这一现象。对情境的感知与道德推理是大多数人能做到的，但仅仅具有道德知识和道德推理能力对于做合乎美德的事情是不够的，在道德推理与合乎美德的行为之间必定还存在一个重要的环节，否则二者之间就存在沟壑。这个环节可能是道德意志、道德情感和道德信仰等因素。如果是这样，那么人们之所以选择背德的行为很可能是因为道德意志的孱弱、道德情感的贫乏或者道德信念的脆弱。所以，要培育道德主体的美德，一个很重要的方面就是引导与培育他们的道德意志、道德情感与道德信仰，这些无疑应当是政治共同体的任务。这也正是亚里士多德的意见，亚里士多德在其伦理学中也表明伦理知识只能让少数有高尚道德情操的人成为有德之人，而对于大多数人来说，伦理学知识并不管用，教化大多数人要依靠政治学。①

从上面的分析看来，政治从两个方面与情境相关。一是某些不利于个体道德品格发展的情境是政治的产物，因而我们需要通过政治制度的安排来操控此类情境；二是政治制度的安排可以引导和规约人的价值观念和行为，使得个体在具体情境中能够与不利因素进行对抗。因此，情境的重要性不仅体现在它对道德行为的重要影响，而且体现在它所反映的政治制度对于情境操控的作用。情境在某种程度上是政治的产物，对道德行为的影响背后是政治的作用，因此对情境问题的思考促使我们思考政治对美德培养的意义。② 美德伦理学家如果不明白这一点，将永远只能停留在理论层面上，不可能真正促进社会的美德实践。

---

① 亚里士多德在《尼各马可伦理学》的最后明确指出，理论不能使大多数人成为有德性的人，最好是有一种共同的制度来关心公民的成长。参见[古希腊]亚里士多德.尼各马可伦理学[M].廖申白，译.北京：商务印书馆，2003：312，314.
② 当然，情境并非都是政治的产物，许多情境是偶然性的，但这类情境是我们无法操控的。

第四章 美德的生成与制度情境

按照情境主义的观点来推断，在美德伦理的框架内，每个具有自由意志的人似乎都可能过有美德的生活，但实际上只有极少数的人会自觉地选择这样的生活，因此，在群体和类的层面，美德的生成必定要以外部的制度环境作为条件。赫伯特·斯宾塞在其《社会静力学》中阐发了一种道德进化论的观点。按照其观点，人类社会的高级阶段，道德是内嵌于社会环境之中的，是社会化的重要标准，人的美德乃是适应道德化的社会环境的产物。亚里士多德、马克思和密尔都表达了政制对于美德的塑造作用。另一方面，根据美德—情境之争的共识，特质与情境之间存在交互作用。照此推理，美德对于制度也有反作用，二者之间是交互作用的，近代契约论的思想可以作为一种假设性的佐证。在霍布斯、洛克与卢梭的契约理论中都有各自的人性假设，不同的人性假设对应于不同的制度道德原则，因而不同价值取向的社会制度的实践是有一定的人性前提的。

第一节 适应环境：斯宾塞的道德进化论视角

纵观人类生活历程，毫无疑问，人类生活变得更加文明，这不仅表现在物质生活上，我们脱离了茹毛饮血的时代，更多地表现在社会生活上，我们变得更加文雅。然而，这最多只能说明人类在生活中学会了许多相处之道，并不能说明人性本身发生了彻底的变化。或者说，社会的道德规范日益丰富，但人本身的道德品质并没有随之有相应的提升。那么是否可以说，人类社会总会是善恶共存，我们只能扬善抑恶，而不能存善去恶呢？甚至是否像卢梭所说的，人类越是摆脱野蛮状态，德行越是堕落呢？斯宾塞并不这样认为，他在《社会静力学》中对人性的完善持有乐观的看法，阐发了一种道德进化论的观点。

斯宾塞在论述什么是道德这一问题时，对道德进行了理想化的界定。他认为道德并不是现实社会中人们的行为规则体系，而是理想社会中人们的行为规则法典。道德的目的是确定人们之间的应然关系，系统地说明人们可以和谐合作的条件，而人在道德上的完善是一个基本条件。他将道德与生理学进行类比，对此进行说明。他说："生理学讨论我们的各个器官在正常状态下的功能。它显示各种有关生命的活动的互相依赖性；描绘构成完全健康的各方面的条件。……真正的道德也是如此，可以很适当地把它称为道德生理学。和它的类似物一样，它和病态的行为及错乱的功能没有任何关系。它涉及的只是正常人的法则，它不能认识错误的、堕落的或身心失调的情况。"①

从斯宾塞的论述来看，他把道德视为理想社会中的行为规则，在理想社会中，人都是道德上完善的。照此看来，斯宾塞的观点暗含了一种"德福一致"的思想。只有当人性完善，人成为道德人之后，人类才能进入一个和谐的理想社会，得享福祉。那么人类将如何向道德人演进呢？斯宾塞用"适者生存"这一原则来进行说明。按照斯宾塞的观点，道德规律与物理世界的真理并无不同，生物界的生存竞争法则同样适用于人类的社会生活。人类和其他生物一样，都是通过适应外部环境得以生存和进化。在他看来，道德是生物进化过程在人类社会阶段的发展形式，善是进化的高级阶段的东西，恶是进化的较低阶段的东西。

斯宾塞认为，人类与其他生命物遭受的痛苦、疾病和苦难都是因为不适应外部环境。对人类而言，人类由于人口的增加，进入了社会性的生存

---

① [英]赫伯特·斯宾塞. 社会静力学[M]. 张雄武，译. 北京：商务印书馆，1996：24.

状态，这是不可改变的事实。社会状态中有些人不适应这种生存环境，因为他们还部分地保留着前社会状态或者自然状态下的特性，他们还是习惯于通过掠夺和牺牲他人的福利来满足自己的欲望。现实社会中的相互伤害、对抗、犯罪、欺诈和争斗，都是因为人们不适应社会性的生存环境。

他乐观地认为，这些苦难必定会消失，因为包括人在内的生物都可以依靠适应环境的能力来克服。人类适应环境的能力表现在两个方面：一是生理上的适应能力。他举例说：如果习惯于吃缺乏营养的食物，消化器官就会变得较大，如果生活方式不规则，就会获得长时间挨饿的能力。二是心理上的适应能力。人类不仅可以通过生理上的改变来适应环境，还可以在性格上发生改变来适应环境。总而言之，人类倾向于变得适应环境。那么，人类如何适应社会性的生活状态呢？斯宾塞认为，人可以通过改变道德素质来适应。人类将日臻完善，最终完全适应其生活方式。他肯定地说："人类的各种机能必然会训练成完全适合于社会性状态；邪恶和不道德必然要消失；人类必然要变得完美无缺。"①

因此，根据斯宾塞的论述，人类的道德会随着生存条件的变化而变化，道德进步是人的生物本性适应社会环境的漫长的、渐进的过程，在这一过程中，人的道德感情、心理结构和道德概念本身逐步进化和完善，最终实现从恶到善、从恶行到德行的发展。在人类的进化过程中，社会利益和个人利益会逐渐趋于一致，满足自己需要的个人行为同时将有助于满足社会的需要，利他主义的动机也将逐渐胜过利己主义的动机，从而使社会上各种利益对立的人们和谐相处，削弱和消除他们之间的斗争。人们在这一和谐的理想社会中实现最大幸福。

卢梭在《论人类不平等的起源》中表达了类似的观点。在卢梭设想的"自然状态"中，人们享有自然的自由、自然的平等，人们还具有自然的美德——怜悯心。这些都是人们生来就有的，是基于人类的本性的东西。它

---

① 赫伯特·斯宾塞. 社会静力学[M]. 张雄武，译. 北京：商务印书馆，1996：29.

们对于人类而言，可以说是构成了一种理想状态。然而，这一切都是无意识的产物，并非人们理性自觉的产物。按照卢梭的意思，文明社会中人们的需要就是在社会状态下实现人的自由、平等以及人的道德，将自然状态下的基于人的无意识的自然的自由、平等和道德变成基于理性自觉的社会性的自由、平等和道德。

在《社会契约论》中，卢梭认为他所提出的社会契约，就是要让分散的个人一方面结成社会以克服生存的困难和谋取共同的幸福，另一方面，参加结合的人们继续保留一种自由。但社会生活与自由之间总是保持一致是存在困难的，他试图通过"公意"概念来克服这一困难。公意作为所有人意志的真正融合，是每个人思想的集中体现，服从公意就是服从自己的意志，而非服从任何异己的意志。这就要求人的道德完善，只有道德完善的人的意志才是公意的体现，意志与公意不一致的人，则要听从于代表公意的政治权力。

以卢梭的观点来反观斯宾塞的思想，我们可以发现，斯宾塞的理论存在一个逻辑上的背反。它一方面强调个体的自由，但另一方面他的道德进化论在逻辑上必然要求人在进化过程中有一个淘汰机制，不适应社会性环境的如何被淘汰呢？这将要求有一个类似于卢梭所谓的"公意"来保证和实施淘汰，但这样一来，就必然会和个体的自由发生冲突。或许斯宾塞相信，无需政治的干预，仅凭自然法则，人类就会逐步走向道德、走向完善。但自然法则如果不被人类落实为实际起作用的社会规则，不被落实为现实的政治运作，那么就只是一种观念中的东西，并不会成为实际推动人类道德进步的力量。

斯宾塞可能寄希望于正确的教育来解决这个问题。他断定了社会性状态是必然，我们在这种状态下获得幸福的条件是人的道德完善，而人的性格是可变的，那么我们就必须把他们塑造成适合于这些条件。一切有关道德的教诲和训练，必须以加速这项过程为目的。但教育是不够的，我们仍然需要优良的社会制度，一方面维持社会生活的运转，另一方面又要促进人以及人性的发展。

克鲁泡特金与斯宾塞持有既相似又不同的观点，他认为进化的法则不是竞争，而是互助。二者的相似点是都把体现社会化的美德视为进化的工具，不同点是进化的根本原则不同，斯宾塞的进化原则是竞争，而克鲁泡特金的进化原则是合作。有别于二者，托马斯·郝胥尼认为适者生存的法则与人的美德没有关系，他认为人的美德是与冰冷的生存竞争相反的，他说："伦理上最佳的品行（所谓的善或美德），涉及一系列的行为过程，它们无论从哪个方面都与为了在宇宙生存竞争中胜出的做法是相反的。在一种无情的自决环境中，需要有自制……"①郝胥尼与斯宾塞也有共同点，即都认为竞争是进化的法则。综合三者的论点，可能斯宾塞的观点更具合理性。克鲁泡特金和郝胥尼都把竞争与合作完全对立起来，但在斯宾塞的理论中，人的合作能力似乎成为了人的竞争力的表现，合作成为竞争的一种表现方式，这似乎更加切合人类社会在高级阶段的进化方式，即便个体的竞争力是多方面的，但合作能力无疑是当代社会所看重的一种重要能力。当然，这里需要强调的是，只有当社会环境真正地以基于合作与互助的美德标准作为自然选择的机制时，美德才成为个体的竞争力，美德才能在该社会中不断生长和蔓延。

第二节　美德与政制：亚里士多德、马克思与密尔

在现实的道德生活中，只有极少数人可以依靠自身的禀赋和努力来实现美德，大多数人需要外部力量的干预来帮助提升美德。但一些道德精英主义者并不这么认为，叔本华认为美德是不可以靠外部道德文化和制度来教化的，他说："德性和天才一样，都不是可以教得会的。概念对于德性是不生发的，只能作工具用；概念对于艺术也是如此。因此，我们如果期待我们的那些道德制度和伦理学来唤起有美德的人、高尚的人和圣者，或

---

① 转引自布尔克. 西方伦理学史［M］. 黄慰愿，译. 上海：华东师范大学出版社，2016：341.

是期待我们的各种美学来唤起诗人、雕刻家和音乐家，那我们就太傻了。"①

叔本华说的有几分道理，他看到了个体先天因素对于性格特质的重要作用，然而他否认外部的文化和制度这些环境因素对于性格特质的作用却是错误的。即便是先天道德素质特别优秀的人，不经过道德文化的熏陶和制度的规约，也难以形成优良的道德人格。正如一个数学天才，如果不经过数学的学习，是不可能成为数学家的。对于大多数先天道德禀赋平凡的人来说，经过道德文化和制度的规导，即使不能成为道德卓越的人，也可以成为具有某种程度美德的人，而没有这些外部环境的作用，他们就很可能成为道德水平低下的人。

美德的实现不仅是个人的道德理想，也是理想社会的应有之义。美德培养一方面需要道德主体自身的努力，另一方面需要制度的规导。因此，美德的培养不是道德主体的私事，也是政治共同体的分内之事。情境主义者可能回应，强调实践智慧的作用是使好的道德品格成为一种理想，我们很少有人能获得。从道德知识的角度看，柏拉图在《国家篇》中曾指出，获得美德所需的知识要花五十年的时间进行心理和理智的训练。在亚里士多德看来，我们理性能力的完满实现是获得良好道德品格所需要的，它不是我们单凭自身能够完成的。良好道德品格的发展和维持要求有政治制度作为外在条件。

在《尼各马可伦理学》中，亚里士多德总体上把人的理性功能的实现视为获取美德的途径。在某种意义上，亚里士多德伦理学是以"功能论证"（the ergon argument）为基础的，其伦理学的两个核心的相互关联的概念——美德和幸福——都建立在"功能"概念基础之上。他明确指出："说最高善是幸福似乎是老生常谈。我们还需要更清楚地说出它是什么。如果我们先弄清人的功能，这一点就会明白了。"②在谈到美德时，亚里士多德

① ［德］叔本华. 作为意志和表象的世界［M］. 北京：商务印书馆，1982：372.
② ［古希腊］亚里士多德. 尼各马可伦理学［M］. 廖申白，译. 北京：商务印书馆，2003：19.

指出，(道德)德性是使得一个人好又使其功能卓越的品质。① 在亚里士多德那里，灵魂是生命存在物的现实和形式，是生命的本原。② 灵魂包括"营养、欲望、感觉、位移以及思维"等能力。③ 这几种能力形成了一个连续的层级，生命物因不同层级的灵魂能力而有所区别，"每一后继者都潜在地包含了先在的东西"，④ 人的能力人的功能是理智，即思维、理性。这一点在《尼各马可伦理学》中得到重申：人的特殊活动是有逻各斯的部分的生命，是灵魂的遵循或包含着逻各斯的实现活动。⑤ 美德即人们发挥理性的卓越，做出正确的行为选择，同时在情感上，对正确的行为选择感到愉悦和快乐，高尚的东西、有利的东西和令人愉悦的东西。⑥

"功能论证"内含的逻辑是，人的本质力量是理性，而美德就在于这种本质力量的实现，人们在实现本质力量的行为中体验快乐。生活是一种实现活动，每个人都在运用他喜爱的能力在他最喜爱的对象上积极地活动着。例如，乐师用听觉在旋律上活动，爱学问的人运用思想在所沉思的问题上活动，等等。快乐完善着这些实现活动，也完善着生活，这正是人们所向往的。⑦ 然而，理性作为人的本质力量，并不意味着我们每个人都实际能够完全实现和运用这一本质力量。它是人类和其他种类的存在物之间的差异，只是意味着人类存在这一潜能，在人类之中有个体能够完满地实

① [古希腊]亚里士多德．尼各马可伦理学[M]．廖申白，译．北京：商务印书馆，2003：45.
② [古希腊]亚里士多德．亚里士多德全集(第3卷)[M]．北京：中国人民大学出版社，1992：30，3.
③ [古希腊]亚里士多德．亚里士多德全集(第3卷)[M]．北京：中国人民大学出版社，1992：36.
④ [古希腊]亚里士多德．亚里士多德全集(第3卷)[M]．北京：中国人民大学出版社，1992：37.
⑤ [古希腊]亚里士多德．尼各马可伦理学[M]．廖申白，译．北京：商务印书馆，2003：19-20.
⑥ [古希腊]亚里士多德．尼各马可伦理学[M]．廖申白，译．北京：商务印书馆，2003：40.
⑦ [古希腊]亚里士多德．尼各马可伦理学[M]．廖申白，译．北京：商务印书馆，2003：299.

现这一潜能。

人的本质力量的实现是人的幸福，是一种理想生活，但只有少数人能够通过理智教育而自觉地去实现这样的生活。因此，这种实现要求有政治制度来引导和促进，最好的政治共同体应当能够实现人的生活理想。据亚里士多德，充分实现我们的理性力量，仅凭我们自己是不能完成的。他说，一个孤立的人很难一直保持积极的状态，但同他人一起的话则容易一些。即便对于沉思活动也是如此，亚里士多德认为与同伴一起时，沉思活动要进行得好一些。所以，我们至少需要一群和我们有相同兴趣和目的的同伴，他们能够激发我们进行更多的思考，对我们观察到的事物进行更好的理解。和有能力的同伴一起进行理性活动，可以使我们自己的理性活动更加持久，使之成为快乐和自尊更加稳定的源泉。当我们在社会群体的背景下发展我们思考和认知的能力时，我们在学与思中获得的快乐会影响我们的情感态度和欲望。我们发展与我们分享活动的人的友好感情，我们为了他们而关心他们的善。一旦形成了友谊的纽带，我们自然就会展现亚里士多德在《尼各马可伦理学》第四卷中描绘的社会美德，如慷慨、友善、温和。

亚里士多德认为，要充分发展我们的理性力量，除了需要友谊之外，还需要更为广泛的社会关系。他说，我们天生就是政治动物，我们只有在特定的政治共同体或城邦中才能充分实现自己的能力。亚里士多德理想的政治共同体是属于公民的，他们认识到过积极生活的价值，他们的目标是使他们的同胞可能过上最好的生活。当政治领导人为共同体的健康、教育、防卫、财政等事务考虑和立法时，他们的目的是确定和改善条件使得公民们能够充分积极活跃。如果他们在实践上是明智的，他们就应当考虑设立怎样的制度来促进公民发展思考和认知的能力。亚里士多德对变态城邦的批评就是基于这一思路：纯粹鼓励消费和外在善积累的城邦，或者以战争和军事霸权为目的城邦，误解了人类最好生活的本质。这些城邦的公民将成为爱好某些事物而不是爱好实现人的理性力量的人，因而他们将倾向于非正义，缺乏慷慨，不节制。也正是在这一意义上，麦金太尔重新提出，"城邦是人类生活中的美德能得到真正而又充分展现的唯一政治形式。"①亚里士多德很可能还看到了当时希腊社会中政制对于公民美德塑造的现实效果，他提到了斯巴达似乎是立法者关心公民的教育与训练的少数几个城邦。②

根据亚里士多德的观点，为了培养公民的良好品格，我们需要配备合适的政治设施，它应当按照人的德性来推动人性实现。正因为如此，亚里士多德在承认家庭教育对于美德培养的作用的同时，主张"最好是有一个共同的制度来正确地关心公民的成长"。③而且亚里士多德似乎认为，制度对于美德培养的作用要优先于家庭和其他私人关系对于美德培养的作用，亚里士多德认为，"如果这种共同的制度受到忽略，每个人就似乎应当关心提高他自己的孩子与朋友的德性。"④公民美德的培养不仅仅是私人的事情，而且更应当是社会的公共事务，一个优良的社会应当提供制度和法律来关心这一事务。所以，只有当一个人未能生活在有良好法律的社会，他才要自己来履行提高自己的孩子和朋友的德性的责任。⑤

亚里士多德承认在美德培养方面家庭教育相对于共同制度的优势，首先是由于亲缘关系，由于父亲对子女的善举，这种约束作用比法律更大，因为家庭成员自然地对他有感情并愿意服从他。其次，家庭教育是个别的教育，能够根据个别情况个别对待，效果更好。⑥但亚里士多德认为，家

---

① ［美］阿拉斯戴尔·麦金太尔. 追寻美德［M］. 宋继杰，译. 南京：译林出版社，2003：186.
② ［古希腊］亚里士多德. 尼各马可伦理学［M］. 廖申白，译. 北京：商务印书馆，2003：312.
③ ［古希腊］亚里士多德. 尼各马可伦理学［M］. 廖申白，译. 北京：商务印书馆，2003：314.
④ ［古希腊］亚里士多德. 尼各马可伦理学［M］. 廖申白，译. 北京：商务印书馆，2003：314.
⑤ ［古希腊］亚里士多德. 尼各马可伦理学［M］. 廖申白，译. 北京：商务印书馆，2003：314.
⑥ ［古希腊］亚里士多德. 尼各马可伦理学［M］. 廖申白，译. 北京：商务印书馆，2003：315.

庭教育缺乏强制力，美德要通过习惯来获得，城邦也就应当通过立法，来关怀其公民的社会与政治美德修养。要塑造公民的美德，培养公民合乎美德的习惯，必定要落实到公民个体的日常行为，而行为是非善恶标准要由城邦通过立法来加以确定。因此优良的立法将有助于形成好的风尚，促进公民美德的实现；相反，恶劣的立法则会助长不良风气，败坏社会道德，使公民背离美德。亚里士多德接受了柏拉图的观点，认为立法者必须鼓励趋向德性、追求高尚的人，期望那些受过教育的公道的人会接受这种鼓励；惩罚、管束那些不服从者和没有受到良好教育的人；并完全驱逐那些不可救药的人。① 正是在这一意义上，亚里士多德才认为伦理学从属于政治学，"就是因为政治学研究好的政体，而好的政体要通过好的立法、通过法治来实现城邦整体的优良生活，通过法律来规范公民的行为方式，以此形成以法律的正义所规范的社会行为。"②

我们在马克思的早期著作和密尔的著作中也可以发现亚里士多德式的关于品格与外部制度关系的观点。虽然马克思最为著名的是他对资本主义的致命批评，密尔则是对自由主义的功利主义的阐释和辩护，但把这两位哲学家在这里相提并论是因为他们处理品格的方法在一些关键点上都是亚里士多德主义的。第一，密尔和马克思都接受亚里士多德的基本观点：美德和好品格基于自尊和自信，它们来源于从人类特有的理性力量的完满实现的表达中获取的满足。第二，他们也接受亚里士多德的观点，承认这种类型的自尊的产生和维持要求个体成为社会政治结构的一部分。他们一个从经济制度，另一个则从家庭的角度来谈论外部制度对于品格的塑造作用。亚里士多德强调需要城邦这样特定类型的政治共同体，马克思致力于小规模的民主工厂，密尔则强调政治的平等与家庭内部的平等。

马克思的早期著作《1844 经济学哲学手稿》最为著名的是讨论资本主义下的劳动和分工如何使工人异化。马克思在规定人的本质时指出，劳动或

---

① ［古希腊］亚里士多德. 尼各马可伦理学［M］. 廖申白，译. 北京：商务印书馆，2003：313.

② 夏明月. 美德伦理的规范性来源［M］. 哲学动态，2014(3)：74.

生产生活才是人的类生活，它是自由的有意识的活动，是体现人类的整体特性和类特性的生命活动。① 而吃、喝、生殖等虽然也是人的机能，但是"如果加以抽象，使这些机能脱离人的其他活动领域并成为最后的和唯一的终极目的，那它们就是动物的机能"。② 因而人的有意识的生命活动把人和动物的生命活动直接区别开来，正是由于这一点，人才是类存在物。因而人的本质的实现就在于通过实践创造对象世界，改造无机界，从而证明自己是有意识的类存在物，正是在改造对象世界的过程中，人才真正证明自己是类存在物，这才是人的应然存在状态，人的生活才是自由的、有尊严的生活，或者说才是一种人所特有的好生活。用亚里士多德的话语来说，人的特有功能是理性，因而其特有的活动或德性是理性活动，人的应然存在状态或幸福就是合乎德性的实现活动或理性活动。

然而，在资本主义制度下，异化劳动使得人背离了应然的生存状态，把人的"自主活动、自由活动贬低为手段，也就把人的类生活变成维持人的肉体生存的手段"。③ 这种活动是替他人服务的、受他人支配的、处于他人的强迫和压制之下的活动。④ 劳动对工人来说是外在的东西，也就是说不属于他的本质。因此，他在自己的劳动中不是肯定自己，而是否定自己，不是感到幸福，而是感到不幸，不是自由地发挥自己的体力和智力，而是使自己的肉体受到折磨、精神遭摧残。因此，工人只有在劳动之外才感到自在，而在劳动中则感到不自在，他在不劳动时觉得舒畅，而在劳动时就觉得不舒畅。因此，他的劳动不是自愿的劳动，而是被迫的强制劳动。这样的结果是，人只有在运用自己的动物机能——吃、喝、生殖，至

---

① 中共中央马克思恩格斯列宁斯大林著作编译局. 马克思恩格斯文集(第1卷)[M]. 北京：人民出版社，2009：162.
② 中共中央马克思恩格斯列宁斯大林著作编译局. 马克思恩格斯文集(第1卷)[M]. 北京：人民出版社，2009：160.
③ 中共中央马克思恩格斯列宁斯大林著作编译局. 马克思恩格斯文集(第1卷)[M]. 北京：人民出版社，2009：163.
④ 中共中央马克思恩格斯列宁斯大林著作编译局. 马克思恩格斯文集(第1卷)[M]. 北京：人民出版社，2009：165.

多还有居住、修饰等的时候，才觉得自己在自由活动，而在运用人的机能时，觉得自己只不过是动物。动物的东西成为人的东西，而人的东西成为动物的东西。于是这样的劳动者及其劳动就失去了人的身份和尊严。①

在资本主义制度下，不仅劳动被异化，人也被异化，后者是前者的一个结果，这主要是通过经济制度迫使人们为了基本生存需要而背离人的身份，迫使人们接受资本主义社会的价值。在资本的操控下，工人的处境极其悲惨，只能满足基本的生存需求，并使得他们为了生存而不得不放弃许多道德原则。用马克思的话说："如果我根本不存在，我又怎么能有美德呢？如果我什么都不知道，我又怎么会富有良心呢？"②因而，"你不仅应当在你的直接感觉，如吃穿等等方面节约，而且应当在普遍利益、同情、信任等等一切方面节约。"③也就是说，接受资本主义价值的人的首要特征就是自利态度。他们最感兴趣的是自己物质条件的改善，他们不相信他人表面上的善意，他们首先将他人视为稀缺位置的竞争者。在这样的态度下，他们倾向于诸多的恶，比如缺乏慷慨、懦弱、不节制。

在资本主义制度下，各阶级成员的生活都被异化了，资本主义鼓励"非人的、精致的、非自然的和幻象出来的欲望"，④ 尤其是对金钱的迫切需要，以致"一切情欲和一切活动都必然湮没在发财欲之中"。⑤ 这也就导致一种物化的生活，驱使人们追逐、占有和挥霍金钱和财富，并以此确证自身的价值和存在感，而忽视了对个人自身的个性、能力、修养、内心的培育和观照。

---

① 中共中央马克思恩格斯列宁斯大林著作编译局. 马克思恩格斯文集(第 1 卷)[M]. 北京：人民出版社，2009：167.

② 中共中央马克思恩格斯列宁斯大林著作编译局. 马克思恩格斯文集(第 1 卷)[M]. 北京：人民出版社，2009：228.

③ 中共中央马克思恩格斯列宁斯大林著作编译局. 马克思恩格斯文集(第 1 卷)[M]. 北京：人民出版社，2009：228.

④ 中共中央马克思恩格斯列宁斯大林著作编译局. 马克思恩格斯文集(第 1 卷)[M]. 北京：人民出版社，2009：224.

⑤ 中共中央马克思恩格斯列宁斯大林著作编译局. 马克思恩格斯文集(第 1 卷)[M]. 北京：人民出版社，2009：227.

马克思对异化劳动的讨论表明如何能够重新组织劳动来消除异化，破坏对传统资本主义价值和目标的信奉，产生更具有亚里士多德的有德之人特征的态度。这一转变的关键在于重新组织劳动的本质，使得工人能够表达马克思所说的"类存在"的特征。与亚里士多德非常像，马克思所讲的似乎是个体推理的能力，尤其是个体的选择、决策、识别、判断等能力。如果劳动被重新组织，能够使工人表达他们的理性力量，那么每个工人都将从事有趣的具有智力挑战的工作，没有人会再从事极其单调的、例行公事的、没有技术含量的工作。此外，每个工人将参与沉思，思考他们所从事的工作的目的，以及如何达到这些目的。最后，这些思考的组织是民主的，从而使得每个工人的观点都能得到公平的考虑。当这些情况都付诸实践，劳动将不再被"划分为"技能劳动和非技能劳动、管理劳动和非管理劳动。马克思表明，如果按照这些方式重新组织工作，它将促进工人之间团结友爱的情感，最终促进这些工人和其他相似情境中的工人之间的感情。因为工人在行动中能够表现出他们特有的人的力量，加上工厂中的平等主义的条件，能够打破竞争的情感，通过移除自卑和优越感的基础来促进尊重。工人因此能展现某些更多的传统美德，比如慷慨和信任，消除某些传统的恶，比如懦弱、吝啬和自我放纵。马克思说："当共产主义的手工业者联合起来的时候……交往、联合以及仍然以交往为目的的叙谈，对他们来说是充分的；人与人之间的兄弟情谊在他们那里不是空话，而是真情，并且他们那由于劳动而变得坚实的形象向我们投射出人类崇高精神之光。"①

密尔的亚里士多德主义则集中体现在对幸福的本质和能够促进幸福的制度结构的讨论。同样，密尔也是先对人的本质有一个规定，然后根据这一本质来确定人的应然存在状态。密尔在其《论自由》中主张，他的功利主义依靠一个幸福概念，它适合于作为"先进的"(progressive)存在物的人。②

---

① 中共中央马克思恩格斯列宁斯大林著作编译局. 马克思恩格斯文集(第 1 卷)[M]. 北京：人民出版社，2009：232.

② Mill J S. On Liberty[M]. New York：W. W. Norton & Co, 1975：12.

在《功利主义》一书中，密尔表明，这一概念集中关注的是将人和动物区别开来的"高级快乐"，"牲畜享受的快乐不可与人追求的幸福同日而语，比起动物的欲望，人有着更高一级的官能；当人意识到自己的这些官能后，就不会把什么东西都当作幸福，比如满足就不等同于幸福"。① 这些高级快乐就是运用亚里士多德所说的我们的实践沉思能力的活动和追求。在《论自由》中密尔写道："他为自己选择生活计划，使用自己所有的能力，他必须使用观察力来看，用推理和判断来预见，收集材料来做决定，当他做了决定时，他要用坚定和自我控制来维持他的深思熟虑的决定。"②作为一个发展了自己实践沉思能力的人，在运用这些能力中得到享受的人，他收获了自我尊重，这是具有美德的好生活的基础。因此，要获得一种合乎美德的好生活，就要充分发展人的实践思考的能力。

然而，密尔认为严重不平等的社会，通过阻碍个体发展他们的思考能力，以不健康的方式塑造个体的品格，阻碍他们过美德生活。尤其是，通过制度降低妇女地位的社会，既伤害了妇女也伤害了男性，使得男性和妇女之间难以形成真正的亲密和相互理解的关系。他甚至主张，他所处时代的家庭是一个"专制学校"，因为它是坏品格的"温床"。一个对其配偶采取暴力的男子，"必定是一个与下级生活在一起的人，可以对妻子进行恐吓使其服从"。③ 为了道德的生活和使心理健康的关系成为可能，密尔呼吁通过法律来改变婚姻安排，这将促进妇女和男性一起发展思考的能力。只有在这样的条件下，妇女和男性才能获得自尊的情感，而不是错误的自卑和优越的感情。

密尔和马克思都表明了品格如何能够通过先行的环境进行塑造——马克思是诉诸经济结构，密尔是诉诸家庭关系。二者都看到，要使个体成为

---

① 约翰·斯图亚特·穆勒. 功利主义[M]. 叶建新，译. 北京：九州出版社，2007：19.

② Mill J S. On Liberty[M]. Spitz D(ed.). New York：W. W. Norton, 1975：56.

③ Mill J S. The Subjection of Women[M]. Okin S(ed.). Indianapolis：Hackett, 1988：38.

有美德的人，他们需要基于自身力量发展健康的自尊。他们的观点都具有极强的实践性，看到了美德生成的实践维度。"实践不是发生在真空中的，而是发生在对极为具体的、实际的情境要求的反应中。"①因而我们生活于其中的社会环境作为具体的情境就会对美德的实践产生影响，所以，要想推进美德的实践，就必须塑造和操控我们的社会环境。

通过考察亚里士多德以及马克思和密尔的观点，我们可以得出和情境主义者相一致的主张，即个体品格的形成需要社会外部环境的塑造和支持。按照亚里士多德以及马克思、密尔的观点，个体品格是由政治、经济和家庭生活塑造的，如果他们是正确的，那么成为好人就要求我们能获得适当的社会制度。当然，美德伦理学家可能会说，这并不是一个很强的论点，美德伦理学家和道德教育研究者都明白这一道理。然而，情境主义的实证研究表明，环境支持对于品格培养的重要性是美德伦理学家所低估了的。

美德伦理学通常强调品格培养的主观能动性，因而个体对于自身品格负有主要责任。这一点在某种意义上是正确的，如果我们采取传统美德伦理学的主张，认为美德是一种卓越的、完满的道德人格状态，那么美德概念本身自然就强调了个体在道德修养上的差异，我们在同一制度下形成了不同的道德人格，显然是个体在道德修养上的差异在起作用，道德卓越者似乎不受社会环境的左右。然而，如果我们按照心理学的特质概念来理解美德，那么，个体之间的品格差异就不再是卓越与平庸之间的差异，而是一种可以区别为许多层级的差异，有资格被称为美德的，不仅仅是那种完善状态。因此，美德乃是每一个体都有能力去提升的事情，由于大多数个体容易受到外部环境的影响，因而外部环境支持的作用就显得尤为重要。同时，考虑到大多数人的实际情况，外部的社会环境对于个体道德品格将负有很大的责任。这里我们可以想到罗尔斯在《万民法》中描述的"现实的

---

①　Nancy Sherman. The Fabric of Character: Aristotle's Theory of Ethics [M]. New York: Oxford University Press, 1989: 191.

乌托邦"，同卢梭在《社会契约论》中的观点一样，罗尔斯认为正义的制度和"法律的可能情况"要考虑"人类的实际情况"，也就是说促进好品质特征的制度和我们的心理属性应当是一致的。①

美德的获得作为一种自我实现是具有规定性的，因为自我是一个"类、群体和个体"的统一体。"群体自我"和"类自我"都具有规定性，它来源于共同体的规定，因而所有自我实现在逻辑上要求共同体的存在。所谓共同体，至少是共同分享或持有某些东西的一群人，人们分享某种有关善或正义生活方式的概念。② 共同体应当为其成员设定具有共识性的人格发展目标。这一点不仅由哲学家也由心理学家所明确，人本主义心理学家马斯洛主张，社会职能和文化"至少应该保护、促进、鼓励安全、爱、自尊、自我实现等似本能需要的表达和满足"。③ 因此，社会制度一方面是基于人的需要而产生的，另一方面又具有促进人以及人性的发展，改善人性的职能，正如卢梭所言："优良的社会制度是最善于改变人的本性的那种制度。"④

因此，我们培育公民美德，需要考虑社会政治、经济等制度的配置问题。进一步说，我们需要知道构建怎样的教育、经济、政治和社会制度来促进个体美德的提升，这一问题如今已成为当今政治哲学和教育哲学的核心问题。⑤ 总体上看，我们可以从以下几个方面来谈美德的政制支持。

---

① 约翰·罗尔斯.万民法[M].张晓辉，等译.长春：吉林人民出版社，2001：7.

② 列奥·施特劳斯，约瑟夫·克罗波西.政治哲学史[M].李天然，译.石家庄：河北人民出版社，1993：144.

③ [美]马斯洛.动机与人格[M].许金声，等译.北京：华夏出版社，1987：110.

④ [法]卢梭.论人类不平等的起源和基础[M].李常山，译.北京：商务印书馆，1962：17.

⑤ 某些当代哲学家目前正在处理这一问题。比如，玛莎·纳斯鲍姆（Martha Nussbaum）使用亚里士多德的美德来勾画民主政治理想。安德鲁·梅森探究资本主义市场力量如何使得美德的兴旺成为不可能。劳伦斯·托马斯使用亚里士多德对自爱和友谊的讨论，来论证友谊有助于发展和维持好的道德品格。

首先，社会政治制度总体上应当是正义的。第一，社会政治制度的正义首先体现在法制的完善。一个正义的社会，其制度的运行应当依靠法律，这包括法律条文的完善和法律程序的完善。社会成员在法制社会中才会形成遵守法律的观念和习惯，才能感受社会的公平正义，才能自觉按照法律来处理社会事务，养成公正的品格。这将在很大程度上减少个体选择不道德行为的情境和机会。第二，社会政治制度的正义还表现为保障公民个体权利与义务的对等。"一个人只有成为一定权利主体，才能成为道德责任的主体。"①一个社会的政治制度不能一味地强调公民个体对于社会的义务，还要保障公民的各种权利，如基本的人身权、受教育权以及社会政治、经济、文化等事务的参与权等。撇开公民权利单向地谈公民应尽的义务，这本身就是不人道的，即便在现实社会中少数高风亮节的个体可以做到，但绝大多数社会成员是做不到这一点的。更重要的是，如果权利和义务不对等，公民个体将很难认同社会的政治制度，从而反感社会所倡导的各种美德，因而不会自觉地把美德的发展作为生活和行动的目标。第三，一个正义的社会制度还应当完善各种监督和问责制度。在社会缺乏完善的监督和问责制度的条件下，"主体往往会将自己的不道德行为归罪于外，即使产生了严重的不良后果，也总是逃避和推脱自己的道德责任"。② 只有完善了监督和问责制度，个体才会强化责任感，更加倾向于自觉地遵守道德准则。

其次，社会的经济制度应当是正义的。正义的社会经济制度要能引导社会成员迈向美德，而不是引导社会成员过分地追求物质利益和奢靡享受。社会的经济制度应当通过正义的分配制度将社会贫富差距缩小到合理的范围内，并且保障社会成员的基本物质和文化需求。如果社会成员较低层次的基本需求都得不到满足，是不会自觉地追求更高层次的道德目标的。而如果社会的贫富差距过大，则会引发社会成员的愤恨和仇视心态、

---

① 郭金鸿. 道德责任论[M]. 北京：人民出版社，2008：224.

② 章建敏. 道德责任的界定及其实现条件[J]. 当代世界与社会主义，2010(2)：168.

失衡的逐利心态，而把社会的道德原则置之一旁。

最后，社会的文化制度应当有相应的价值引导，营造有利于培育美德的文化环境。第一，构建能够得到社会成员承认的美德条目体系，作为社会成员共同的道德价值目标。第二，社会要建立一个全方位的良好道德文化环境，在教育场所、工作场所、生活场所营造美德文化，促进社会成员形成美德意识，了解美德知识和培育美德的方法。第三，建立一套涵盖学前、小学、初中、高中、大学等阶段的美德教育体系，根据不同的阶段设置不同的美德教育内容和教育方法。第四，在文化宣传上，建立和完善宣扬美德、惩戒丑恶的文化机制，引导社会舆论，鼓励社会成员趋善避恶。

多数人在一定社会制度下通过一定的道德教化是可以形成一定程度的美德的。所以，政制作为外部环境对于个体美德的生成具有重要的作用。但政制对于美德生成的作用是有局限的，其局限性表现在以下两个方面。

第一，政制对于每个人的塑造作用是不同的，即便是一种卓越的社会制度，我们也不能指望它能够把所有人变成道德上的卓越之人。一方面，我们几乎每个人的道德品格都能够通过外部环境的塑造变得更好；但另一方面，并非每个人都能变得一样好，因为个体之间存在着巨大的差异，如亚里士多德所言，"无可质疑，如果人们之间在形体上的差别有如神像和人像的差别那样大……那么大家就应当承认……同样的差别存在于灵魂之中又有什么不合理的呢？"①因而马克思希望在一个理想制度之下，个体之间的天生差异可以消除，所有人都能够实现类存在的本质，这不过是一种理想。

第二，良好的政制并不是一蹴而就的，依靠政制来改变一个人的品格不是一件容易的、很快能完成的事情。如果品格的形成或缺陷取决于政治结构、经济结构和家庭生活，那么改变一个人的品格可能要求有适当的变革力量，但这可能不太现实。实际上，外部制度的完善并非某一共同体能够独自完成的，特别是在当今全球化的世界。当某一共同体在经济制度上

---

① ［古希腊］亚里士多德. 政治学［M］. 吴寿彭，译. 北京：商务印书馆，1965：10.

试图削弱竞争时，必然会影响经济发展的速度以及经济实力，而如果其他共同体倡导更为激烈的竞争，可能就会在国际竞争中占有更有利的位置。因此不同共同体之间存在竞争和博弈，要想改变外部制度还需要一种全球性的共识，而这是一个极漫长的过程。

第三节　美德的生成与制度道德原则：近代契约论的反思

霍布斯、洛克与卢梭的社会契约理论有着共同的理论逻辑：人性假设——自然状态——制度道德原则。人性假设是他们理论的逻辑起点，制度道德原则是终点。他们的人性假设表现了一种由恶向善的趋向，同时，他们的制度道德原则体现出一个由低到高的层次。较恶的人性对应于较低层次的制度道德原则，较善的人性对应于较高的制度道德原则。在人性假设与制度道德原则之间有一个中间环节，那就是前政治状态下人的需要。人性假设决定了前政治状态下人们的生活状况，从而也决定了人们的需要层次，最终也就决定了制度道德原则。这体现了人性对产生社会制度的决定作用。另一方面，按照马斯洛的观点，社会制度应该对人性的改善起促进作用。因此，人性与社会制度的发展是一个交互作用的动态过程。基于一定的人性，产生一定的社会制度，社会制度又通过其文化职能反过来对人性产生积极的影响，促进人性的发展；改善了的人性又促成更高层次的社会制度的产生。经过这样一个反复的过程，最终使人性得以完善，人类得以自我实现。

霍布斯、洛克与卢梭三人的社会契约理论都旨在引出某种类型的社会制度。他们虽然都没有明确和系统地谈到各自社会制度所应遵循的伦理原则，但通过他们的描述，却可以看出其中蕴含的伦理原则或价值目标。在霍布斯那里是对个人生命的捍卫，社会的稳定、安全与和平；在洛克那里则主要是对个人自由、公民权利尤其是财产权的保障；而在卢梭那里则主要是平等，包括政治和经济的平等。人性论和自然状态说是他们社会政治理论的共同起点，是他们各自理论的逻辑前提。基于对人性与自然状态的不同描述，他们得出了不同的政治结论，体现了不同的制度道德原则。当然，我们也可以认为，他们心中早已抱有各自的政治价值目标和理想，然后再去做不同的人性论和自然状态的假设。

霍布斯、洛克和卢梭所主张的制度道德原则我们可以依次概括为生命原则、自由原则、平等原则，实际上这三个原则之间构成了一种历史的和逻辑的先后次序。不论是从历史上，还是从逻辑上，生命——自由——平等这样一个过程都是不可逆的。只有当生命原则得到实现之后，才能实现自由原则，最后才是平等原则。这三个原则中，前一个原则比后一个原则具备优先性，而后一个原则又高于前一个原则，前面的原则必须向后面的原则开放。

首先是生命原则，它意味着个体生命的保存，这是首要的。生命的保存意味着身体不受任意的侵害，不受到死亡的威胁，而且个体基本的物质生存资料也要被满足。在任何社会中，社会成员的生命保存都应当是首先要满足的最基本的价值，这也正是人类由混乱的原始状态过渡为有秩序的政治社会的第一动因。完全以武力和暴力决定和解决一切的状态是令人恐怖的状态，战争、内乱等会剥夺无数人的生命。在这样的状态中，生存对人们来说都成了一种奢求，这种状态是任何国家和社会都要首先避免的。因此，在一种无政府而且人性险恶、道德缺失的危险状态中，即使是一种具有严重缺陷的政治制度也不失为一种较好的选择，因为它能保存个体的生命，而此时的人们最渴求的也正是生命的保存。所以霍布斯强调和平与稳定，赞成君主制。因为他所处的时代是一个混乱的时代，他亲身经历了战火肆虐、哀鸿遍野。正是由于生命处于极度无保障的状态，生存就成为了压倒一切的问题，稳定和秩序成为了社会的首要考虑。因此，保存生命的确应当是一个社会制度的首要德性。政治社会的发展不能逾越生命原则而去满足其后的两个原则，它首先必须建立秩序，稳定社会，使暴力侵犯受到惩治，使人心不再恐惧。这种对人的生命的尊重将个人道德与社会伦理联结起来，它不仅是制度道德的首要原则，也是个人道德的基本准则。

但是，我们对于保存生命这种最优先、最基本的价值的肯定，是可以持两种态度的，一是只保留于此，止步不前，另一种是向更高的价值原则开放。显然，霍布斯是持前一种态度的。霍布斯认为，主权者的权力是最高的、不可颠覆的。在主权者的统治下，人们的自由主要是人身的自由，即在保障生命的基础上，在法律未加规定的一切行为中，人们可以自由地去做自己的理性认为最有利于自己的事情，臣民的自由在主权者未对其行为加以规定的事物中存在，如买卖或其他契约行为的自由等。霍布斯所理解的这种自由包括经济和财产的自由，但绝不包括政治自由，因为这种自由在缔约时交出去了，在霍布斯看来，如果保留这种自由，就有使社会重新回到那种可怕的自然状态的危险。其实，霍布斯也意识到这种政治制度可能会带来对人民的不利，但他说："人类的事情决不可能没有一点毛病，而任何政府形式可能对全体人民普遍发生的不利，跟伴随内战而来的惨状和可怕的灾难相比起来，或者跟那种无人统治，没有服从法律与强制力量以约束人民的掠夺与复仇之手和紊乱状态比起来，简直就是小巫见大巫了。"①由此可见，霍布斯正是出于对和平稳定的考虑，出于对保存生命的渴望，使得自由向权威让步，使自由止步于人身的基本自由，把政治自由排除在外。平等就更不用说了。

与霍布斯的生命原则相比，洛克的自由原则包含了更多的权利和自由。这些自由不仅有人身及财产的自由，还有政治上的自由。按照以赛亚·柏林的说法，霍布斯与洛克之间的差异就是他们在自由与权威之间所划界限的差异。这种差异在于："有多少自由和权威？强制与个体自由占多大比例？必须达成某种妥协：你只需找到解决办法——估计必须在什么地方划界——根据你所认为的人性的真正构成。"②霍布斯对人性的评价有点低，他认为总的说来人并非善类，人类是野蛮的而不是温驯的，并且，

---

① ［英］霍布斯. 利维坦［M］. 黎思复，等译. 杨昌裕，校. 北京：商务印书馆，1985：140-141.

② ［英］以赛亚·柏林. 自由及其背叛［M］. 赵国新，译. 北京：译林出版社，2005：30.

他认为为了遏制人与生俱来的狂乱不羁、无法无天和残忍野蛮的冲动，强大的权威的存在是有必要的。因此，他在划分权威和自由的界限的时候倾向于权威。他认为，有必要大量使用强制力量，以防止人类相互毁灭、自相残杀，防止给社会与大多数人造成危险、肮脏、残忍和贫困的生活状况。因而，他给个体自由保留下的空间非常小。

而洛克相信人是有着善性的，因而在划界限的时候没有必要这么倾向于权威。在他看来，人类在进入社会之前——当他们还处于"自然状态"时所拥有的一些权利，甚至在文明社会依然保留。他坚持认为，还是有可能创造出像这样保留他们某些权利的社会。与霍布斯相比，他允许人类拥有更多个体性质的权利，他的理由是人的天性主要是仁慈的，没有必要像霍布斯所要求的那样严重摧毁、强制和约束他们，从而只产生社会存在所需要的那种最低限度的安全。① 所以，我们可以说洛克的自由原则是高于霍布斯的安全原则的。自由可以包括生命的权利，但生命的权利却不能包括自由。生命的权利在自由中表现为霍布斯所说的人身自由、人身安全以及拥有基本的维持生存的生活资料的自由。而在洛克那里，自由还包括了良心的自由、信仰的自由、表达的自由以及政治和经济的自由等。毫无疑问，这些内容构成了社会制度所追求的更高的价值目标。

然而，在达到了洛克的价值目标之后，制度是否还有必要追求进一步的价值呢？在逻辑上是否还有更高的必须为社会制度所遵循的正义原则呢？或者说，是否还有必要追求平等、实现平等呢？洛克旨在保障自由的社会契约理论是否又向平等原则开放呢？

我们先要指出平等具有丰富的含义。它可以是生命价值上的平等，政治上的平等，也可以是社会地位和经济上的平等。生命价值可以理解为国家要平等地把每一个人都当做人看待，同等地对待每一个人的生命，不容许任意地戕杀和残害；也不允许在人之为人的意义上剥夺他赖以生存的基

---

① ［英］以赛亚·柏林. 自由及其背叛［M］. 赵国新，译. 北京：译林出版社，2005：30.

本生活资料。而思想、政治领域的平等也可以看做一种自由的价值,用社会制度的眼光来看,没有哪一个人比别人享有更重的分量,每份自由在权利上都是相等的。国家在政治上不偏不倚、平等地对待所有成员,没有歧视,也没有偏爱,这就意味着他们享有自由了,因此,政治上的自由也是可以用平等来界定的。在这里,自由与平等是一致的、统一的,自由与平等的冲突主要发生在社会地位和经济利益的领域。那么在实现了人身、信念和政治权利方面的平等后,是否还有必要实现社会和经济利益方面的平等呢?洛克是不倾向于迈出这一步的,至少他不把进一步的平等作为社会制度所应当追求的基本价值。他认为,所有的人生来都是平等的,但不能认为这种平等包括所有的平等。年龄或德性可以给一些人以正当的优先地位,高超的才能和特长可以使另一些人位于一般水平之上。"人生而平等"并不意味着人事实上平等,社会没有必要通过制度去消除这些事实上的不平等。在洛克看来,各种社会地位方面的不平等与人们的自由并不冲突,虽然这会影响到人们实际享有的自由。洛克对保障财产权的强调更明确地显示出洛克不会赞同通过削弱财产权去达到经济平等,哪怕是轻微的削弱。因此,洛克止步于此,而迈向社会地位与经济平等的正是卢梭。

卢梭在洛克的基础上,进一步要求经济的平等。卢梭对贵贱贫富悬殊的社会现象极其不满。在《论人类不平等的起源和基础》中,他说:"……使我们一切天然倾向改变并败坏到这种程度的,乃是社会的精神由社会而产生的不平等。"①他追溯了这种不平等的发展:法律和私有财产权的设定是不平等的第一阶段;官职的设置是第二阶段;而第三阶段则是合法的权力变成专制的权力。对应于上述三个阶段,第一阶段是穷富即经济的不平等;第二阶段是强弱即政治的不平等;第三阶段则是主仆的不平等,是不平等的顶点。反过来,个人出身、血统又决定着和加剧了政治与经济的不平等,各种不平等最后必然归到财富上去,表现为财富的不平等。正是

①　[法]卢梭.论人类不平等的起源与基础[M].李常山,译.北京:商务印书馆,1962:148.

基于此卢梭坚决主张社会地位和财富上的平等。在社会地位上，卢梭消除了人与人之间出身、血缘、阶级和种族的差异，取消了先天的和世袭的差别。"卢梭剥夺了贵族的世袭权利，从而使人人都可以成为贵族。他使贵族平民化，又使平民贵族化。"①在财产的差别方面，他不仅否定了雇佣关系，而且否定了货币，认为正是后者导致了经济上的不平等和奴役。他说："钱财这个字眼是奴隶的字眼；在城邦里是不知道有这个字眼的。在一真正自由的国家里，一切都是公民亲手来做，没有任何事情是要用钱的。"②他认为只有这样才能有效地杜绝经济不平等，从而消除一切社会不平等的前提。

总之，在霍布斯、洛克、卢梭的社会契约论中表现出来的制度道德原则的逻辑，恰好构成了一段循序渐进的思路，成为我们把握制度道德的一条基本线索。而且，这种制度道德原则的逻辑不仅和它在契约理论中出现的次序一致，也大致和人类政治社会发展的历史相符。那么为什么在霍布斯、洛克和卢梭的理论中会出现这样一种渐进的逻辑关系呢？从理论的角度来看，在他们各自对前政治社会的描述中，我们可以看到人们处于不同的社会背景，因而有着不同的渴望和需求，正是基于这种不同的普遍的社会心理及需求，才缔结成不同的政治制度，产生了不同的制度道德原则。从历史的角度看，这以说法同样成立。因而，要弄清他们三人的制度道德原则的逻辑，就必须从人的社会心理及需求的角度来考察。关于社会心理与需求的理论，其实我们可以找到现成的，那就是马斯洛在《动机与人格》一书中所阐述的需求理论。

马斯洛在《动机与人格》的第三章至第七章中，阐述了其动机理论。马斯洛力图为人的心理活动提供一个"积极的动机理论"，这就是"需要层次论"。这一理论试图揭示人类行为的内在动力结构，以及人类需要发展上升的规律问题。在《动机与人格》的第四章，马斯洛系统地阐述了积极的动

① 赵林. 浪漫之魂[M]. 武汉：武汉大学出版社，2002：155.
② [法]卢梭. 社会契约论[M]. 何兆武，译. 北京：商务印书馆，2003：124.

机理论，他称为整体动力理论。他将人类的需要分为五个主要的层次：基本需要——生理需要、安全需要、归属和爱的需要、尊重需要、自我实现需要。

生理需要又称基础需要，它是每个个体对基本的生存资料的需要。它是人的所有需要中最基本、最根本的。马斯洛说："毋庸置疑，这些生理需要在所有需要中占绝对优势。具体说，假如一个人在生活中所有需要都没有得到满足，那么生理需要而不是其他需要最有可能成为他的主要动机，一个同时缺乏食物、安全、爱和尊重的人，对于食物的需要可能最为强烈。"①因而，这一需要相对于其他需要是最具优先性的，人不会越过这一需要而去追求其后的需要。不仅如此，"如果所有需要都没有得到满足，并且机体因此而受生理需要的主宰，那么，其他需要可能会全然消失，或者退居幕后"。② 这一说法不仅对基本需要是如此，对其他需要也同样成立。因为马斯洛接着就表明："当人的机体被某种需要主宰时，它还会显示出另一个奇异的特性：人关于未来的人生观也有变化的趋势。对于一个长期极度饥饿的人来说，乌托邦就是一个食物充足的地方。他往往会这样想，假如确保他余生的食物来源，他就会感到绝对幸福且不再有人和其他奢望。生活本身的意义就是吃，其他任何东西都是不重要的。自由、爱、公众感情、尊重、哲学，都被当作无用的奢侈品弃置一边，因为它们不能填饱肚子。"③强调这一点，对于说明前面的制度道德原则发展逻辑的问题是极为重要的。接着，马斯洛指出了需要层次论的含义，当人的基本需要得到满足后，"其他（更高级的）需要会立即出现，这些需要（而不是生理上的饥饿）开始控制机体。当这些需要满足后，又有新的（更高级的）需要出现了，依此类推。我们说人类基本需要组成一个相对的优势层次，就是指这个意思"。④

---

① 　［美］马斯洛. 动机与人格［M］. 许金声，等译. 北京：华夏出版社，1987：42.
② 　［美］马斯洛. 动机与人格［M］. 许金声，等译. 北京：华夏出版社，1987：42.
③ 　［美］马斯洛. 动机与人格［M］. 许金声，等译. 北京：华夏出版社，1987：42.
④ 　［美］马斯洛. 动机与人格［M］. 许金声，等译. 北京：华夏出版社，1987：43.

　　当人的生理需要得到了满足，接着就会出现新的需要，那就是安全需要。马斯洛认为，安全需要包含这样一些内容：安全、稳定、依赖，免受恐吓、焦躁和混乱的折磨，对体制、秩序、法律、界限的需要，对于保护者实力的需要，等等。安全需要同基本需要一样，"可能完全控制机体，几乎可能成为行为的唯一的组织者，调动机体的全部能力来为其服务"。①此时的机体就是"一个寻求安全的机制、感受器、效应器，智力以及其它能力则主要是寻求安全的工具"。② 而且，"这个压倒一切的目标不仅对他目前的世界观和人生观，而且对于他未来的人生观都是强有力的因素。几乎一切都不如安全重要"。"如果这种状态表现得足够严重，持续的时间足够长久，那么，出于这种状态中的人可以被描述为仅仅为了安全而活着。"③马斯洛还指出只有在真正的危机状态中，人们才能把安全需要看做动机的支配因素，而这些危机状态包括：战争、疾病、自然灾害、犯罪浪潮、社会解体、精神变态、脑损伤、权威的崩溃、长期恶劣的形势等。处于这种状态下的人，对安全的需求达到了近乎疯狂的地步，为了安全，甚至"会寻求一位保护人，或者一位可以依赖的更强大的人，或许是一位搞独裁的'元首'"。④ 也就是说，当社会处于没有权威、社会解体，以及由此引发的暴力肆虐、战争频繁的状态时，人们就处于一种极度不安全的境地中，因而对安全的需求便会压倒一切，只要能获得安全，即使是丧失自由等其他利益都可以接受。

　　当生理需要和安全需要得到满足后，爱、感情和归属的需要就会产生，并且以新的中心，重复已描述过的整个环节。个人一般渴望同他人有一种充满深情的关系，渴望在他的团体和家庭中有一个位置。人需要爱情、社交和友谊，需要理解和被理解，需要找到一种情感的归属和依托。马斯洛还特别指出："爱和性并不是同义的。性可以作为纯粹的生理需要

　　①　[美]马斯洛. 动机与人格[M]. 许金声，等译. 北京：华夏出版社，1987：44.
　　②　[美]马斯洛. 动机与人格[M]. 许金声，等译. 北京：华夏出版社，1987：44.
　　③　[美]马斯洛. 动机与人格[M]. 许金声，等译. 北京：华夏出版社，1987：44.
　　④　[美]马斯洛. 动机与人格[M]. 许金声，等译. 北京：华夏出版社，1987：48.

来研究。爱的需要既包括给予别人的爱，也包括接受别人的爱。"①

马斯洛认为，除少数病态人之外，社会上所有的人都有一种对他们的稳定的、牢固不变的、通常较高的评价的需要或敬重的欲望，有一种对自尊、尊重和来自他人尊重的需要或欲望。这种需要可以分为两类：第一，对实力、成就、适当、优势、胜任、面对世界的自信、独立的自由等的欲望；第二，对名誉或威信（来自他人对自己的尊敬或敬重）的欲望，对地位、声望、荣誉、支配、公认、注意、重要性、高贵或赞赏的欲望。尊重需要的满足导致一种自信的感情，使人觉得自己的这个世界上有价值、有能力、有位置、有用处和必不可少。然而这些需要一旦受挫，就会产生自卑、弱小以及无能的感觉，这些感觉又会使人丧失基本的自信，使人要求补偿或者产生神经病倾向。在这一部分中，有一点是值得我们注意的，马斯洛指出，这里所说的自由不是以放弃安全感为代价得来的，而是建立在充分的安全感之上的。

当以上的需要都得到了满足，新的需要就又发展起来，那就是自我实现的需要。马斯洛认为，一个人能够成为什么，他就必须成为什么，他必须充实于自己的本性。这一需要就是他所说的自我实现的需要。自我实现这一术语可以归入人对于自我发挥和自我实现的欲望，也就是一种使他的潜力得以实现的倾向。这种倾向可以使一个人越来越独特，成为他所能够成为的一切。他认为，满足这一需要所采取的方式在人与人之间是大不相同的。同时，自我实现需要的明显出现，通常要依赖于前面所说的生理、安全、爱和尊重需要的满足。

虽然马斯洛在此说的是个体需要的各种层次，但是，个体需要层次的发展其实只不过是作为人类需要的一种缩影。因此，我们会发现人类的需要也同样是具有这种层次性的，而这些层次的向前推进，作为人类来说，更多地受到社会政治历史发展的影响。

在霍布斯那里，与政治社会相对应的是自然状态，他把自然状态描述

---

① ［美］马斯洛. 动机与人格［M］. 许金声，等译. 北京：华夏出版社，1987：51.

为一种极为残酷的战争状态。在这种战争状态中，人们相互争夺、相互侵犯，暴力肆虐。人们之间没有信任，没有丝毫的安全感。人们长期处于死亡的恐惧和危险中，"人的生活孤独、贫困、卑污、残忍而短寿"。① 这是霍布斯笔下自然状态中人类生活的画卷，也是他所处的历史时期人类真实生活的写照。霍布斯认为，这是"单纯的天性使人实际处在的恶劣状况，然而这种状况却有可能超脱。这一方面要靠人们的激情，另一方面则要靠人们的理性"。②

就"超脱"的过程而言，首先是靠人们的激情，然后通过理性去实现。霍布斯这里所说的激情就是渴望和平的激情，它是人们"对死亡的畏惧，对舒适生活所必需的事物的欲望，以及通过自己勤劳取得这一切的希望"。③ 这实际上说的就是自然状态中人的需要，有哪些需要呢？"对舒适生活所必需的事物的欲望"指的是马斯洛所说的基本的需要和安全的需要，因为舒适的生活不仅要有基本生存资料，而且还要有一种安全稳定的社会秩序；"通过自己勤劳取得这一切的希望"指的是对秩序与和平的需要，因为人们只有在和平与有秩序的社会环境下才能做到这一点；"对死亡的恐惧"则是对安全的强烈需要。因此，总的说来，在霍布斯所说的自然状态中，人们的主要需要就是安全需要。霍布斯描述的自然状态充斥着战争与暴力，没有权威，人们处于长期的恶劣形势中，这种状态正好符合马斯洛所说的危机状态。在这种状态中，人们把安全需要作为动机的支配因素，把安全视为压倒一切的目标，其他一切都不如安全重要。因此，基于这样的心理需要，人们通过缔约而建立的政治社会，其首要功能和德性当然是为了保障人们的安全。

不仅如此，按照马斯洛的理论，由于人对安全需要的极度渴望，人们

---

① [英]霍布斯. 利维坦[M]. 黎思复，等译. 杨昌裕，校. 北京：商务印书馆，1985：95.

② [英]霍布斯. 利维坦[M]. 黎思复，等译. 杨昌裕，校. 北京：商务印书馆，1985：96.

③ [英]霍布斯. 利维坦[M]. 黎思复，等译. 杨昌裕，校. 北京：商务印书馆，1985：96-97.

被这种需要所主宰，以至于其他需要（更高级的需要）退居到幕后，消失了或者说被遮蔽起来。正是因为这样，霍布斯所主张的制度道德原则止步于生命原则，没有去追求更多的东西。安全需要还包括对于保护者实力的要求。当人们被安全需要所主宰时，对安全的追求达到一种近乎疯狂的地步，人们不仅需要保护人，而且是一位有强大实力的人，"或许是一位搞独裁的'元首'"。① 这或许就是霍布斯的思路，因而他选择了君主制，因为这种制度足够强大，能够充分地保证人们的安全。对霍布斯而言，选择君主制可能还有这样一种现实的考虑："在世界上寻求安全和稳定的努力还有一些范围更广的方面，这些方面见于一种极为常见的偏爱：偏爱熟悉的事物，而不是不熟悉的事物；或者是已知的事物，而不是未知的事物。"②君主制对于霍布斯而言是熟悉的，是已知的。也许正是囿于此，霍布斯的思想也就止步于此了。

在洛克那里，与政治社会相对应的也是自然状态。如前文所述，洛克的自然状态不是战争状态。洛克认为自然状态与战争状态的区别就是"和平、善意、互助和安全的状态与敌对、恶意、暴力和互相残杀的状态之间的区别"。③ 因此，在洛克所说的自然状态中，人们的生命是有保障的，人们对安全的需要是能够得到满足的。而安全的需要一旦得到满足，它将不再支配人们的动机，人们将产生新的更高级的需要。因而洛克希望他所主张的政治制度给予人们的将不仅仅是安全，而应该有更多的东西，安全只是起码的保障。

洛克认为在自然状态下，人人都享有自由，这种自由就是处置自己的人身与财产的无限自由。这种自由体现为天然的权利。他说："每个人生下来就有双重的权利：第一，他的人身自由的权利，别人没有权力加以支

① ［美］马斯洛. 动机与人格［M］. 许金声，等译. 北京：华夏出版社，1987：48.
② ［英］霍布斯. 利维坦［M］. 黎思复，等译. 杨昌裕，校. 北京：商务印书馆，1985：47.
③ ［英］洛克. 政府论（上篇）［M］. 叶启芳，等译. 北京：商务印书馆，1964：12.

配，只能由他自己自由处理；第二，首先是和他弟兄继承他父亲的财物的权利。"①这两种权利体现了个人的一种要求，那就是他要求别人对他的人身和财产的尊重。同时，洛克把这种财产权归于个人的劳动，因而对个人财产的尊重也就是对个人的劳动及其能力的尊重。因此，归根到底，在自然状态下的人，其需求就是一种要求别人对自己人身、劳动及其能力的尊重。然而自然状态下，没有一个公共权力来保障这种需求。所以，洛克所主张的政治制度其功能就在于满足人们的这种需求，这种需求我们可以对应于马斯洛所说的自尊需要。马斯洛认为："除了少数病态的人之外，社会上所有的人都有一种对于他们稳定的、牢固不变的、通常较高的评价的需要或欲望，有一种对于自尊、自重和来自他人的尊重的需要或欲望。"②马斯洛将这种需要分为两类："第一，对于实力、成就、适当、优势、胜任、面对世界时的自信、独立和自由的欲望。第二，对于名誉和威望（来自他人对自己尊敬或尊重）的欲望。"③显然，马斯洛所说的自尊的需要比洛克的要广，因而二者的对应只是一种大致的说法，并非严格意义上的对应。洛克那里所体现的自尊只大致相当于马斯洛所说的自尊的第一类。马斯洛还指出，人们所欲望的自由不是以放弃安全感为代价得来的，而是建立在充分的安全感之上的。这正体现了对自由、自尊的需要是高于安全需要的。因而，与霍布斯的理论相比，洛克理论所强调的人的需要更高级，前者是安全需要，后者是自尊需要。正是基于不同层次的需要，二者所产生的制度道德原则也体现了不同的层次，在霍布斯那里是生命原则，在洛克那里是自由原则。

与霍布斯、洛克不同，在卢梭那里，与政治社会相对应的是文明社会，它是由自由状态演变而来的。在卢梭的自然状态中，人们享有自然的自由、自然的平等，人们还具有自然的美德——怜悯心。这些都是人们生

①　[英]洛克.政府论（上篇）[M].叶启芳，等译.北京：商务印书馆，1964：116-117.
②　[美]马斯洛.动机与人格[M].许金声，等译.北京：华夏出版社，1987：51.
③　[美]马斯洛.动机与人格[M].许金声，等译.北京：华夏出版社，1987：51.

来就有的，是基于人类的本性的东西。它们对于人类而言，可以说构成了一种理想状态。然而，这一切都是无意识的产物，并非人们有意使然。随着人类智慧的发展，一方面，"人们一开始相互品评，尊重的观念一在他们心灵中形成，每个人都认为自己有被尊重的权利，而且一个人不为人尊重而不感到任何不便，已成为不可能的了"；① 另一方面，"由于人类能力的发展和人类智慧的进步，不平等才获得了它的力量并成长起来；由于私有制和法律的建立，不平等终于变得根深蒂固而成为合法的了"。② 也就是说，在文明社会里，一方面是人们渴望被尊重、渴望平等的需要，另一方面却是事实的不平等。令卢梭更为不满的是，"平等一被破坏，继之而来的就是最可怕的混乱……扼杀了自然怜悯心和还很微弱的公正声音，于是使人变得悭吝、贪婪和邪恶"。③ 于是，人们在自然状态中所具有的自由、平等、美德，在文明社会中全都丧失了。

因此，按照卢梭的意思，文明社会中人们的需要就是在社会状态下实现人的自由、平等以及人的道德，将自然状态下的基于人的无意识的自然的自由、平等和道德变成基于理性自觉的社会性的自由、平等和道德。文明社会中的人的这种需要正好对应于马斯洛所说的自我实现需要。也就是"一个人能够成为什么，他就必须成为什么，他必忠实于他自己的本性"，"它可以归入人对于自我发挥和完成（self-fulfillment）的欲望，也就是一种使它的潜力得以实现的倾向"。④ 不过，马斯洛这里所说的是人类个体的自我实现，而卢梭所主张的是人类作为一个整体的自我实现。这样一来我们就可以说，霍布斯、洛克、卢梭所主张的不同层次的制度道德原则实际上体现的是由低到高的不同层次的人类需要。

----

① ［法］卢梭. 论人类不平等的起源和基础［M］. 李常山，译. 北京：商务印书馆，1962：118.

② ［法］卢梭. 论人类不平等的起源和基础［M］. 李常山，译. 北京：商务印书馆，1962：149.

③ ［法］卢梭. 论人类不平等的起源和基础［M］. 李常山，译. 北京：商务印书馆，1962：126.

④ ［美］马斯洛. 动机与人格［M］. 许金声，等译. 北京：华夏出版社，1987：53.

霍布斯、洛克、卢梭三人的社会契约理论都是包含了各自的人性论假设的。霍布斯的人性论是一种性恶论，洛克则张人性亦善亦恶，卢梭则倾向于性善论，因此，将他们的人性论联系起来看，发现他们对人性的看法存在一个由善至恶的趋向：恶——亦善亦恶——善。那么，我们是否可以假设人性是发展的呢？

实际上，马斯洛就认为人性是发展的。马斯洛的哲学人性概念或"人的内在本质"包括以下一些方面：由遗传因素决定的人的解剖构造和机能；由遗传因素决定并在社会文化环境中发展起来的全部似本能的基本需要；包括欲望以及心理能力在内的全部精神生活。在马斯洛看来，人性或人的本质应该是人的全部属性的总括，其中人的似本能的需要占有最重要的地位，是人性或人的本质的集中表现。这些似本能需要也就是安全、爱、自尊、自我实现等需要。由于这些需要是处于不同层次的，因而人性或人的本质也包含着不同的层次。人的发展和自我实现过程就是满足不同层次的需要，实现不同层次人性的过程。在这一意义上，人性的确是发展的。

马斯洛还指出了人的发展和人性实现与社会文化环境的关系。他认为，人性的延续与动物本能和动物性的完全依靠遗传基因的传递方式不同，人性虽然也是通过遗传因素以"胚胎"的形式延续和保存下来，但是其具体表现和发展却是后天获得的，有赖于社会文化环境提供条件。因而马斯洛主张社会职能和文化"至少应该保护、促进、鼓励安全、爱、自尊、自我实现等似本能需要的表达和满足"。[①] 因此，社会制度一方面是基于人的需要而产生的，另一方面又具有促进人以及人性的发展、改善人性的职能，正如卢梭所言："优良的社会制度是最善于改变人的本性的那种制度。"[②]

---

① [美]马斯洛. 动机与人格[M]. 许金声，等译. 北京：华夏出版社，1987：110.

② [法]卢梭. 论人类不平等的起源和基础[M]. 李常山，译. 北京：商务印书馆，1962：17.

第五章 美德与人类命运共同体

美德的生成需要政制的支持，然而，一个群体的政制并不一定是以美德为导向的，尤其是在全球化的今天，群体的政制很可能会受到国际政治和经济状况的影响。这样一来，美德的生成最终与整个人类生活的发展趋向和制度安排有关。当人类的生存以增长、扩张、竞争和掠夺为主导时，群体为了应对这样的处境，其主导价值同样会以生存竞争为导向，美德将成为次要的价值。只有当我们在"发展"这一全人类面临的共同问题上达成共识，形成共同的发展观和共同的方案时，我们才能为有美德的生活提供适宜的土壤，否则没有哪个群体能够真正地独善其身。反过来说，也只有我们把美德生活从一个优先的价值上升为主导的类价值时，我们才可能形成真正的类共同体，来处理全人类面临的共同问题。

《荷马史诗》所记录的人类生活本质上是一个缩小的群体间交往的图景，它是以竞争和掠夺为主导的。在这一背景下，群体内部的价值优先性也以竞争为主导，荷马社会的美德大体上是竞争性的，现代意义上的美德还只是处于不自觉的萌芽状态。这暗示我们，在对抗和斗争的外部环境下，群体内部的美德也将很难生成，美德的生成需要群体间的价值共识与合作。另外，《荷马史诗》还向我们展现了人类现代意义上的美德，以及这些美德对于群体内部和群体间融洽关系的作用，它们为人类命运共同体的形成提供了可能性。马克思在早期著作中，通过人的本质和异化理论向我们展现了资本主义制度同人的异化之间的关系以及人的自我实现同社会主义的关系；在后期的历史唯物主义著作中，则通过阐明人类社会制度的演进规律向我们揭示了一条走向人类命运共同体和善的生活的途径。

第一节 《荷马史诗》的英雄伦理解读及其偏颇

我们在阅读与《荷马史诗》相关的文学、哲学等文献时，有一个极为深刻的印象，即研究者们的评述大多集中于史诗中的战争和英雄，或感叹战争的恢弘，或悲叹人类在战争中的苦难；或讴歌英雄的伟大，或悲悯英雄的命运，把战争中凸显的英雄精神视为古希腊文明的主要来源。这种解读固然有道理，但一味地强调英雄伦理，片面地理解荷马史诗反映的古希腊人的生活，对于荷马史诗研究并没有好处。本章将分析《荷马史诗》的英雄伦理解读，说明为什么这一理解是片面的，并指出我们应当如何更恰当地理解荷马史诗中的伦理生活。

长期以来，国内外关于荷马史诗的伦理学研究大多关注其中崇尚竞争的英雄伦理。人们之所以对《荷马史诗》进行英雄伦理解读，主要是因为这两部史诗，尤其是《伊利亚特》，给我们的第一印象是战争主题。此外，英雄在战争中的表现，他们对荣耀和卓越的执著和追求，给我们造成了极大的冲击。《荷马史诗》的主题是战争，这是无可质疑的。史诗描述的事件、人物、场景乃至细节，都是围绕战争的。《荷马史诗》本就是为了传诵特洛伊战争而作的，按照西方学者的研究，"荷马史诗和诗系传统中的文本通常来源于特洛伊战争神话传统"。① 在希腊古风时代，有许多记叙和诵扬特洛伊战争传统的英雄诗系，《荷马史诗》就是脱胎于这一诗系，在漫长岁月中不断修缮的作品。王焕生先生在《伊利亚特》的中译本序言中也提到，除了《伊利亚特》和《奥德赛》之外，当时还有许多描写战争的开始、战争进行过程中的其他事件、战争结束和其他希腊英雄返回希腊故国的各种史诗，

---

① 伯吉斯. 战争与史诗[M]. 鲁宋玉，译. 上海：华东师范大学出版社，2017：8.

只是它们都在历史中失传了。① 因此，《荷马史诗》本就是古希腊以重大的战争事件为主题的诗歌之一。

在这样一部以战争为题材的作品中，充斥着杀戮与死亡的血腥场面，"甚至连战士的死亡姿势也保持着战斗的造型"。② 在阅读史诗时，我们可以感觉到诗人并没有在情感上倾向于战争的哪一方，无论是阿喀琉斯还是赫克托，诗人都给予了热烈的激情和赞美，诗人赞美的是战争中的英雄，鄙视的是战场上的懦夫和胆小鬼。诗人在价值立场上，也是以战争中的价值为标准的，这是对史诗的战争主题的一个重要佐证。

史诗的战争主题似乎还映射出荷马时代希腊社会的社会结构和模式。历史学家在研究荷马时期的社会结构和经济模式时，也断言这一时期的希腊文明是以战争为中心的，荷马时期的希腊文明"是印欧民族入侵希腊半岛在原有的迈锡尼文明和米诺斯文明的基础上建立起来的。希腊半岛诸城邦是武力征服民族建立的堡垒。……城邦的公民是战斗部落的战士"。③ 因此，荷马时期的价值和规范是以武士为中心的。荷马时期的经济模式是依靠战争获取财富，贵族们热衷于通过战争中的功绩来获取财富和荣耀。④ 因而，一种流行的看法认为，希腊人发动特洛伊战争的目的也是为了获取财富和奴隶，这样的战争在当时地中海地区时有发生，特洛伊战争不过是其中较大的一场战争而已。

正因为荷马史诗的战争主题，学者们在解释其中的伦理精神时也是以战争为中心的。古典学家阿德金斯的一个著名论点是，荷马道德由"竞争性的"价值或者卓越主导，尤其是勇敢，而牺牲了公平等"比较宁静的"或

① [古希腊]荷马. 伊利亚特[M]. 罗念生，王焕生，译. 北京：人民文学出版社，2003：前言.

② 宋希仁. 西方伦理思想史[M]. 北京：中国人民大学出版社，2004：13.

③ 许倬云. 中西文明的对照[M]. 杭州：浙江人民出版社，2013：18.

④ Hans Derks. Greek Ethics from Homer to Epicurus[J]. The European Legacy，1998(3)：98.

"合作的"价值。① 麦金太尔甚至断言，在荷马社会里，勇敢是最为重要的美德，甚至可能是唯一的美德。② 总体上，对《荷马史诗》进行英雄伦理解读的学者强调的是竞争性的英雄美德，主张史诗中的伦理价值仅仅意味着指向成功的品格。当然，阿德金斯在强调英雄美德的同时并未否定史诗中合作性价值的存在，但他认为后者是次要的。

《荷马史诗》中的英雄大多有一个强烈的欲望——成为卓越的人，出类拔萃。追求卓越是英雄的义务，而这一义务的履行则为他们带来高尚的荣誉以及与之相称的财富。这是由他们的身份决定的，英雄的血统和地位对他们提出了要求，同时也赋予他们特权。

英雄都是像神一样的存在，有着高贵的血统和家世。正如史诗的社会学研究者指出的，"如果对荷马史诗作一个人物志式的分析，我们很快就会发现，战场上的英雄全是贵族出身，是那些王者"。③ 无论是希腊的阿喀琉斯、阿伽门农、奥德修斯、狄俄墨得斯，还是特洛伊的赫克托、帕里斯、萨尔佩东，他们或者是国王，或者是国王的后代。英雄们很看重自己的家世，并以此为荣，在交往和战场上都常常显示自己的门第和出身。在《伊利亚特》中，狄俄墨得斯在战场上遇见不相识的格劳科斯，狄俄墨得斯问其家世，格劳斯科说了一大通，详尽地讲述了他引以为豪的家世，是"埃费瑞和辽阔的吕西亚境内最高贵的人"。④

英雄的高贵血统，意味着他注定与众不同。"每个英雄都有显赫的门第和可资炫耀的家族，坐霸一方，王统天下。他们相貌俊美，仪表堂堂，鹤立鸡群在芸芸众生之中。"⑤不仅如此，他们有着极强的自豪感和责任心，

---

① Adkins A W H. Merit and Responsibility[M]. Oxford: Clarendon Press, 1960: 6-7, 70.

② 阿拉斯代尔·麦金太尔. 德性之后[M]. 龚群，译. 北京：中国社会科学出版社，1995：154.

③ 晏绍祥. 荷马社会研究[M]. 上海：上海三联书店，2006：61.

④ 荷马. 伊利亚特[M]. 罗念生，王焕生，译. 北京：人民文学出版社，2003：143.

⑤ 胡祎赟. 荷马史诗中的英雄德性解读[J]. 道德与文明，2008(3)：67.

格劳斯科介绍其家世时讲道："要成为世上最勇敢最杰出的人，不可辱没祖先的种族。"①身份和社会地位给他们提出的要求就是要追求卓越，不能像凡夫俗子那样生活。因此，英雄们在"战场上的荣誉高于一切。……贪生怕死，是荷马笔下最具贬义的词，是英雄的最大耻辱"。②而阿喀琉斯为阿伽门农夺走他的战利品感到愤怒，一方面是因为侵害了他的利益，更重要的是夺走了他的荣誉，所以他要不计一切后果捍卫。

　　因此，无论是在战场上，还是在城邦内部的生活中，英雄都要表现得优秀，要与自己的出生相配，要为城邦的利益尽到自己的责任。在战斗和竞赛中努力赢得胜利。这就为英雄的德性设定了基调。

　　按照一般的看法，无论是对城邦还是英雄个人而言，取得胜利和成功是最为重要的。战争的胜利是城邦得以保存和兴旺的根本，英雄的德性就是使得他们能够实现城邦和英雄个人目的品质。因而，德性即是卓越、优秀，就是超越他人、获取胜利的品质。荷马社会中，德性是与角色或功能有关的，英雄在城邦中的角色即他们在城邦中的功能。麦金太尔指出，"在荷马史诗中，美德是一种品质，这种品质的显现，使人们能够严格履行其定义明确的社会角色所要求的义务。首要的角色是武士之王，而一旦我们承认这里关键的美德必须是那些使一个人能够在战斗和竞技中获胜的美德，那么荷马列举的武士之王所践行的那些美德就不难理解了。"③正是基于这样的功能意义的理解，荷马社会把勇敢和体力等与战争中的武士功能相关的特质视为美德。

　　从英雄个人生活的视角来看，史诗中的英雄不依靠"国家"而是依靠自己来保护他们的家眷，家庭财富、家族权力的存续都要依靠英雄，所以，成功尤其是战斗中的成功至关重要。对于史诗中的人物来说，最好的评价

---

①　荷马. 伊利亚特 [M]. 罗念生，王焕生，译. 北京：人民文学出版社，2003：143.

②　龚群. 荷马史诗中的英雄伦理观 [J]. 道德与文明，2004（1）：56.

③　[美]麦金太尔 A. 追寻美德：道德理论研究 [M]. 宋继杰，译. 南京：译林出版社，2008：233.

词语是"善"（agathos），善的人是能够在战争与和平时期保护家庭的人，是享受荣誉、受人尊重的人。失败不仅意味着耻辱，还意味着失去，甚至是家破人亡；成功则带来荣誉，荣誉不只是一种来自他人的态度，还包括物质利益，比如战争中的战利品或补偿。所以，"一个善的人可以像阿伽门农对阿喀琉斯所做的那样行动，或者像求婚者对奥德赛那样，不会有损于他的道德声誉或美德。"①欧文（Irwin T H）认为，阿喀琉斯自私、冷漠地对待他人的生活和福祉，无损于他的英雄美德，仍然是"最好的阿喀琉斯"，"但如果他在战争中失败，被卖为奴隶，他将失去一半的美德"。② 正是在这样的价值标准下，除了勇敢之外，冷酷、残忍、狡诈等也都被视为英雄美德。

由此可见，按照伦理学领域主流的解读，荷马史诗是一个以战争为中心的世界。在这个世界中，城邦和个体为了实现自身的目的，确定了社会"核心价值"，即指向战争和竞争的胜利和成功的价值。它规定了典范的生活模式，以及通向这种生活的人的品质的典范——英雄德性。然而，囿于《荷马史诗》的战争主题以及对战争场面的极度渲染，研究者很容易遗忘史诗中的英雄还有战争之外的生活。在战争中，与军事荣誉有关的英雄美德是优先的，但在和平时期，共同体的运作有着不同于英雄伦理的共同的价值观念和相应的习俗和惯例，它们类似于社会制度。英雄和战士在不同的时候、不同的背景下，具有不同的角色，同一角色也被期望具有多种美德。更重要的是，史诗还向我们呈现了战争中的柔情。

由于史诗主要呈现的是战争，因而荷马突出了勇敢等竞争性的英雄美德。然而，把由武士构成的荷马社会仅仅视为竞争性的，是对荷马社会简单化和模式化的理解，因为部落间以及部落内部成员之间的合作也具有重要价值，但"持久的战争为我们对荷马时期古希腊人和特洛伊人的想象涂

---

① Roger Crisp, Homeric Ethics[M]//Roger Crisp(eds.). The Oxford Handbook of The History of Ethics. Oxford：Oxford University Press, 2015：8.

② Irwin T H. Classical Thought[M]. New York：Oxford University Press, 1989：9-10.

上了主色调"。① 这种模式化的理解不是对荷马时期伦理图景的完整描绘，正如当代法国古典学家雅克丽娜·德·罗米伊（Jacqueline de Romilly）指出的，学者们对古希腊暴力竞争的强调达到了"一叶障目不见森林的地步。例如他们认为荷马的世界完全受战争、功勋和竞争这样一些价值观的支配。事实上，这些看法都过于简单化。即使在荷马时代，古希腊人都曾经相信柔和"。②

从社会生活的组织来看，普通的自由民或战士在荷马社会扮演着不可忽视的角色。虽然国内外学者对于荷马时期人民大会的作用存在一些分歧，但"人民大会在当时绝不是可有可无的东西，它经常召开就足以说明它的价值。如果没有人民大会的压力，阿伽门农大概也不会放弃他的战利品"。③ 因而把由武士构成的荷马社会仅仅视为竞争性的，是对荷马社会简单化和模式化的理解。在战争与和平时期，在公共生活中，英雄必定要受到人民的制约。

从社会结构的角度来看，史诗向我们展现了荷马社会存在着基于"权力—责任"对等的习俗，由这些习俗规定的"应当"不是次要的，而是荷马社会的结构性要素，权力和责任是这一结构的两极。荷马社会各城邦的最高权力机构是由一部分贵族家庭产生的领袖集团，这些领袖被称为巴塞列斯（Basileis）或国王，其中有一位最高领袖（也被称为巴塞列斯），其地位突出但并不稳定。比如，如果领袖忽视人民大会的意见而导致失败，其地位就可能不保。巴塞列斯的地位取决于他们的成就及其为共同体做出的贡献，这是他们地位合法性的基础。④ 萨尔佩东在激励格劳斯科英勇作战时说："为什么吕底亚人那样用荣誉席位、头等肉肴和满斟的美酒敬重我们？

---

① Hektor K T Yan. Moraity and Virtue in Poetry and Philosophy：A Reading of Homer's Iliad XXIV[J]. Humanitas，2003（1）：15.

② 雅克丽娜·德·米罗伊. 古希腊思想中的柔和[M]. 陈元，译. 上海：华东师范大学出版社，2016：5.

③ 晏绍祥. 荷马社会研究[M]. 上海：上海三联书店，2006：127.

④ 克里斯托弗·罗，马尔科姆·斯科菲尔德. 剑桥希腊罗马政治思想史[M]. 晏绍祥，译. 北京：商务印书馆，2016：39.

为什么视我们如神明？……我们现在理应站在吕底亚人的最前列，坚定地投身于激烈的战斗毫不畏惧。"①这非常明显地指出了荷马共同体中英雄的权力和责任，英雄享有荣誉和特权的同时要对共同体和人民的利益负责，因而要受到共同体习俗的约束。

正因为如此，对于帕里斯诱拐海伦为特洛伊带来灾祸，赫克托予以强烈的谴责："不祥的帕里斯，相貌俊俏，诱惑者，好色狂……把一个美丽的妇人……从遥远的土地带来，对于你的父亲、城邦和人民是大祸，对于敌人是乐事，于你自己则是可耻。……特洛伊人太胆怯，否则你早就穿上石头堆成的衬袍，② 因你干的坏事。"③可见荷马社会中存在着共同的价值观念和起作用的社会惯例。

根据历史学的研究，"古风和古典时代的希腊城邦，都没有迈锡尼那样的常备军，而是以公民为核心组成义务兵，而且只有公民才有当兵的权利。这些公民平时是社会生产者，可以参与国家管理，战时则由城邦征召，由公民自备武装和给养，临时组成军队。士兵一般由将军或者国家的其他官员统率。无论战争结局如何，一旦战争结束，军队立刻解散。这样，从士兵到将领，都是业余性质"。④ 从这一事实我们不难设想，英雄必定具有不同的角色。因而，荷马描写的英雄通常不只有一副面孔，他们的生活不仅仅是战争和军事活动，还有政治的、家庭的等。英雄和战士在不同的时候、不同的背景下，具有不同的角色，即便是同一角色也被期望具有多种美德。

人们在战场上和在家乡对英雄具有十分不同的期望，各种不同的关系

① [古希腊]荷马. 伊利亚特[M]. 罗念生，王焕生，译. 北京：人民文学出版社，2003：288.

② "穿上石头堆成的衬袍"意指惹起公愤的人应受"石击刑"，被群众用石头砸死. 参见罗念生、王焕生译《伊利亚特》(人民文学出版社，2003 年版)第 63 页的注释.

③ [古希腊]荷马. 伊利亚特[M]. 罗念生，王焕生，译. 北京：人民文学出版社，2003：62-63.

④ 晏绍祥. 荷马社会研究[M]. 上海：上海三联书店，2006：95. 亦可参见晏绍祥. 古风时期希腊陆上战争的若干问题[J]. 华中师范大学学报，1998(6)：88-95.

和角色对他提出了不同的伦理要求：英雄在生活中不仅仅是一个英雄，还可能是国王、丈夫、儿子、父亲和朋友。赫克托不仅是战争中的英雄，还是和平时期特洛伊的守护者和管理者，同时也是普里阿摩斯的儿子，帕里斯的兄长，安德罗马克的丈夫，他年幼的儿子的慈父。

在同一角色中，英雄也被要求表现出多种美德。战场上的英雄，不仅被期望能够英勇杀敌，鼓舞士气，还要表现出对同胞尤其是朋友的情谊。正因为如此，虽然阿喀琉斯受到了阿伽门农的不公正对待，但当希腊联军处于危急时刻中时，阿喀琉斯拒不出战的行为令希腊人失望。同样，阿伽门农夺取阿喀琉斯的战利品的行为也不被希腊人赞同。英雄作为一个国王，还"被期望慷慨地款待客人，谈吐文雅，关心妻儿，拥有善解人意和温和的心灵"。①

麦金太尔认为，在荷马史诗中，美德作为一种品质，其显现可以使"人们能够履行其定义明确的社会角色所要求的义务。……任何担任某某角色的人当为之事的概念先于美德的概念"。② 按照这一观点，史诗中的英雄具有的多种角色当然对他们提出多种不同的要求。虽然战争中的胜利对他们提出的要求，使得勇敢等美德是非常重要的，但这不一定能够说明勇敢是唯一的或者最重要的美德。何种美德优先，需要看英雄处于怎样的生活场景。

在希腊联军兵临城下，特洛伊城危在旦夕的时候，在特洛伊城楼上观战的国王普里阿摩斯与海伦有一段对话。老国王呼唤海伦，对她说："亲爱的孩子，你到这里来，坐到我前面，可以看见你的前夫、你的亲戚和你的朋友；在我看来，你没有错，只应归咎于神，是他们给我引起阿开奥斯人来打这场可泣的战争。"海伦则说："亲爱的公公，在我的眼里，你可畏可敬。但愿我在跟着你的儿子来到这里，离开房间、亲人、娇女和少年伴侣前，早就乐于遭受不幸的死亡的命运。但没有那么回事，因此我哭泣，

---

① Yamagata N. Homeric Morality[M]. Leiden：Brill, 1994：122.

② ［美］麦金太尔 A. 追寻美德：道德理论研究[M]. 宋继杰，译. 南京：译林出版社，2008：233.

一天天憔悴。"①当战争发生时，有人把海伦视为罪魁祸首，红颜祸水，但普里阿摩斯表现出惊人的善解人意、慈爱和宽厚胸怀。而海伦则表现出无比的内疚和尊重。

在史诗中，即便在战争中铁骨铮铮的英雄也展现出柔软的情感，交战的双方在战争中也有温暖的情感。格劳科斯责备赫克托放弃了萨尔佩东的尸体之后，继续说："无情的人啊，你怎会在战斗中拯救其他人？甚至萨尔佩东作为你的客人和朋友……"②赫克托未能抢回萨尔佩东的尸体，可以视为竞争中的失败，但格劳科斯还批评赫克托没有尽到对客人和朋友的责任。在战场上，英雄们并非都是无节制地使用暴力。狄俄墨得斯在战场上对格劳科斯说："你很早就是我的祖辈家里的客人……因此我到阿尔戈斯时是你的宾客，我在吕西亚是你的宾客，让我们在战争中不要彼此动枪……让我们互相交换兵器，使人知道我们从祖辈起就是宾客。"随后，"两人跳下车来握手，保证友谊"。③

史诗作者在讲述故事的过程中还常常表现出那个时代一般的血亲情感。比如在表现奥德修斯在海上望见大陆和森林的喜悦时说，"他看见陆地已距离不远，正当他乘着巨大的波浪浮起，凝目向远方遥望。有如儿子们如愿地看见父亲康复，父亲疾病缠身忍受剧烈的痛苦……但后来神明恩赐，让他摆脱苦难；奥德修斯看见大陆和森林也这样喜悦。"④《奥德赛》中描写奥德修斯家高贵的牧猪奴见到离别十年后归家的少主人时的喜悦，"有如父亲欣喜地欢迎自己的儿子"。⑤ 这样的场景，按照一些学者的解读，史诗作者是在"渲染具有超越阶级和时空的共性意义上的父子情愫，诗句

---

① [古希腊]荷马. 伊利亚特[M]. 罗念生，王焕生，译. 北京：人民文学出版社，2003：67.

② [古希腊]荷马. 伊利亚特[M]. 罗念生，王焕生，译. 北京：人民文学出版社，2003：411.

③ [古希腊]荷马. 伊利亚特[M]. 罗念生，王焕生，译. 北京：人民文学出版社，2003：144.

④ [古希腊]荷马. 奥德赛[M]. 王焕生，译. 北京：人民文学出版社，1997：102.

⑤ [古希腊]荷马. 奥德赛[M]. 王焕生，译. 北京：人民文学出版社，1997：303.

的情感指对是普遍存在并为人们所普遍感知的人性"。①

综上所述，史诗向我们呈现的并非只是战争，而是古代人类生活的全部场景和不同模式的人类行为，以及古人对这些行为的态度和反应，从而也向我们表达了人类亘古不变的各种价值，它们在不同程度上被我们在生命中看重和欣赏，是在人类真实的生活历史之中生长和延续下来的。只有明确这一点，我们方可理解古代社会与我们之间的联系。因此，片面地展现和强调史诗中的英雄美德，将妨碍我们更好地理解荷马社会以及我们自身。

毫无疑问，战争是荷马史诗的叙事主题与宏大背景。但我们不能因此而仅仅从战争的角度来理解荷马史诗，也不能仅仅把战争中的场景视为荷马时代希腊人的生活画卷。我们还应当尽可能地设想一种更加全面的荷马社会图景，把战争和英雄放到这一更大的图景中来加以理解，这样，我们才能更加准确地阅读荷马史诗向我们传达的古希腊人的生活与精神。

战争是荷马史诗的主题，《伊利亚特》的叙事背景就是希腊联军对特洛伊城的征伐，《奥德赛》的故事主线虽不是战争，但大致也是在战争中完成的。战争也是黑暗时代希腊人重要的生存方式，但战争不过是生存方式之一，而不是最为主要的生存方式。这个时期的希腊人并不总是生活在战争中，战争是获取财富的途径之一，但并不是最主要的途径。

荷马时代战争的主要原因是掠夺财富，这一点是比较确定的。虽然表面上战争是为海伦复仇，但实际上这不过是希腊人的借口，希腊人的真实意图就是要劫掠并毁灭特洛伊。② 财富在荷马时代极为重要，有学者甚至

---

① 陈中梅. 荷马的启示：从命运观到认识论 [M]. 北京：北京大学出版社，2009：14.

② 希罗多德对特洛伊战争的原因是海伦的说法就给予了反对。他认为，"如果不是妇女她们自己愿意的话，她们是决不会硬给劫走的，因此在被劫以后，想处心积虑地进行报复，那未免愚蠢了，明白事理的人是丝毫不会对这样的妇女介意的。""可以肯定的是，普利亚莫斯和他最亲近的人们都不会疯狂到竟会使他们自己、他们的儿子以及他们的城市冒着危险而叫亚历山大娶海伦为妻子。……即使海伦是普利亚莫斯自己的妻子，我自己也必然会想到，他是要把她送回希腊人那里去的，如果这样做他可以躲掉目前灾祸的话。"参见[古希腊]希罗多德. 历史 [M]. 王以铸，译. 北京：商务印书馆，1959：3，188. 希罗多德说的"亚历山大"是"帕里斯"的别名。

指出，"在荷马社会，决定一个人社会地位高低的，并不是他的勇敢或者演讲才能，而是他拥有的财富"。① 因而，"几乎所有的战争都和对财富的争夺有关。因此，对财富的掠夺，应当是荷马时代战争频发的主要原因"。② 劫掠财富在荷马社会不被视为可耻的。修昔底德就曾说过，"在那个时候，这种职业完全不被认为是可耻的，反而当作光荣的。"③他还援引荷马的诗句说："对于海上来的人，总是问这个问题：'你们是海盗吗?'被这样询问的人从不畏缩而否认曾经做过海盗的事实；询问他们的人也不会因为他们曾经做过海盗而谴责他们。"④

但对于陆上的希腊人来说，抢劫不应当是获取财富的主要方法，至少不是唯一的方式，而是一种补充财富的途径。一般情况下，英雄很可能只有在遇到困难的时候才会通过抢劫来取得财富。英雄的经济来源主要来源于农业和畜牧业，依靠种植和放牧获得生存资料，这些情况可以从史诗描述的一些细节中得到印证。比如，阿喀琉斯的盾牌上刻有"一块王家田地，割麦人手握锋利的镰刀正在收割"，"一片藤叶繁茂的葡萄园"，"在优美的山谷间，牧放着一群白绵羊"。⑤ 此外英雄作为巴塞列斯还有纳贡，虽然纳贡不是经常性的。⑥ 更加确定的证据是，奥德修斯的奴隶在描述奥德修斯的财产时说："在大陆有十二群牛，同样数量的绵羊，同样数量的猪群和广泛散养的山羊群，都由外乡人或当地的牧人放牧。"⑦

既然如此，我们不难想象，英雄在平常的日子是有许多事情做的，包括管理家务和自己的产业，甚至还要亲自参加各种劳动。奥德修斯在回应

---

① 晏绍祥. 荷马社会研究[M]. 上海：上海三联书店，2006：221.

② 晏绍祥. 荷马社会研究[M]. 上海：上海三联书店，2006：223.

③ [古希腊]修昔底德. 伯罗奔尼撒战争史[M]. 谢德风，译. 北京：商务印书馆，1960：3.

④ 转引自晏绍祥. 荷马社会研究[M]. 上海：上海三联书店，2006：222.

⑤ [古希腊]荷马. 伊利亚特[M]. 罗念生，王焕生，译. 北京：人民文学出版社，2003：454-455.

⑥ 晏绍祥. 荷马社会研究[M]. 上海：上海三联书店，2006：158.

⑦ [古希腊]荷马. 奥德赛[M]. 王焕生，译. 北京：人民文学出版社，1997：264.

欧律马科斯指责他懒惰时，提出要和他进行割草、赶牛和犁地比赛。① 因此，战争不是常态化的生存状态。综合上述两个方面的情况，英雄的生存方式是多样的，虽然有战争，但远不仅仅是战争。或许在更早的时期，战争和劫掠是更加主要的生存状态，但随着生产水平和经济水平的提高以及价值观念的变化，荷马时期人们的生存状态有所改变，战争这一原始的生存之道在人们生活中的比重有所下降。

在《荷马史诗》中，英雄（hêroês）这一称谓所指涉的人并非只是战场上的大人物。英雄可以是战场上的雄狮，可以是未上战场的血统高贵的国王和贵族，还可以是普通的勇士，可以是人民大会上的雄辩者，可以是优秀的吟唱诗人，甚至可以是初次见面的陌生人。

首先，英雄主要是指活跃于战场上的贵族或将领。比如阿伽门农、阿喀琉斯、奥德修斯、赫克托、帕里斯、萨尔佩东等人。他们甚至是"神样的"，或者是"半神"。比如，《伊利亚特》第一卷中，阿伽门农在与阿喀琉斯交涉时说："神样的阿喀琉斯，尽管你非常勇敢……"②而且，在王者身上，英雄的美名终其一生，即便在死后仍然被称为英雄。这大概是英雄一词最初的含义，即在战场上英勇作战、功勋卓著的人，他们也因此获得财富和地位。

其次，英雄成为王者或者地位显赫的人的另一种称谓。当奥德修斯来到费埃克斯，被告知"我们费埃克斯人不好弯弓和箭矢，却通晓桅杆、船桨和船只的性能"。③ 因此，奥德修斯并不知道费埃克斯国王阿尔基诺奥斯是否曾英勇作战，但奥德修斯知道他是一名王者，仍然称其为英雄，阿尔

---

① ［古希腊］荷马. 奥德赛［M］. 王焕生，译. 北京：人民文学出版社，1997：358.

② ［古希腊］荷马. 伊利亚特［M］. 罗念生，王焕生，译. 北京：人民文学出版社，2003：6.

③ ［古希腊］荷马. 奥德赛［M］. 王焕生，译. 北京：人民文学出版社，1997：116.

基诺奥斯的女儿也称其父亲是英雄阿尔基诺奥斯。① 由此可见，英雄不一定仅仅是指战场上英勇作战、功勋卓著的人，还可以作为一种赞美和尊敬的称谓来称呼地位高贵的人。

再次，英雄可以是对战场上平民战士乃至陌生人的称呼。按照陈中梅的研究，"英雄"一词已经具有了一定的泛指功能，在战场上，英雄（hêroês）及其所有格形式 hêrôõn，也指阿开亚的全体战士。② 当奥德修斯擒住多隆，向其打探消息，多隆在告知奥德修斯情况时称奥德修斯为英雄，而多隆并不认识奥德修斯。因此，英雄一词已然不是专属的称谓，它已经变成一种被他人喜爱的美称，说话者有时用它来表达自己对说话对象的恭维和称赞。

这表明，英雄可以指称各种卓越的人，甚至是令他人喜爱的尊称（类似中国武侠小说中江湖中人称"好汉""英雄"，甚至类似当今社会称呼他人"帅哥""美女"），表达的是对他人的尊重。可见，英雄一词的用法已然和德性一词泛指一切卓越或优秀的用法一样。这一现象背后蕴含的文化观念是值得我们注意的，"英雄"不只是一个战争的概念，它也是一个文化或人文概念。③

英雄作为巴塞列斯，有一个衰弱的过程，这一过程也是希腊国家形成的过程。在这一过程中，组织和团体的力量逐步变得更加强大，"群体中的普通民众抵制意欲成为国王、傲慢贵族者的野心"。④ 从这一背景来看，荷马时代的希腊人已经开始意识到战争乃至一般社会生活的顺利运转需要

① [古希腊]荷马. 奥德赛[M]. 王焕生，译. 北京：人民文学出版社，1997：117.

② 陈中梅. 荷马的启示：从命运观到认识论[M]. 北京：北京大学出版社，2009：268-270. 虽然罗念生译本中没有把这些希腊词译为英雄，而是进行了意译，显然有先入为主的概念设定。

③ 陈中梅. 荷马的启示：从命运观到认识论[M]. 北京：北京大学出版社，2009：278.

④ [美]伊恩·莫里斯，巴里·鲍威尔. 希腊人：历史、文化和社会[M]. 上海：格致出版社，上海人民出版社，2014：101.

不同阶层的团结合作。他们的实践思维开始发生改变，不再是赤裸裸的暴力和权势思维。

在战争中，英雄的个人能力和勇武诚然是获得战争胜利的重要因素，但总体上，军队的整体战斗力与团体合作更为重要。英雄在战斗过程中的英勇可以鼓舞士气，但战斗的最终胜利还是需要依靠军队的整体战术、布阵和战斗力，而这需要军队内部的团结合作。在史诗中，合作的重要性已被明确地意识到——"荷马时代的社会价值系统认为，个人追求自身利益的自由，无论从广义还是狭义角度来看，都会由于必须尊重他人的要求而受到某些限制，同样，这种自由有时也会受制于合作行为的要求。"①在战争中，"安静的美德是必需的，尤其是忠诚，否则即便是一伙强盗，更不必说一支军队，都不能成功地运转"。②

在荷马史诗中，除了战场上竞争的失败，道德上的错误也导致英雄受到批评。皮洛斯的老者涅斯托尔在调解阿喀琉斯和阿伽门农之间的争端时对阿伽门农说："你虽然很高贵，也不要去夺取他的少女。"③皮洛斯可能顾忌阿伽门农的权势没有直白地予以指责，但显然皮洛斯的观点内含了一种英雄美德之外的美德要求。虽然阿喀琉斯被阿伽门农的不公正行为激怒后退出战斗，导致希腊军队节节败退，这似乎显示了阿喀琉斯作为第一英雄的重要性，但从另一个角度看，这恰恰也说明希腊军队在合作上出了问题，阿喀琉斯只是合作中的一个环节。作为文学作品，史诗可能有意突出了英雄的重要性，但如果我们认真对待史诗透露出的完整信息，便可以从讴歌和悲悯英雄的激情中冷静下来，发现合作的重要性。《荷马史诗》中合作性的美德至少包括公正、忠诚（《伊利亚特》第二卷第 286 页、第四卷第157 页、第五卷第 715 页等处谈到对誓言和诺言的忠诚）、感恩（《伊利亚

---

① 罗维. 荷马史诗的道德本质[C]//赵蓉，译. 刘小枫，陈少明. 荷马笔下的伦理. 北京：华夏出版社，2010：131.

② Lloyd-Jones H. The Justice of Zeus[M]. Berkeley：University of California Press，1983：14.

③ 荷马. 伊利亚特[M]. 罗念生，王焕生，译. 北京：人民文学出版社，2003：12.

特》第十七卷第 144-147 页）等。

这种思维上的变化不仅表现在战争中，而且表现在对暴力和劫掠的态度上。从《伊利亚特》到《奥德赛》，已经有一些改变。在《奥德赛》中，抢劫行为已经开始受到批评。"长乐的神明们憎恶这种邪恶的行为，他们赞赏人们公正合宜的事业。有些人虽然凶狠傲慢地侵入他人的土地，宙斯赐给他们掳获物，使他们装满船只……但他们心里也害怕遭受严厉的惩罚。"①在《奥德赛》中，我们还看到各种不同的文化，比如费埃克斯人的文化，已经是一副"郁郁乎文哉"的文明社会的景象。一种不同于原始的崇尚勇武的柔性美德体系正在古希腊出现。

第二节 《荷马史诗》中的柔性美德析论

柔性美德与罗米伊提出的"柔和"概念相关。罗米伊所说的柔和与暴力、生硬、残酷相对立，它主要来自我们对他人的尊重、对苦难者的悲悯，来自一种谦虚的态度，或者来自正义感或者对暴虐的拒绝，并且它与对运用说服、追求宁静和遵守良好秩序以及对法律与和平的关注相一致。②柔性美德体现了古希腊人已经开始注重理性、和谐和爱的价值。这些美德在伦理观念上的出现和发展，推动古希腊社会逐步走向更加辉煌的文明和步入成熟的伦理社会。史诗中的柔性美德主要包括三个方面和层次：一是与非理性的、生硬的暴力相对的品质，如智慧、审慎等，它们仍然可以服务于战争，但其表现方式是理性、宁静和机巧的；二是与自我中心的英雄美德相对的品质，是合作性的，如公正、忠诚等；三是与残酷相对的柔软、温暖的品质，如怜悯、友善等。

首先，在战争中，具有暴力色彩的勇武在史诗中不是唯一主要的美德，计谋和智慧对于获得战争的胜利更为重要。从史诗叙事的进程来看，

---

① 荷马. 奥德赛[M]. 王焕生，译. 北京：人民文学出版社，1997：306.

② 雅克丽娜·德·米罗伊. 古希腊思想中的柔和[M]. 陈元，译. 上海：华东师范大学出版社，2016：1-3.

智慧逐步成为最重要的美德，史诗中有三个象征性的事件可以暗示这一点。其一，在特洛伊战争的后期，希腊人取得胜利的关键不是阿喀琉斯战胜赫克托，而是奥德修斯的木马计。其二，阿伽门农命运的结局。希腊联军统帅阿伽门农最后死于克吕墨涅斯特拉的阴谋，象征着传统英雄的失败，标志着战争中武力决定一切的价值观开始转变。其三，在《奥德赛》中，智慧和审慎的重要性进一步凸显。奥德修斯历经磨难，成功返回故土并夺回荣誉，主要依靠的是其智慧和审慎。作为一种象征，"身形巨大的波吕斐摩斯战胜不了在体力和身形上远不如他的奥德修斯，就是人类智慧对原始暴力的胜利"。① 在"力量和智慧的巨大反差中，我们看到，波吕斐摩斯不懂何者为大，因为他只相信体力"。② 与阿伽门农、阿喀琉斯等传统的英雄相比，奥德修斯是新时代的智勇双全的英雄典范。

其次，即便是在《伊利亚特》中，智慧也以"温和的话语"表现出来。阿伽门农在检阅克里特人的军队时，用"温和的话"对伊多墨纽斯说："伊多墨纽斯，在那些有快马的达那奥斯人中，我特别尊重你……你的杯子和我的一样都是斟满的，你的心可以随时叫你饮。你奋起战斗，像你从前答应的那样。"③在阿喀琉斯退出战斗之后，希腊联军试图想办法说服他重新加入战斗，挽救阿伽门农犯下的愚蠢错误。智慧的老者涅斯托尔这样说："让我们想一想怎样挽救，用可喜的礼物和温和的话语把他劝说。"④在这些类似的情况中，英雄们为了安抚或获得支持，懂得以"温和的话语"来实现目的，这是一种智慧的体现，它与暴力相反。

更为重要的是，从史诗的整体来看，荷马时期的希腊人很可能已经在实践上确立了理智的决定作用。根据陈中梅的研究，荷马时期希腊人已经

① 朱琦. 古希腊的教化——从荷马到亚里士多德[M]. 成都：西南交通大学出版社，2014：30.
② 程志敏. 荷马史诗导读[M]. 上海：华东师范大学出版社，2007：281.
③ 荷马. 伊利亚特[M]. 罗念生，王焕生，译. 北京：人民文学出版社，2003：89-90.
④ 荷马. 伊利亚特[M]. 罗念生，王焕生，译. 北京：人民文学出版社，2003：200.

在知识上有所成就，为后来的希腊人实现"从神话到逻各斯的转变"提供了准备，主要表现在五个方面：（1）神已经实质上退出了人的生活；（2）神谕和占卜受到质疑；（3）人们已经开始崇尚实证的观察和认识人与事；（4）已经具备了初朴的哲学意识，开始能够揭示事物的普遍性和共性；（5）开始提倡思考和伸张正义，鼓励言论自由。① 其中，最为显著的是阿伽门农和赫克托等英雄对占卜的质疑和普通人对占卜的冷漠。荷马社会中的英雄已然开始具备了"实事求是"的理智品格。

荷马时代的智慧不仅表现在战争中的策略和技术，还表现在共同体生活的组织之中，因而荷马社会具备了后来古希腊人所崇尚的实践智慧的初步形态。比如，前文所述的希腊各邦国之间存在的各种"制度"、习俗和惯例。荷马社会的运作并不是主要依靠暴力的维持，而是体现了一定政治智慧的制度化的运作。

史诗的故事总体上呈现了正义的一面，并对国王作为统治者的实践智慧有所表达。《奥德赛》中，门托尔劝告求婚者和围观者们："伊塔卡人啊，现在请你们听我说话，但愿再不会有哪位执掌权杖的国王仁慈亲切、和蔼，让正义常驻自己的心灵里，但愿他永远暴虐无度，行为不正义，如果人们都已把神样的奥德修斯忘记，他曾经统治他们，待他们亲如慈父。"② 雅典娜在众神面前为奥德修斯说话时又重复了这一段称颂奥德修斯的话语。③ 相较于阿伽门农和阿喀琉斯，奥德修斯更加具有实践智慧。而从他们的结局来看，奥德修斯无疑更加圆满一些。这大概是诗人向读者传达的一种正向的价值观念：统治者需要具备与"城邦制度"相匹配的实践智慧。

严格地说，智慧以及合作性的美德虽然使得荷马世界开始逐渐远离野蛮和暴力，但仍然与竞争性有紧密联系。然而，我们在史诗中还能发现许

---

① 陈中梅. 神圣的荷马：荷马史诗研究［M］. 北京：北京大学出版社，2009：306.

② ［古希腊］荷马. 奥德赛［M］. 王焕生，译. 北京：人民文学出版社，1997：27.

③ ［古希腊］荷马. 奥德赛［M］. 王焕生，译. 北京：人民文学出版社，1997：87.

多表现人性中独立于竞争的温暖情感和美德。它们甚至超出了特定共同体的范围，具有一定的普遍性和普世性。

其中，最为突出的是同情与怜悯。西方学者现在已经意识到，过去对《荷马史诗》的伦理研究呈现的是一种鼓励冷漠、追求荣耀、不关爱他人的伦理图景。但实际上，史诗在许多地方把对他人的同情和怜悯视为美德，无论是神还是人都表现出了怜悯。奥德修斯正是利用阿喀琉斯对希腊人的怜悯来劝说他重新参加战斗，因此，英雄的荣誉也要取决于他对同胞的保护和对他们的适当关爱。在荷马时期的希腊人看来，"如果一个人秉性严厉，为人严酷，他在世时人们便会盼望他遭不幸，他死去后人们都会鄙夷地嘲笑他。如果一个人秉性纯正，为人正直，宾客们会在所有的世人中广泛传播他的美名，人们会称颂他品性高洁"。①《伊利亚特》十六卷中，当阿开奥斯人在特洛伊军队的冲击下伤亡惨重时，帕特罗克洛斯泪流满面，是阿喀琉斯的执拗使得战局不利。他指责阿喀琉斯"硬心肠""冷酷无情意"。② 可见，在荷马时代，富有同情心和怜悯之心总是受人喜爱，为人冷漠严酷总遭人厌恶，这不仅是一种自然情感，而且已经成为一种较为普遍的社会态度。

即便在战场之上，怜悯甚至是对敌人的怜悯也有所表现。虽然学者们一般都认为，荷马世界的英雄往往冷漠无情，对荣誉的关心总是胜过对他人的关心和怜悯，不会为了他人的福祉而牺牲自己的荣誉，但阿喀琉斯向我们展现了另外一面。当老普利阿莫斯一个人来到阿喀琉斯身边向他要回自己儿子的尸体，火爆性子的阿喀琉斯对这一乞求做了让步。这个愤怒者和复仇者在他最悲痛的时候意外地软化了态度，接受了老人的哀求，并设法帮助老人顺利地把儿子的尸体运回特洛伊。因此，荷马笔下最暴虐的英雄实际上有着同情心。史诗的英雄伦理解读者可能会做出一个有力的抗辩：尽管赫克托被妻子声泪俱下的乞求所打动，但不能忍受逃避战争的羞

① 荷马．奥德赛[M]．王焕生，译．北京：人民文学出版社，2003：374.
② 荷马．伊利亚特[M]．罗念生，王焕生，译．北京：人民文学出版社，2003：375.

耻。但这只是英雄处于极端的悲剧困境中做出的艰难选择，不能说明英雄没有怜悯之情。

其实，怜悯在荷马史诗中出现的频率相当高，我们无需从文本中一一指出，正如米罗伊指出的，"实际上，人类的同情充满着两部史诗是毋庸置疑的，而且它并非一直不为人所知，它是各种专门研究的对象。"这使得"对荷马最有研究的学者们都承认人类的同情和怜悯已经渗透到了荷马的诗歌之中"。① 英雄的残忍、暴力、造成的死亡和苦难，都发生在你死我活的战斗中。但我们只要跳出搏杀的场景，便可以发现英雄和一般人身上的同情和怜悯，这是人性中的东西，这一情感超越了战争和种族。

如果说怜悯和同情是一种基于对他人苦难的被动回应，那么友善则是一种更加积极的美德。在史诗中，友善不仅表现为善良仁慈地对待同胞、熟人和朋友，更重要的是还表现为友好仁慈地对待"外乡人"。而且，这样的友善在史诗中是明显受人赞赏的。

在《伊利亚特》中，人们对友善的赞美集中体现在对帕特罗克洛斯的追忆和赞美中。墨涅拉奥斯说："你们要记住不幸的帕特罗克洛斯的善良，他活着的时候对所有人都那么亲切……"②史诗中还有几处称帕特罗克洛斯是"仁慈的""慈善的"。布里塞伊斯悲痛地哭诉帕特罗克洛斯的好："帕特罗克洛斯，不幸的我最敬爱的人……你劝我不要悲伤，你说要让我做神样的阿基琉斯的合法妻子，用船把我送往佛提亚，在米尔弥东人中隆重地为我行婚礼。亲爱的，你死了，我要永远为你哭泣。"③帕特罗克洛斯是史诗中一个友善之人的典型，他待人友好、善良，为身边所有人的称赞，他的温和、善良使他成为朋友和同胞的楷模。奥德修斯也是这样一位英雄，当人们回忆他在和平时期的统治时，总会怀想他的善良、温和与仁慈，表达

---

① [法]雅克丽娜·德·米罗伊. 古希腊思想中的柔和[M]. 陈元，译. 上海：华东师范大学出版社，2016：2.

② [古希腊]荷马. 伊利亚特[M]. 罗念生，王焕生，译. 北京：人民文学出版社，2003：430.

③ [古希腊]荷马. 伊利亚特[M]. 罗念生，王焕生，译. 北京：人民文学出版社，2003：467.

对他的爱戴和忠诚。

《奥德赛》则让我们看到友善的一种更加积极的形式。《奥德赛》一个突出的特点是强调对客人的友善责任，这一点被大多数研究者忽视了，因为他们在阐明英雄伦理时关注的是《伊利亚特》。在《奥德赛》中，国王阿尔基诺奥斯询问奥德修斯："哪些部族凶暴、野蛮、不明法理，哪些部族尊重来客，敬畏神明？"①这向我们暗示，荷马时代是一个多元文化的时代，是一个从野蛮向文明过渡的时代，一些部落已经趋向文明，友善好客。

在这些文明的部落中，热情地接待异邦人是文明人的标志，与野蛮人、没有正义的强盗相对立，迎接客人的礼仪、对客人的尊重是人们应当履行的义务，人们在履行这些义务时体贴、细致周到并尽可能做到慷慨大方，否则就可能落下不好的名声。因此，阿尔基诺奥斯见客人奥德修斯落泪时，打断了歌者的吟唱，说：

> "自从我们开始晚餐，神妙的歌人唱吟，这位客人便没有停止悲痛的叹息，显然巨大的痛苦袭击着他的心灵。请歌人停止吟唱，大家共享欢欣，主人和客人同乐，这样更为适宜。本是为客人，才有歌人的这些歌唱，送行酒和我们的那些热忱赠礼。任何人只要他稍许能用理智思虑事情，对待外乡来客和求援人便会亲如兄弟。"②

虽然友善好客、热情接待外乡人可能是宗教义务，因为"一切外乡人和求援者都是宙斯遣来"，③但这种义务本身以及履行这一义务的品行已经成为文明的重要标志。对异乡人的热情友好，比对待同胞和朋友的友善具有更加重要的意义，它体现了人性中乐观、善良的一部分，使得人类有可

---

① ［古希腊］荷马．奥德赛［M］．王焕生，译．北京：人民文学出版社，2003：155.

② ［古希腊］荷马．奥德赛［M］．王焕生，译．北京：人民文学出版社，2003：154.

③ ［古希腊］荷马．奥德赛［M］．王焕生，译．北京：人民文学出版社，2003：114.

能化解冲突，走向共同繁荣。荷马史诗中体现出的智慧、怜悯、友善等柔性美德，在深层次上体现了荷马社会古希腊人在社会生活中所看重的一些精神价值——理性与和谐。它们不仅体现在战争活动中，还体现在和平时期的生活中，成为这个时期古希腊人处理社会生活的重要原则。它们是对英雄德性所体现的激情和欲望的补充和纠正。

史诗中虽然充满神话，但从决策技术的层面看，荷马似乎更多地倡导了理性精神，而不是宗教的或神学。史诗在战争、人际关系、城邦与英雄的命运中总是讲神的旨意，似乎是神的意志在这些事件中起了决定作用。其实在荷马创作的时代，神已经离开了人的世界，人已经走到了世界舞台的中心。在这个意义上，"荷马史诗标志着集体思维和巫术仪式正在消亡——如果说还没有死亡的话，它表明当时人们的理性主义和个人主义的思维方式发展到了跟伯利克里时代的情形不相上下的水平"。①

尽管这种说法带有夸张的成分，但史诗通过叙事向我们呈现了理性的效用和重要性。如上文所述，荷马史诗中战争胜利的决定性因素，英雄在军事活动中对计谋和策略的使用等，尤其是奥德修斯的表现，体现了智慧、审慎、公正等柔性美德。这些美德蕴含的是一种理性的精神，它逐步成为古希腊人在各种生活领域进行行为选择、组织社会生活的重要原则。

虽然这里所呈现的理性还远远达不到古典希腊时期的水平，但它体现出荷马时期希腊人对自身思维能力的自信，这至少为后来古希腊的理性精神的张扬提供了开端和基础。从这个意义上讲，"后世的自然哲学家们延续了史诗人物用于质疑和求证的做法，把探查及实证的触角引入自然研究领域，缓慢然而却合乎情理地促成希腊学观的范式转变，至公元5世纪，已经比较牢固地确立起逻各斯在思想界的统领地位"。②

更重要的是荷马史诗中的理性精神在政治实践和伦理实践中的体现。荷马社会中人民大会的设置，对巴塞列斯的期望和限制，进而表现出人们

---

① 转引自程志敏. 荷马史诗导读[M]. 上海：华东师范大学出版社，2003：195.
② 陈中梅. 神圣的荷马：荷马史诗研究[M]. 北京：北京大学出版社，2009：332.

对国王和英雄在公正、仁慈等柔性美德等方面的要求。这实质上从两个方面展现了这个时期古希腊人在实践理性上的成就：一是用理性达成更为合理、有效的社会生活运作，以理性的制度性安排来调节社会生活；二是用理性要求来制约无节制的欲望和激情。

这些伦理与政治上的理性探索大致可以理解为迈锡尼时代的王宫制度崩溃后，社会结构中的不同力量相互冲突时，人们在这些力量之间寻求平衡和协调的产物。由此而来的思考，其对象"不是自然宇宙，而是人类世界：人类世界由哪些部分组成？哪些力量会使其内部出现分裂？如何统一协调这些力量？怎样在冲突之中建立城邦的秩序？"。① 随着对这些问题的不断深入思考，最终古希腊形成了最初的智慧，促使古希腊人形成一个不同于迈锡尼王权政治的新的社会组织形式。

荷马史诗中的柔性美德之所以为荷马时代的人们所看重，最终乃是因为他们对和谐的向往。战争是血腥的、苦难的，没有人愿意轻易身处其中。尽管战争是获取财富和功名的机会，但并不是每个人都向往这样的处境。所以，当希腊人与特洛伊人双方决定让墨涅拉奥斯与帕里斯决斗来结束战争时，"阿开奥斯人和特洛伊人很是欢喜，希望结束这艰苦的战争"。② 特洛伊战争结束后，墨涅拉奥斯表示："我宁愿拥有现在财富的三分之一居家中，若能使那些勇士安然无恙，他们都丧命于特洛亚，远离牧马的阿尔戈斯。"③历经战争苦难的人总是怀想宁静和谐的生活。

荷马社会之所以向往和谐，正是因为那个时代和谐是难得的。荷马社会缺少强大的"国家机器"，没有执行正义的第三方，就连王者奥德修斯的家庭也没有安全的保障。跳出神话，神的正义在现实的生活中并不出场，因而人们希望他人的柔性美德能够使自己远离争斗和暴力。所以，正义、

---

① ［法］让-皮埃尔·韦尔南.希腊思想的起源［M］.秦海鹰，译，北京：北京大学出版社，2012：31.

② ［古希腊］荷马.伊利亚特［M］.罗念生，王焕生，译.北京：人民文学出版社，2003：65.

③ ［古希腊］荷马.奥德赛［M］.王焕生，译.北京：人民文学出版社，2003：57.

仁慈、智慧这样的柔性美德才如此重要，它们是实现人们和谐生活的重要手段。正义、仁慈、智慧的巴塞列斯才能体恤百姓疾苦，维护人民利益，公正地处理城邦的事务。赫西俄德在《工作与时日》中也写出了这个时期人们的心声：

> "你要倾听正义，不要希求暴力，因为暴力无益于贫穷者，甚至家财万贯的富人也不容易承受暴力，一旦碰上厄运，就永远翻不了身。反之，追求正义是明智之举，因为正义最终要战胜强暴。"①

王权崩溃之后的黑暗时代，古希腊人渴望和谐，并开始为此而思考如何组织正义的社会生活，"古希腊人为了对抗这一残酷世界而树立了一种理想：追求正义的理想。这一理想是抗拒暴力和外力的第一道墙。……这样的正义所产生的效果就是制止罪行、不正当的战争、屠杀和各种各样的违规行为"。② 战争是荷马史诗的主题和背景，然而正是这一背景构成了荷马社会的古希腊人民憧憬和谐生活的动机。《奥德赛》末卷，雅典娜对战斗的人们呼喊：

> "伊塔卡人啊，赶快停止残酷的战斗，不要白白流血，双方快停止杀戮。"③

于是奥德修斯停止了杀戮，仇怨的双方订立盟约，享有和平。这或许就是史诗对和谐生活向往的最高表达。

荷马史诗向我们展现的是人类所盼望的不是苦难和混乱，而是一个安

---

① [古希腊]赫西俄德.工作与时日[M].张竹明，译.北京：商务印书馆，1997：213-224.

② [法]雅克丽娜·德·米罗伊.古希腊思想中的柔和[M].陈元，译.上海：华东师范大学出版社，2016：3.

③ [古希腊]荷马.奥德赛[M].王焕生，译.北京：人民文学出版社，2003：470.

宁的世界。人类的生命承受不起那么多不必要的苦难，践踏生命、滥用暴力、摧残人性绝不是人类的理想。在"恶毒的战争"①和杀戮中，希腊人和特洛伊人都失去了最宝贵的东西——生命和生活。特洛伊人山河破碎，家破人亡；希腊人得到了特洛伊人的财富，但失去了数不尽的生命、十多年的和平生活、物是人非的家园、等待重新收拾的旧山河。因而奥德修斯的回归家园充满着悲壮和凄凉，越发反衬出和平与宁静生活的可贵。相比其他英雄，奥德修斯是明智的，他在战争发动时就不愿蹚这趟浑水，只想留在家乡与妻儿安静、和美地生活。这昭示着人类所憧憬的就是安宁的、和谐的世界。

从后世的伦理观来看，荷马史诗中的柔性美德具有怎样的价值呢？要回答这一问题，我们需要理解这些美德在荷马社会生活中起到的作用，理解这些美德对于荷马时期人们生活的意义。更重要的是，要理解它们在古希腊人的社会演进和文明的发展中具有怎样的意义。

《伊利亚特》中，特洛伊战争起因于帕里斯对海伦及财富的欲望，正是帕里斯不明智的任性之举给了希腊人发动战争的机会和由头。战争开始之后，双方曾几度有机会达成妥协，终止杀戮，但欲望让双方重新陷入战争的泥潭。阿伽门农的贪婪和任性的优越感，阿喀琉斯的狂怒和复仇心，为希腊人带来了灾难和更多的死亡。希腊人的胜利一方面带来的是胜利者欲望的彻底释放，另一方面则是特洛伊城的毁灭，生灵涂炭。《奥德赛》中，求婚人的贪欲和无耻为他们自己挖掘了坟墓，奥德修斯的仇恨、残忍和冷酷导致了令人发指的屠杀。

虽然神参与了战争，但史诗中呈现的各种灾祸和苦难大抵上是人自身招来的，它们起因于人的争夺、欲望、贪婪和狂怒。特洛伊战争和奥德修斯的复仇本质上都是无节制的生存竞争，竞争背后的动机是泛滥的欲望。宙斯在《奥德赛》的开头明白地说："可悲啊，凡人总是归咎于我们天神，

---

① "恶毒的战争"是福尼克斯说的，参见[古希腊]荷马. 伊利亚特[M]. 罗念生，王焕生，译. 北京：人民文学出版社，2003：211.

说什么灾祸由我们遭送，其实是他们因自己丧失理智，超越命限遭不幸。"①炼狱般的战争是人间的悲剧，这悲剧始于人的过分的欲望和竞争，如果不加节制，人类大概永远处于这样的炼狱之中。但人的柔性美德扮演了节制欲望和竞争的角色，使得人类的生活还有希望。

勇敢、坚韧、冷酷、狡诈等英雄美德是基于竞争和欲望的，它们有助于竞争的成功和欲望的满足。但这些美德的无限制的释放造成的人类图景更像是"非人间"的，人类的世界沦为禽兽的世界，甚至比后者更为残酷，因为兽类大抵只是为了果腹，而人类的杀戮往往还为了满足生存之外的欲望。然而，人类的柔性美德使得人类世界不至于沦为禽兽世界。

从更加客观和全面的视角看，无论是在战场上，还是在家园，荷马英雄们还表现了"柔和"的一面。阿喀琉斯在泄愤之后回归了正常的心智和人性，对普里阿摩斯的同情、怜悯和帮助；奥德修斯在家乡为王时的仁慈、温和、公正与明智；帕特罗克洛斯待人处事的友善与温和；普里阿摩斯的仁慈；赫克托对家人的爱与眷念；阿尔基诺奥斯对外乡人的友好和体谅……从史诗中人们的言语和行动来看，人们对这些柔性美德充满了赞美和怀想，因而荷马社会的价值观念显然不是单极化的、贫乏的，以成功为指向的、基于竞争和欲望的美德主要是战争情境下的强势价值。作为荷马社会价值体系的重要组成部分，这些柔性价值观念的存在显然对竞争性的价值具有限制和约束作用。

因此，我们不难推断，英雄在激烈的战斗中表现出的残酷和愤怒，在掠夺、哄抢财富时表现出的自私和傲慢，可能是非常态的。一旦回复到平和的状态，柔性美德依然会显现出来。正是受到普里阿摩斯对儿子的深爱的感染，阿喀琉斯才会"良心发现"，表现出怜悯和温情。即便在战争时期，民众基于柔性价值观念形成的判断和舆论，也会对英雄的欲望和竞争行为构成一定的约束。阿伽门农正是在明智、公正的老者的劝说下，才会从利令智昏中清醒过来。这些柔性美德使得人的生活更加美好，让人与人

---

① [古希腊]荷马.奥德赛[M].王焕生，译.北京：人民文学出版社，2003：2.

之间的交往更加容易、顺畅，让人的世界更有凝聚性、更有人味、更有温度、更加和谐。

如柏拉图所言，荷马史诗教育了希腊人。古希腊哲学家经常引用荷马的诗句来表达或佐证自己的观点；亚历山大大帝甚至把荷马史诗当成军事教科书带在身边；后世学者试图在荷马史诗中寻求伦理资源来处理现代生活中的问题。一般认为荷马史诗是西方人文主义传统的源头，因而主要产生的是人文教化。但荷马史诗究竟能为我们提供怎样的教化呢？按照一般的观点，荷马史诗以英雄为典范，向后世展示了荣誉、卓越、勇敢、友爱等价值，激励人勇敢向上、不甘平庸。然而，我们应当看到荷马史诗中那些更加宁静与和谐的价值诉求，它们在史诗中不如英雄德性那样显白，但却更值得我们细细体味。

从教化的角度看，《伊利亚特》的总体走向是平息愤怒，从血气之勇和暴力走向宁静和柔和。阿喀琉斯的命运是一个反面典范：英雄未能平息愤怒，终遭天谴。其教化意义在于，我们需培育健康的灵魂与人格，要以理节欲。人要从任性转向理智，学会与他人和解，与自己和解，最终实现自身的内在和谐与外部世界的和谐。

《伊利亚特》第九卷从正面向我们展示了一个生动的教化场景：老人福尼克斯苦口婆心地劝说阿喀琉斯为拯救阿开奥斯人再次出战。他对阿喀琉斯说："阿喀琉斯，你要压住强烈的忿怒；你不该有个无情的心。天上的神明也会变温和，他们有的是更高的美德、荣誉和力量。"①这里福尼克斯表达了一个基本的观点：不要愤怒，要温和，讲感情。同时这里他还进行了"意识形态"上的灌输：神是可以控制自己的怒气的，人要向更高级的神学习，保持温和。当然这样的说教很可能对阿喀琉斯不起作用，接下来福尼克斯从两个更加人性化的方面来教化阿喀琉斯。

首先是身教。福尼克斯以自己的经历来教化阿喀琉斯。福尼克斯说他

---

① ［古希腊］荷马.伊利亚特［M］.罗念生，王焕生，译.北京：人民文学出版社，2003：213.

年轻时因为母亲的缘故与自己的父亲结下仇怨，他的父亲诅咒他不能生育，而且应验了。他很生气，想用锋利的短剑杀死父亲，但他在神明的劝告下平息了愤怒，没有这么做，然后远走他乡，来到了阿喀琉斯的父亲佩琉斯那里，得到了热心接待，后来深得佩琉斯喜爱，佩琉斯赠予他财富、土地和人民。

其次是情感教化。福尼克斯给阿喀琉斯讲述自己怎样像养育亲生儿子一样养育他长大，教他说话，教他战争和人民大会的事情，使他成为"会发议论的演说家，会做事情的行动者"。① 福尼克斯还回忆阿喀琉斯小时候的故事，讲他带阿喀琉斯去参加宴会，"把你抱起放在我的膝头，我使你吃饱先切出的肉，喂你喝酒。你在幼稚的难受当中吐出酒来，常常把我胸前起褶的衬衫打湿。我这样忍受很多痛苦……我因此想起众神不许我生个孩儿，神样的阿基琉斯，我却把你当儿子，使你保护我，免得遭受可耻的毁灭"。②

福尼克斯对阿喀琉斯的劝说既有"教"也有"化"，即道理和观念的灌输以及情感的感化。这样的教化既包含了正式的主流的"意识形态"的说教，也包含了生活中人之常情，使人在潜移默化中通达事理。《礼记·经解》中说："故礼之教化也微，其止邪也于未形。"这样的教化就是要化解暴戾之气，使人理智而温和，使人有人心，讲情谊。所以教化终归是"渐民以仁，摩民以谊，节民以礼"（《汉书·董仲舒传》）。

从这个意义上看，英雄德性其实无需教化，自然就会生成，因为这是人的自然禀赋，是人作为一种动物天然具备的，只要以一定的环境来刺激，人类自然会生发出英雄德性，因而教化更多地应当表现在柔性美德方面。当然，柔性美德本身也有自然之根，和英雄的性一样是人性中自然生长出来的，但从总体趋向上看，当英雄德性与柔性美德处于冲突的状态下时，柔性美德的实现更需要教化的介入。

---

① ［古希腊］荷马. 伊利亚特［M］. 罗念生，王焕生，译. 北京：人民文学出版社，2003：211.

② ［古希腊］荷马. 伊利亚特［M］. 罗念生，王焕生，译. 北京：人民文学出版社，2003：213.

如前所述，荷马史诗不仅向我们展示了战争与冲突，同时也展现了那一时期古希腊人生活中的诸多方面。战争只是一个背景，在这一背景下，神、英雄和普通人的恩怨情仇、生离死别等得以发生，荷马时代人的欲望、情感、理智、责任、品性也由之展现在我们面前。通过这一展现，荷马史诗并没有向我们提供普遍的伦理原则或道德法则，但它向我们呈现的是我们如何追求自身的生活，什么对于我们的生活具有重要价值，其中无疑蕴含着习俗或规范，它们构成了人类文明繁衍所依靠的伦理文化。

荷马史诗中呈现出的柔性美德虽然还没有上升到社会的"意识形态"，但史诗的描述表明"古希腊人的内心深处从一开始就充满着柔和"。① 也就是说，荷马时代的柔性美德是一个起点。在后来的发展中，这种以柔性美德为代表的伦理文化深深地扎根于人类生活之中，成为个体和群体在处理交往活动中达成的共识和共同奉行的原则。即便在利益和欲望的驱动下，人与人之间不可避免地发生不同程度的争吵和冲突，但由于这些共识性的观念的牵制，人类不至于无底线地相互伤害以致文明毁灭。

从更加积极的意义上看，荷马史诗中柔性美德作为一种价值体系被内化在古希腊的城邦制度之中，成为古希腊城邦文明的灵魂。虽然在整个古希腊时期，战争并未因为柔性美德的兴起而消失，但也正因为"残酷的战争不但没有削弱柔和，反而非常有可能通过两者之间的反差协助发现了柔和的价值。这是因为生活非常艰苦，人们向往更多的柔和。这是因为无处不在的暴力和复仇引发了人们对彼此的好感、慷慨和不计前嫌的怀念"。② 一旦柔性美德的价值经过人们对和平与战争的交替体验得以加强，人们便会思考将这些价值以法律或制度的形式加以确定。因而，正义、理性、友爱、和谐等柔性美德便体现在古希腊城邦的民主制度之中，再通过法律和制度的传承和演进，守护着人类文明的繁衍。

---

① ［法］雅克丽娜·德·米罗伊. 古希腊思想中的柔和［M］. 陈元，译. 上海：华东师范大学出版社，2016：118.

② ［法］雅克丽娜·德·米罗伊. 古希腊思想中的柔和［M］. 陈元，译. 上海：华东师范大学出版社，2016：120.

无论是古代还是现代，无论我们的生活方式发生怎样的变迁，我们的生活内容都无外乎衣食住行，男欢女爱，悲欢离合，喜怒哀乐，生老病死，如此种种。社会观念、伦理文化大抵就在这些生活内容中生成并用以应对生活中的各种问题，它们构成了人类文明的具体内容，而柔性美德则构成了这些内容的核心。

第三节　竞争抑或合作：荷马社会的重新反思

荷马史诗总体上给我们一个启示——人类遭受的苦难，幸福与和谐的难得，一方面在于人类是彼此依赖的，以群体的形式生活在一起；另一方面人的欲望、情感以及不确定的"命运"会破坏群体的和谐生活，这要求我们必须合作与团结。孤立的个体即便努力地使自己变得完善、卓越，也无法把握不确定的因素带来的伤害，从而失去我们在群居生活中看重的各种善，甚至自己的生命，因而我们的幸福极其脆弱。那么我们应该如何应对这一问题呢？

尽管人类作为一种社会性的动物这一事实是一个广泛的共识，但基于这一事实我们对我们为什么需要美德这一根本论题的理解却有不同的方式。以往的伦理思想尤其是亚里士多德的美德伦理思想，强调的是个体在社会关系中的挺立，美德更多地意味着个体的独立性和自足性。亚里士多德的伦理思想带有很强的荷马式的特点——美德意味着卓越。虽然卓越也包含柔性美德上的卓越，但总体上带有一种阳刚气质或男子气质，表现出对他人的优越感。这一特征在亚里士多德谈论大度（也译作豪迈或恢弘）这一美德时表现得尤其明显，亚里士多德认为大度的人"乐于给人以好处，而羞于受人好处。因为给予人好处使他优越于别人，受人好处使别人优越于他"。① 亚里士多德把大度的人视为美德的典范，因而把自足的和优越作

---

① ［古希腊］亚里士多德. 尼各马可伦理学［M］. 廖申白，译. 北京：商务印书馆，2003.

为一种标准引入伦理学，这样的立场实际上并未很好地承认人的依赖性。

麦金太尔说："从柏拉图到摩尔以及在那之后，除了极少数的例外，道德哲学家通常都只是浮光掠影地描述了人类的脆弱性、苦难和二者之间的联系，以及对他人的依赖性。"①麦金太尔在最新的著作《依赖性的理性动物：人类为什么需要德性》中对这一倾向进行了修正，他指出："很多情况下，我们的生存和幸福都要倚靠他人，因为我们要面对身体上的疾病和伤害、营养不良、精神缺陷和困扰，还有人类之间的攻击和忽视。"②生命的脆弱性、生存的依赖性使得人类的共处只有在德性的状态下才可能兴旺与昌盛，这才是人类生存的真理。

在麦金太尔看来，现代道德哲学也非常强调个人的自主性和做出独立选择的能力，这没有错，但理性的行动者的独立性德性的实现必须要伴随着承认依赖性的德性(virtues of acknowledged dependence)，这两种德性对于实现人类这种理性动物的潜能都是必要的。麦金太尔对此有一个生物学的说明，人类与动物当然有着本质上的差异，即理性能力上的差异，伦理学家们赋予这一差异以道德上的重要性，以此来说明人为什么要有道德和美德。但这未能考虑人与动物之间的相似性和共同性，人在肉体上与动物具有连续性和同一性，这也是人的身份。而人与动物的同一性使得人类同样是脆弱的，每个人都要依赖他人而生存。因此，承认人的脆弱性和苦难，以及由此导致的依赖性在道德上非常重要。③

麦金太尔的这一思想具有跨文化、跨地域的普遍意义。强调人的独立的实践理性能力、人的自主性和独立性，是一种积极进取的伦理进路，在某种意义上具有一定的超拔性；而强调人的脆弱性和依赖性是一种更加正视人类现实的伦理取向，任何具体的历史阶段，在任何文化中，人类作为

---

① [美]阿拉斯戴尔·麦金太尔. 依赖性的理性动物：人类为什么需要德性[M]. 刘玮，译. 南京：译林出版社，2013：6.

② [美]阿拉斯戴尔·麦金太尔. 依赖性的理性动物：人类为什么需要德性[M]. 刘玮，译. 南京：译林出版社，2013：6.

③ [美]阿拉斯戴尔·麦金太尔. 依赖性的理性动物：人类为什么需要德性[M]. 刘玮，译. 南京：译林出版社，2013：12.

有限存在物必定是有局限性的，因而都需要考虑依赖性。正因为如此，"所有地方性的共同体，在某种程度上是以人的生命的脆弱和无能性为背景的，并且内在地具有这种给予和接受的关系，因而在一定程度上是靠着依赖性的德性和独立性德性共同起作用才能维持下去的"。① 人类的脆弱性和依赖性为美德提供了一个更加扎实的基础，人类的生命与生存需要和平共处和相互依赖，基于依赖性的美德是人类繁衍和兴旺的前提。

荷马史诗中的英雄美德主要是"竞争性的美德"和"阳刚美德"，但荷马史诗中也存在"合作性的美德"、柔性美德。麦金太尔诉说的依赖性的美德大致相当于柔性美德，它强调的是人类共同体为了克服自身的脆弱对成员提出的品质要求，它是人类繁衍和兴旺所必需的美德。

任何人都不能完全掌握自己的命运，我们可以努力使自己的人生变得更好，或者躲避伤害，可以通过奋斗实现自己设定的目标，但我们的生活并不能完全遂愿。有许多我们意想不到的、无法掌控的东西会破坏我们的计划和愿望，因此，我们的目标越是高远，想得到的越多。荷马史诗中英雄的遭遇便向我们展示了这一点。阿伽门农被谋害，阿喀琉斯控制不住的愤怒、失去朋友后的悲伤与仇恨，奥德修斯家庭的危难，赫克托的悲壮，都是这些英雄们自己无法掌控的。被毁灭的特洛伊城的众生，就更不用说了。人类的幸福、爱、友谊、美德乃至生命，都是脆弱的，都需要外部的环境和条件，需要运气。当然，也正因为这些价值是如此脆弱，它们才如此珍贵。面对人类诸善的脆弱，我们能够做什么呢，我们需要具备怎样的美德呢？纳斯鲍姆在《善的脆弱性》一书中进行了回应。

纳斯鲍姆首先说明了人类的善为何脆弱。第一，人类的生活是关系性的，因而我们所看重的一些情感和价值也是关系性的，比如友爱，孤独的生活在价值上是频发的。这样一来，我们的幸福和善必定依赖于他人，这是我们无法控制的，必定与运气有关。因此，我们在追求和享有这样的人类价值时必定是要冒险的，我们对孩子、朋友和所爱之人的关怀，所有这

---

① 龚群. 德性思想的新维度[J]. 哲学动态，2003(7)：43.

些关怀和情感，都会把珍惜它们的那个人，以某种方式置于受到运气支配的境地。第二，我们生活中的价值是多样的，而且许多价值之间是不可相互还原或通约的，比如友情、爱情和亲情，事业的成功与家庭，社会责任与家庭责任，美德与财富，等等，它们之间往往存在偶然冲突，而这种冲突就使得我们很难追求所承诺的一切价值。也就是说，社会生活的复杂性和不确定性，让我们每个人都无法在价值冲突中全身而退，无论如何选择，都将面临失去，甚至产生恶。第三，如果情感本身作为人类好生活的构成要素而具有价值，那么这个事实也就把行动者与自我无法控制的偶然事件联系起来。①

纳斯鲍姆对于善的脆弱性的思考告诉我们，人类共同体生活最重要的不是获得满足，而是维护人类生活的价值的多样性及其完整性。人类生活的价值的多样性和完整性是脆弱的，但同时也是人类真正应当珍视的美好生活的实质，"一方面就像花朵那样美丽，另一方面就像花朵那样脆弱"。②那么，人类应当如何去维护这美丽的花朵呢？

纳斯鲍姆认为有两点尤为重要。一是人的现实行动，只有通过行动，而不仅仅是理性的沉思，才能把善的观念变成现实，人类才可能实现好的生活。面对人类善的脆弱性，我们既不能无视外在于我们的条件、偶然性和运气，也不能妄想以理性来绝对地摆脱它们。我们需要采取中庸的态度，冷静地承认并接受生活的无常，在行动上通过积极的社会合作来尽可能地把握我们的生活，尽可能地实现我们的美德。二是交流，我们的生活是关系性的，我们看重的价值是关系性的，而交流是联通关系各方的桥梁，因而交流对于这些价值的实现极其重要。没有思想和观念的交流、行动的施予与回应，关系各方将是孤独的、冷漠的、充满隔阂的，不仅善不能实现，还可能产生误会与恶。但是"他们如果敞开心扉、迈出了交流的

①　[美]玛莎·纳斯鲍姆. 善的脆弱性[M]. 徐向东，陆萌，译. 南京：译林出版社，2007：25-26.
②　[美]玛莎·纳斯鲍姆. 善的脆弱性[M]. 徐向东，陆萌，译. 南京：译林出版社，2007：471.

第一步，后面的活动就有可能得以展开，关系性的善也才有可能得以实现"。①

纳斯鲍姆的思想对于当今世界的人类处境具有极为重要的启示。当今世界面临的共同问题要求未来世界真正走向全球化，然而在竞争性概念的主导下，这种全球化将遥遥无期，不合作、对抗与分离正在愈演愈烈。纳斯鲍姆对善的脆弱性的讨论再一次提醒我们，人类美好生活本就脆弱，我们应当更加理性、更加团结、更加有力地行动起来。个体的完善离不开外部环境和其他人的状态，没有人可以独善其身。我们有许多关于美好生活和美德的观念，但如果我们不能真正行动起来，这一切都将是镜花水月。美好生活要求我们尽可能地远离厄运，这需要合作性、友好的国际政治安排，这样才能有一个好的外部环境。这一过程就是将人类的柔性美德原则化、制度化的过程。

2018年3月23日，美国总统特朗普在白宫正式签署对华贸易备忘录，打响了中美贸易战的第一枪，到目前为止，这场没有硝烟的战争仍然没有落下帷幕，而且还有愈演愈烈的趋势——美国开始封杀中国的高科技企业。贸易战是全球化进程中一种典型的国际冲突表现。在利益冲突问题上，现代社会似乎很少像古代社会那样采取直接的暴力解决方式，而且古代社会还常常通过武力掠夺获取物质财富。我们也因此把现代社会称为文明的，把古代社会称为野蛮的。然而，现代人真的能如此自信吗？

当代世界存在着"文明"的野蛮，还存在着赤裸裸的野蛮。当代法国思想家埃德加·莫兰（Edgar Morin）说："三百万年的人类演化可谓漫长，但至今人类精神及意识依然不成熟，人类的自我完成过程中充满着幼稚、残缺和野蛮，这在情绪激昂的文化主义、民族主义和国家主义中随处可见。全球恐怖组织IS以宗教的神圣之名大肆杀戮，捣毁千年文物和图书馆，也印证着人类可以轻而易举地重新堕入野蛮。"②当今世界诸如此类的野蛮事

---

① 叶晓璐. 交流与善——读纳斯鲍姆《善的脆弱性》[J]. 哲学分析，2012（2）：195.

② [法]埃德加·莫兰. 伦理[M]. 于硕，译. 上海：学林出版社，2017：9-10.

件时有发生，虽然并未发生在我们的身边，但我们不能假装不知道。人类社会的"返祖"现象并非个案性的，此时，美国的航空母舰正集结在中东海湾，威胁着伊朗，正如阿伽门农率领的希腊人兵临特洛伊城下。

贸易战、商业制裁等"文明的野蛮"与恐怖袭击、军事威胁等"赤裸裸的野蛮"在本质上是一致的，都是出于欲望与竞争的不理性的行为。当今世界并非没有相关的条约、文件、伦理观念和共识来应对这些冲突，这是现代人类文明的一面，但一旦涉及不可调和的信仰冲突和利益冲突时，一切条约和文件便成为废纸，所有的伦理观念和共识都成为废话，这便是人类返祖式的野蛮。这时，正义、仁慈等柔性美德被欲望、愤怒遮蔽了。在现代社会的群体或国家内部，柔性美德以制度或律法的形式原则化了，但这种原则化并未推衍到群体间或国际社会。因此，现代虽然人具有精致的伦理观念和信念体系，但并未将这些观念和信念落实到实践中，因而在行动层面，现代人出现了返祖的现象。

不可否认，现代社会的道德更为成熟。在思想层面，现代社会拥有复杂的、系统化的道德观念、思维和话语体系；在实践层面，现代社会将柔性美德原则化并在世界范围内予以实践，即便在武力冲突中，仍然在不同程度上兼顾柔性美德。但我们与荷马时代在伦理反思上的差距远远大于二者在实际的伦理运作上的差距。试想一下上面谈到的现代社会在柔性美德制度化不充分的国际关系和全球化活动方面的表现，我们便不会如此自信地、理直气壮地宣称荷马时代在道德上是原始的、野蛮的。荷马时代的野蛮主要表现在敌对城邦之间的军事冲突和群体内部的权力更迭之中，然而，现代社会在国际军事冲突和国家内部的权力争斗中同样存在着野蛮行径。在这个意义上，我们的伦理实践模式在很大程度上仍然存在着与荷马时代相同的问题，即柔性美德原则化的不足。

当今世界的种种恶行与返祖，正是源于我们与柔性美德相背离的欲望和竞争。这些恶行还俨然披着文明的外衣，文明已经被物化，而不是人本身的面貌。我们已经迷失了本真的生活，沉迷于所谓的"发展"之中，弄不清为什么要科技的进步、经济的增加、财富的积累，为什么要变得强大。

人类现今所谓的"发展"是人类生活的便利化：我们的移动更加迅速，交流更加便捷，武器更加厉害……更快、更高、更强。然而我们并未因此而更加愉悦、更加善于交流，隔阂也并不因此而消除，世界也没有因此更加和谐。人类已经把手段变成目的本身，把发展变成掠夺和傲慢。然而，我们应该关注的是，我们是否会生活得更加有质量：是否更加健康、更有尊严；是否不受暴力的伤害和羞辱；是否能够自由地思考、体验和表达自己的情感；是否能够关心他人也被关心，爱人也被爱；是否能够关心和尊重自然并从自然中获得快乐；是否懂得享受生活；是否能够发现自己的才能和天赋并去实现……

为此，我们要推进柔性美德在"世界社会"层面的原则化，我们需要使柔性美德获得更大的支持力量。"我们需要一种寰球权利和机构，以便勇敢地面对人类生死攸关的重大问题，它至少需要对联合国进行一次革新，从而在未来实现各国间的联盟及全球民主化。……它需要一种文明政治和一种人性政治去取代发展政治。它需要每个人在心灵中深深刻上一种既是伦理也是政治的意识，作为先决条件和结果，一种归属于同一个地球祖国的意识。"①

第四节　走向类伦理：马克思的制度伦理

美德伦理学的当代复兴，一个重要的动机就是试图消除现代伦理体系内部的冲突，调解由现代伦理观念导致的伦理生活的内在冲突。在麦金太尔看来，现代伦理体系是混乱的，这种混乱源于现代生活的价值多元化。各种伦理理论在对待同一道德问题时，采取了对立互竞的原则和立场。比如，在对待战争问题时的"正义与无辜"原则和"胜利与生存"原则之间的对立，对待堕胎问题时的"权利"原则与"可普遍化"原则之间的对立，分配正义领域中"平等"原则与"自由"原则之间的对立，这些对立原则和立场是不

---

① ［法］埃德加·莫兰. 伦理［M］. 于硕，译. 上海：学林出版社，2017：243.

可公度的。① 他相信，必须回归以人的善为目的的美德伦理学，以便重新建立道德的一致性。亚里士多德主义美德伦理学为伦理学提供了一个不可辩驳的基础，即人的幸福。各种原则和立场，都应当以人的幸福为旨归，否则，伦理学本身将是不可理解的。无论是正义、平等、自由还是人权等价值原则，最终都要指向人的幸福生活。

当然，不可否认的是，伦理学也应当为公共生活提供规范性标准，但这些标准只是服务于人类生活的手段和制度性设计，当它们产生了与人的幸福生活相背离的后果时，就值得反思了。赵汀阳尖刻地说："现代社会是一个'喻于利'而且见利忘义的小人社会，为了给小人社会建立秩序，制度问题变成了首要问题，于是的德性问题衰落了……现在，现代社会的弊端已经积累到了几乎完全毁掉了生活的幸福的地步，人们在空虚的快乐中饮鸩止渴，幸福和德性的问题才卷土重来。"② 赵汀阳或许言过其实，但他指出了现代伦理学的一个重要缺陷：沉迷于为社会生活和个体行为制定伦理规则，对人们的生活态度和观念则放任自流。这表现了现代伦理学高务实的精神气质，即应对当下的社会生活，放弃了对人类理想存在方式的构想和努力。现代伦理学似乎只是在消极应对日益脆弱的现代生活，而无力顾及人本身的积极发展。现代人将一切"乌托邦式的"未来理想生活规划都视为不切实际的，因而对它们彻底失去了兴趣，这就如同一个人失去了美好理想，无可奈何地应付当下的现实一样，关闭了通往理想生活的大门。应当说，处于具体历史背景下的特殊个体可以选择这种生活态度，但作为引导整个人类生活信念的观念体系，伦理学不能采取这种消极态度。伦理学应当始终保持一种理想生活的开放性与可能性，这是伦理学本身的合法性所在；否则，人类生活将只需要各种行为规则体系，真正意义上的伦理学将成为多余之物。

因此，伦理学的一个重要使命应当是在人类理想生活与现实生活之间

---

① ［美］麦金太尔 A. 追寻美德［M］. 宋继杰，译. 南京：译林出版社，2003：9.
② 赵汀阳. 论可能生活［M］. 北京：中国人民大学出版社，2004：89.

架设一条可能通达的桥梁，其指向是人类可能的优良存在方式。伦理学的根本问题是人的生活问题，即什么是人类好的生活，在此基础上，我们探讨什么样的行为方式、品质、社会制度能够实现、促进和创造好的生活。亚里士多德主义伦理学提供了一种理想生活概念，并设立了一条通往这种理想生活的可能途径。

富特与赫斯特豪斯的思想实际上是将人的美德视为一种自然的优势，这一优势是人类能够兴旺发达的重要原因。发达的理性使得人类能够对自身的繁荣作出反思，意识到原始的互助精神以及各种有利于人类生存的特征很可能就是我们今天称为"美德"的源头，是人类能够繁衍至今的重要原因。然而，问题在于人的理性本身。虽然我们意识到美德有助于人类的兴旺，但我们也非常清楚，不履行互助行为，甚至是损害他人的行为也可以获得自己想要的生活。如果一匹狼具有这种理性的话，它也可能在合作中消极怠工，或者干脆不履行合作行为。人的理性使得人产生了一种"道德投机行为"或者"逃票行为"，试图偷偷地逃避责任却又分享权利。

因此，富特与赫斯特豪斯的论证对于人类总体的幸福可能是有效的，但对个体自身的幸福却不一定有效。为何美德可以成为人类的生存优势，使人类兴旺繁衍，却不能有效地成为个体的生存优势呢？问题的根源之一或许在于，人类相对于其他物种绝对的生存优势使得人的生存竞争不是发生在人与其他物种以及自然之间，而是发生在人与人之间。人类登峰造极的生存技术和能力已经弱化了美德的作用。我们更多考虑的不是如何互助协作来维持生存，而是如何比他人占有更多的资源和财富，如何比他人活得更"好"。在这一点上，心理学家阿德雷是正确的，他认为同类中外部的敌对与灾难的压力越大，内部的友善和团结就越强。[①] 所以，人类的残酷、恶劣竞争以及互助心理的弱化在很大程度上是因为外部威胁的弱化，但在自然灾难降临时我们往往会迸发出互助的激情，与常态下的冷漠和自私形成鲜明的对比。

---

① 转引自郑也夫．神似祖先[M]．北京：中国青年出版社，2009：258．

当代的亚里士多德主义者似乎没有认真对待这样一个事实，在亚里士多德时代，公民追求美德，不会考虑物质条件，因为有大量的奴隶为公民服务，他论说的德性甚至只是"为公元前 4 世纪居住在数万人而不是数百万人的城邦中的雅典贵族打算的"。① 在现实的物质条件水平之下，人类的欲望和虚荣心，人与人之间的横向比较和竞争使得幸福不能成为普遍物。在激烈的社会竞争中，个体获得幸福主要不是依靠作为道德德性的美德，而是非道德意义上的自然德性，如高智商、身体的优势等天赋能力。因此，美德与个体自身幸福之间的关系完全不同于美德与人类总体幸福之间的关系。如果人是依靠某种优势来获得幸福，那么从类的层面来看，美德可以充当这一优势，但从个体的层面看，美德并未充当这一优势。因此，当代美德伦理学本身存在一个缺陷，即忽视了外部制度的作用。外部制度不仅仅有助于塑造个体性格，还有一个更重要的作用——为个体过有美德的生活提供生存处境之前提。我们可以在马克思的道德哲学中找到这一思想资源。

我们解读马克思的道德哲学或者伦理学有一个预设，即马克思拥有一种道德哲学。② 不过，关于马克思是否有一种道德哲学，国内外学界还存在争论。这一争论源于艾伦·伍德（Allen W Wood）在 1972 年发表的一篇题

---

① ［美］大卫·福莱. 从亚里士多德到奥古斯丁［M］. 冯俊，等译. 北京：中国人民大学出版社，2004：148.

② 本书把伦理学等同于道德哲学。虽然黑格尔以及当代的伯纳德·威廉斯等人分别从不同的角度明确地对"伦理"和"道德"这两个概念进行了有意义的区分，但这不意味着我们需要对道德哲学和伦理学要进行相应的区分。即便我们承认伦理和道德之间的区分，这两个概念指涉的内容都属于伦理学或者道德哲学的研究范畴。如果我们要以伦理和道德的区分来区分伦理学和道德哲学的话，那么我们可能就要根据具体的理论主张来对不同的理论分别用伦理学和道德哲学来称谓，比如，亚里士多德伦理学而不是亚里士多德道德哲学，康德道德哲学而不是康德伦理学，功利主义道德哲学而不是功利主义伦理学。显然，这是不必要的。实际上，伦理学和道德哲学在当今学术界的使用并无严格区别，我们通常只是根据自己的习惯使用不同的说法。西方学术界通常认为道德哲学不过是伦理学的别称，比如，彼特·辛格在《大英百科全书》中就把伦理学与道德哲学等同。参见 Peter Singer. Ethics ［M］//Encyclopedia Britannica. Chicago：Encyclopedia Britannica Inc.，1985：627-648.

为《马克思对正义的批判》的论文。伍德认为，正义本身是马克思批判的对象，马克思的思想没有关于正义的道德观，是一种"非道德论"。① 这一论点后来为理查德·米勒（Richard W Miller）、安东尼·斯金伦（Anthony Skillen）等人进一步发展。他们认为，马克思的理论是一种科学，没有道德价值主张，道德本身是作为虚假意识形态而被马克思批判的。以科亨（Cohen G A）、胡萨米（Husami Z I）、布坎南（Allen E Buchanan）等人为代表的反对阵营则认为，虽然马克思的理论中很少对道德进行专门的论述，没有一个成体系的道德哲学，但还是有非常明显的道德价值主张的，如自由、尊严、正义等，马克思以这些道德价值作为批判资本主义的价值基础。在这一争论中，国内学界普遍接受的事实是，马克思无论是在其早期思想中还是成熟阶段的思想中，都具有明确的道德价值诉求。一个被广泛使用的证据是，马克思在很多地方使用了"剥削""盗窃"等有着强烈道德价值指向的字眼，因而马克思是有其道德立场的。然而，事实上马克思同时又反感谈论道德。但这不代表马克思自身没有道德立场，他之所以不愿意用道德作为批判的武器，罗尔斯谈得很清楚："马克思对关于道德理想（特别是关于正义、自由、平等和友爱的道德理想）的纯粹说教持怀疑态度。他怀疑那些基于虚假的理想主义的理由而支持社会主义的人。他认为，即使从这些理想的角度来看，基于这些理想而对资本主义所做的批判也可能是非历史的，而且会误解推进社会主义事业所必需的经济条件。"② 从另一个角度看，马克思反对用道德的方法对资本主义进行批判，主要是反对用于规范一定社会制度下个体之间关系的传统的伦理学，而他要批判的是社会制度本身。然而，即便我们承认马克思具有明确的道德立场，但这还不能说明马克思具有某种道德哲学以及何种类型的道德哲学，其理论中至少

---

① Allen W Wood. The Marxian Critique of Justice[J]. Philosophy and Public Affairs, 1972, 1(3): 244-282. 在更早的时间，维尔纳·松巴特（Werner Sombart）提到过，在马克思的理论中有反伦理的倾向，不存在任何伦理观点和预设。参见 Tucker R. Philosophy and Myth in Karl Marx[M]. Cambridge: Cambridge University Press, 1961: 12.

② [美]罗尔斯. 政治哲学史讲义[M]. 杨通进，等译. 中国社会科学出版社, 2011: 371.

要有一个较完整的伦理学理论架构，而这需要我们做进一步的分析。

上述争论主要是基于马克思的文本所做的分析，而忽视了从伦理学或者道德哲学本身的内涵方面进行分析。问题的关键在于我们不能以形式化的伦理学概念体系来界定伦理学，"马克思没有形式化的伦理学文本这一事实决不意味着马克思哲学没有伦理学的向度"。① 我们应当从回答实质性的伦理学问题的角度来理解伦理学。如果我们把伦理学理解为是回答伯纳德·威廉斯所说的苏格拉底问题——"我们应当如何生活"，② 那么马克思是否具有道德哲学这一问题将得到很好的回答。威廉斯这种对伦理学的界定与国内伦理学界的观点是一致的。唐凯麟认为，"任何一个时代的伦理学，实际上都是那个时代关于人的生存意义和人生价值的理论表现，都是对人的生存、发展和精神完善化的理论反思。……人的存在、发展及其精神完善化乃是伦理学的主题，换句话说，伦理学的一切问题就是围绕人的生存和发展这个方面而展开的。"③如果依此理解伦理学或者道德哲学，那么马克思毫无疑问具有一种伦理学或者道德哲学。马克思的早期文本，尤其是《1844年经济学哲学手稿》（以下简称《手稿》）中，我们可以看到马克思有一种明确的关于人应当如何生活的观点；扩大言之，马克思的整个理论也是围绕人的生存与发展而展开的。因此，我们说马克思拥有一种道德哲学是不成问题的。那么，现在的问题是马克思的道德哲学究竟是何种道德哲学？

西方学界对马克思的道德哲学类型或性质的研究并不少见，形成了多种观点，这些观点几乎涵盖了所有规范伦理学类型及其各种变种。国内也有学者较为系统地梳理了西方学界对马克思道德哲学的各种类型分析，论

---

① 张盾. 马克思哲学革命中的伦理学问题[J]. 哲学研究，2004(5)：3.
② Bernard Williams. Ethics and the Limits of Philosophy[M]. Cambridge：Harvard University Press，1985：1.
③ 唐凯麟. 论伦理学的逻辑起点———一种依据马克思主义文本的阐释[J]. 湖南社会科学，2004(1).

述了马克思道德哲学与主要的规范伦理学理论的联系和区别。①这些分析者把注意力集中在用马克思的相关思想内容和具体的规范伦理学主张进行比对，但没有意识到一个根本性的问题，即马克思的道德哲学根本就不属于传统意义上的规范伦理学。这是因为，传统意义上的规范伦理学与马克思道德哲学的根本宗旨是不同的。规范伦理学旨在提供道德标准，对个体行为(或者政府政策和行为)或者个体人格和生活方式提出道德要求。在传统的西方规范伦理学理论中，无论是"以行动为中心"的功利主义和义务论，还是"以行动者为中心"的美德伦理，它们都对个体的行为提出了道德要求，要求个体的行为合乎既定社会的道德标准，尽管它们各自提供理由的方式不同——功利主义关注的是行为的后果，义务论关注的是行为本身，而美德伦理则关注行为的推动者、行为者本身。马克思的道德哲学与传统的规范伦理学存在两个根本差别。第一，马克思的目的显然不在于为个体(或者政府)行为提供道德标准，马克思的理论旨趣不在于此。即便我们可以根据马克思的价值主张，推断他会对个体(或政府)提出怎样的道德要求，但这种推断得出的最多是马克思主义的道德哲学，而不是马克思本人的道德哲学，或者我们只能说马克思道德哲学对于规范伦理学的理论发展具有开放性。第二，马克思真正的理论意图不是对道德主体提供行动指导或者生活指导，而是通过社会制度的变革改变人的生存状态；马克思道德哲学的关注点不是为个体或政府提供道德标准，而是寻求人类良善生活的组织形式及其制度实现方式，并对这一制度实现方式进行科学的说明。马克思并不是要"寻找或制定具有普遍有效的道德准则，他把人的价值实现和完善当作伦理思考的最高对象"。②

所以，马克思的道德哲学从根本上就不属于任何一种传统意义上的规范伦理学。换言之，传统意义上的道德哲学要考察的问题是，作为个体的

---

① 国内学者的相关研究参见张霄. 马克思主义伦理学与西方规范伦理学的联系和区别[J]. 道德与文明, 2015(3)：119-125. 江雪莲. 结果论还是非结果论？——西方学界对马克思主义伦理学理论性质的研究[J]. 马克思主义与现实, 2004(3)：91-98.

② 罗秋立, 何良安. 马克思的道德哲学批判[J]. 伦理学研究, 2004(6)：95-99.

我们应当具有什么样的美德或者应当如何行动，并对这些问题的回答进行辩护。但马克思关心的显然不是回答这些问题，他关注的是我们应当过怎样的生活，为此我们应当有怎样的制度，以及这样的制度如何实现。换言之，马克思道德哲学指向的是，我们应当建立怎样的社会制度才能实现合乎人类本质的好生活，才是正义的。在这个意义上，他的道德哲学更像是一种制度伦理，即运用一定的伦理原则对制度进行价值评价以及对制度所应追求的伦理价值进行论证。高兆明认为：制度伦理作为一种特殊的伦理道德类型以制度为核心内容，它所关注的是制度的伦理特质、伦理属性，其主旨在于指向并揭示"什么是好的制度"，"一个好的制度应当是什么样的"，"一个好的制度何以可能"。① 相对于传统道德哲学，制度伦理发生了两个转变：一是关注点从个体向关系的转变，二是伦理价值上从个体人格和行为的善向正义的转变。传统的道德哲学是一种个体性的道德，重在对个体提出道德要求，进行道德上的说理、教化和指导，强调个体的道德能动性和责任。制度伦理看重的则是个体生存的制度环境，因而更强调制度的价值及其重要性。

　　总体上看，马克思的道德哲学有两个主要的内容，一是提供了对我们应当如何生活这一问题的回答，这样的生活需要怎样的制度，这部分内容是关于善的伦理论证，主要是其早期作品中道德哲学讨论的对象；二是这一制度何以实现，这部分内容是关于实现善的社会制度的正义性的科学论证，主要是成熟时期马克思道德哲学讨论的对象。前者是对应然制度的自然主义伦理学论证，它以作为"类存在"的每一个体的"善"为目的和伦理价值，后者是关于应然制度的历史唯物主义论证，是与前者提出的伦理价值相一致的科学论证。因此，马克思道德哲学的性质可以概括为善与正义相统一的制度伦理。或者借用其他学者的说法，这一观点也可以表述为，马克思的道德哲学"既包括一个关涉人的自然生命和权利的个人向度，又包

---

① 高兆明. 制度伦理研究[M]. 北京：商务印书馆，2011：40.

括一个关涉制度批判和革命的社会向度"。① 下文将对这一观点从上述两个方面进行阐发，并说明这两个方面之间的一致性和统一性。

在《手稿》中，马克思对人的善或幸福进行了人本主义的阐释。马克思在规定人的本质时指出，劳动或生产活动才是人的类生活，它是自由的有意识的活动，是体现人类的整体特性和类特性的生命活动。因而人的有意识的生命活动把人和动物的生命活动直接区别开来，正是由于这一点，人才是"类存在物"，人的生活才是自由的、有尊严的。马克思所表达的善是一种非道德的善，用亚里士多德的术语来说，这种善就是人的至善，即幸福。它是人的最高目的，"意味着自由地成为一个完整的人，也即自由地、尽情地发挥我们所有的生产力和表达能力"。② 同时，马克思还认为："只有在共同体中，个人才能获得全面发展其才能的手段，也就是说，只有在共同体中才可能有个人自由。"③

由此可见，马克思和亚里士多德的道德哲学存在两个相似点。第一，马克思和亚里士多德一样，设定了人的本质，基于这一设定规定了人的本质存在状态，认为人的应然生活是对人的本质力量的实现。第二，他们都强调个体的幸福必须在共同体中才能实现。由此，约翰·萨默维尔（John Somerville）等西方学者把马克思的道德哲学视为亚里士多德主义的。萨默维尔对马克思道德哲学的解读是："伦理学必定是一种关于人类如何获得幸福的理论。人的幸福是什么以及如何获得就要取决于人是什么、人的生成、需要、欲求及潜能，这些可以由我们的经验加以确定。重要的是，人是一种理性动物，同时也是一种政治动物。因而幸福的获得取决于两个方面，一是人全面的发展以及理智的运用，二是通过有意识地设计与人类最

① 李佃来. 追寻马克思哲学的道德基础[J]. 山东社会科学，2015（10）：5-12.
② [美]乔治·麦卡锡. 马克思与古人：古典伦理学、社会主义和19世纪政治经济学[M]. 上海：华东师范大学出版社，2011：149.
③ 马克思恩格斯文集（第1卷）[M]. 北京：人民出版社，2009：119.

大幸福相一致的制度来建立社会。"①持相似观点的还有艾伦·纳瑟(Alan G Nasser)。他认为，马克思的理论把人的特有功能与幸福的实现作为最高价值，是一种本质主义，是马克思批判资本主义的价值基础，这一理论与亚里士多德伦理学的运思方式是相同的；在这个意义上，马克思对资本主义的批判的核心就是以人的本质作为"应然"尺度来审视资本主义制度下人的实然状态。②

马克思与亚里士多德的道德哲学都有一种自然主义的伦理路径，把内在于人的本质和需要作为道德价值的来源，同时他们也都认为，这种价值的实现需要诉诸政制，但他们之间的相似性仅此而已。事实上，马克思和亚里士多德之间存在着巨大的差异，使得我们不能把马克思称作亚里士多德主义者，也不能把马克思的道德哲学视为美德伦理。

亚里士多德指望伦理学能够从理智上启发人自觉地按照人的德性去生活。如麦金太尔所言，"在亚里士多德的目的论体系中，偶然所是的人与实现其本质性而可能所是的人之间有一种根本的对比。伦理学就是一门使人们能够理解他们是如何从前一状态转化到后一状态的科学。"③当然，对于亚里士多德而言，这样的人是少数，多数人要依靠城邦制度的牵引和强制才可能趋向合乎德性的生活。在亚里士多德看来，问题的关键在于人自身，他并不认为雅典的奴隶制下的城邦政制本身是不合理的，只是认为城邦的政治运作应当按照人的德性实现来安排。因此，亚里士多德的伦理学是给高尚的人准备的，只有有志于过德性生活的人才能通过学习伦理学，在理智的指引下学习如何获得幸福和美德。因而《尼各马可伦理学》在论述了善之后，转向了该书的主要论题——美德是什么以及如何获得美德。马

---

① John Somerville. The Value Problem and Marxist Social Theory[J]. Journal of Value Inquiry, 1978(2)：54.

② Alan G Nasser. Marx's Ethical Anthropology[J]. Philosophy and Phenomenological Research, 1975, 35(4)：484-500.

③ [美]麦金太尔 A. 追寻美德——伦理理论研究[M]. 宋继杰，译. 北京：译林出版社, 2003：67.

克思与亚里士多德最根本的差别就在于，马克思认为人不能按照自身本质来生活的原因在于社会制度，因此马克思没有像亚里士多德一样致力于美德的考察，而是转向资本主义制度批判。他指出，在资本主义制度下，异化劳动使得人背离了应然的生存状态，把人的"自主活动、自由活动贬低为手段，也就把人的类生活变成维持人的肉体生存的手段"。①在马克思看来，在这样的生存状态中，人否定了自身，人自身的本质力量不能自由发挥，肉体和精神遭受折磨和摧残，没有幸福可言。因此，获得幸福最根本的是要变革社会制度。也就是说，对亚里士多德而言，人需要一条锁链，束缚人性中的恶，而马克思则是要去除一条锁链，解放人。当然这两条锁链是不同的，前者是城邦的法律制度，后者是资本主义制度。亚里士多德把能否获得幸福的根本问题归于个体本身，而马克思则把这一问题归于社会制度。

　　因此，马克思和亚里士多德的道德哲学的共同之处主要在于他们都基于人的本质设定了人的幸福，都把善作为道德哲学的基础。②所以，亚当·沙夫(Adam Schaff)认为，马克思的科学社会主义的本质是人本主义，"而其人本主义的本质是个体的幸福概念。马克思主义的哲学、政治经济学以及政治理论等所有理论都以这一概念为指归"。③但沙夫的观点存在偏颇，虽然马克思的人本主义为其道德哲学提供了价值基础，但并不一定是其整个道德哲学乃至整个理论体系的本质，这是两个不同的问题。然而，有学者断定马克思的道德哲学"并不是对善的寻求，而是改变使人异化的现实社会条件，实现人的彻底的自由解放"。④ 这种观点存在两个问题：其一，把善理解为抽象的理念和原则，因而把人的自由解放排除在善之外，而实际上人的自由解放作为一种生存状态本身就是善的；其二，把价值基础和

---

①　马克思恩格斯文集(第1卷)[M]. 北京：人民出版社，2009：163.

②　当然，二者对于人的本质需要和幸福内容的理解是存在差异的，比如亚里士多德并不把平等和物质劳动列为幸福的内容。

③　Adam Schaff. A Philosophy of Man[M]. Britain：Lawrence & Wishart, 1963：132.

④　彭文刚. 作为一种新范式的马克思的伦理学——论马克思的伦理学革命[J]. 广西大学学报，2010(3)：38-41.

科学论证割裂开来了；这种说法甚至还暗含着一种观点：历史唯物主义的批判就要优于道德批判，把历史批判和道德批判对立起来。但实际上，即便消除异化、实现人的解放是一个价值中立的客观历史过程，它与善仍然可以是统一的，我们完全可以把这两种批判视为两种性质的批判，视为统一的两个部分和同一过程的两个阶段，二者之间的差异只是说理方式的差别。

因此，马克思早期从善出发进行的道德价值论证和批判与后来进行的科学论证和批判之间并不是截然分离的。它们之间的价值立场是一致的，具有延续性，二者之间的差异不过是批判视角的转变，借用俞吾金先生的话说，是从青年马克思的"道德评价优先"到成熟时期的"历史评价优先"。① 虽然成熟时期马克思的批判是建立在科学分析的基础之上的科学批判，但"科学批判不是说不应当得出价值结论，而是说它用来作为理论的出发点和评价尺度的必须是历史的事实和客观的逻辑，而不是抽象的伦理观念"。② 因此，从总体上看，马克思的道德哲学具有一个以幸福为目的的价值指向。

然而，马克思通过人本主义论证所确立的道德价值基础存在如下两个问题。第一，人本主义论证实质上把善定义为幸福，面临着"自然主义的谬误"这一指责。因而，马克思在早期确立的善只是价值悬设，是基于这一悬设确立社会主义制度的必要性。在伍德看来，马克思对资本主义的批判基础正是自然主义的善，"可是，马克思从没有主张这些应该提供给人们的善是因为人们有权获得它或正义需要它。很显然，他认为这些显而易见的非道德的善的价值是充分的，它远不同于我们用爱或是罪感去使任何有理性的人所信服的那些主张"。③伍德的观点其实是很有见地的，他实际

---

① 俞吾金. 从"道德评价优先"到"历史评价优先"——马克思异化理论发展中的视角转换[J]. 中国社会科学，2003(2).

② 孙伯鍨. 卢卡奇与马克思[M]. 南京：南京大学出版社，1999：6.

③ Wood A, Karl Marx. Routledge & Kegan Paul[M]. London：Routledge & Kegan, 1981：126-128.

上看到了我们的需要不构成我们应当被满足这些需要的理由。① 第二，我们用一种理想化的价值目标来检视任何一个现实的社会制度，这个社会制度在理想的标准下可能都是不合理的，尤其是我们对这一理想化的目标能否实现还存在疑问时。因此，我们在伦理学上就不能从根本上否定现实的社会制度。基于以上两点，从事实的角度论证社会主义制度的必然性和正义性就显得尤为重要。

马克思在早期文本中对资本主义的批判吸收了以费尔巴哈为代表的人本主义思想，从人的本质出发，揭露了资本原始积累阶段资本主义社会的残酷和不人道现象以及资本主义作为一种社会制度的不正义，并提出合乎人道的生存方式及其正义社会制度的构想。因此，马克思的批判重点在资本主义制度上，相应地，其道德哲学就与传统伦理学发生了根本的转变，从道德主体转向社会制度，从个体的道德评价转向社会制度的善恶评价。

对马克思而言，仅仅从道德的角度考虑工人阶级受到的压迫和悲惨处境并批评资本家的剥削行为是远远不够的，同时也没有找到问题的根本所在，这些表象只是资本主义制度的表现。在马克思的文本中，问题的根本不是一定社会框架内个体之间的关系问题，也不是政府的公共政策和决策层面的问题，而是更为根本的社会制度本身的问题。因此，在传统的规范伦理学乃至我们当今的政治伦理理论框架内是不能解决问题的。马克思同传统的人本主义的本质差别就在于，"他不满意于一般停留于对资本主义社会的道义谴责，不满足于一般的道德要求，而是要揭示产生这种现象的社会结构与制度原因，主张坚持无产阶级的或人民大众的道德，主张通过革命实践改变旧世界，创造出一个合乎人性生长的新世界"。② 因而马克思"更为关心的是历史和社会的结构——连同其服务于社会财富的生产、分配、交换和消费的特殊机制和组织网络。在马克思看来，所有这些都是埋藏在一切伦理问题下面的基石，正是它们构成了他关于美好社会和美好社

---

① 但在亚里士多德那里，伍德提出的问题就不成其为问题，因为亚里士多德的伦理学是某种意义上的自我中心的，每一个体毫无疑问有责任满足自身的需求。

② 高兆明. 马克思的唯物史观与道德观三问[J]. 道德与文明, 2007(3)：12.

会的理论的基础，同时也为内在于人类个体之类存在中固有潜能的实现创造基础"。① 因而马克思从早期基于人本主义进行的道德批判转向了寻求不正义社会制度的社会历史根源以及实现正义社会制度的必然路径。但同时我们在其对资本主义制度的历史唯物主义批判中也能看到早期人本主义以善为目的的伦理价值指向，也就是说，马克思关于制度正义的批判在价值指向上和早期人本主义是一致的、统一的。

那么现在的问题是马克思在何种意义上认为资本主义制度是不正义的，换言之，马克思的正义标准是什么？这涉及对马克思正义观的理解。由于马克思对资本主义的批判是在多个层面进行的，"马克思对资本主义的批判，本身就是在物质、文化、精神等多个层面上展开的，同时涉及现在与未来、现实与理想等不同位阶之价值的排序"，② 因此，马克思的正义观必定具有层次性和多重内涵。

首先，从马克思的历史唯物主义理论的宏旨来看，马克思的理论最终指向的是人的解放和自我实现，这为马克思的正义观提供了一个高阶的标准。按照马克思的构想，在新的经济制度下，个体的劳动不再是维持生存的手段，而是自我实现的实践，个体的物质需求得到充分满足，个体之间平等而相互尊重，人的自由和尊严得以彰显。这些物质和精神方面的价值共同构成了这一高阶正义标准的价值基础。实质上，马克思设定了一个后资本主义时代的社会，其社会生产方式、道德意识、人的存在样态都不同于资本主义社会。这一标准的伦理依据超越了资本主义的生产方式。胡萨米认为，按照道德意识从属于生产方式的观点，后资本主义社会在新的生产方式下，具有新的道德意识，它是无产阶级对资本主义道德意识和资本主义秩序的批判。③ 很显然，无论马克思的历史唯物主义是否只是一种纯

---

① ［美］乔治·麦卡锡. 马克思与古人：古典伦理学、社会主义和 19 世纪政治经济学［M］. 上海：华东师范大学出版社，2011：165.

② 李佃来，谌林，张文喜. 马克思正义思想的三重意蕴［J］. 中国社会科学，2014（3）：4-16.

③ 胡萨米. 马克思论分配正义［M］//马克思与正义理论. 李惠斌，等编译. 北京：中国人民大学出版社，2010：48.

粹的科学理论，其理论最后得出的结论都是共产主义社会的实现以及这一社会制度下人的全面解放、人的本质力量的实现，而这与他早期的人本主义得出的结论是一致的。无论我们怎样理解这两种理论模式之间的关系，它们的价值指向是一致的，或者说，马克思关于人的善的理论和关于制度正义的理论之间在价值上是统一的。

其次，从马克思关于理想社会的实现路径来看，马克思显然将历史唯物主义的社会进步标准视为一种正义标准。马克思对未来理想社会的构想不是空想，未来社会制度的道德价值具有实践基础。正如布坎南所强调的，"如果那些把对马克思的兴趣局限于道德问题的哲学家对正在迅速发展的理性选择与制度分析理论视而不见，那将是危险的。这就等于忽视了马克思的一个重要洞见——任何值得考虑的道德观念都必定不是乌托邦式的。"①马克思在《德意志意识形态》中指出，"个人是什么样的，这取决于他们进行生产的物质条件。"②共产主义的实现需要依赖客观的生产力水平。也就是说，人类本质的实现，幸福的获得，需要以相应的生产力的发展水平作为现实基础。马克思的历史唯物主义提供了一个社会历史理论，为人本主义设立的理想生活和社会制度提供了一个科学的说明，人的发展和社会制度的演进成为一个必然过程，从而使得马克思的道德哲学作为一个整体避免了"自然主义的谬误"的批评，同时人本主义的价值悬设也具有了实践基础。由此就出现了一条制度正义标准，即生产关系要适应生产力的发展，与生产方式相适应的社会制度是正义的，与生产方式相矛盾的社会制度就是非正义的。这是我们理解马克思的历史唯物主义与其正义观念之间关系的一个传统观点。历史唯物主义是用于评价社会制度是否正义的客观依据，但我们因此而把马克思的正义观视为一种"事实正义"则是不恰当的。生产力的发展本身并不构成一个道德价值，只有当生产力发展最终是为了实现人的幸福，其价值才是可以接受的。因此，善或者幸福才是马克

① Allen E. Buchanan, Marx, Morality, and History: An Assessment of Recent Analytical Work on Marx[J]. Ethics, 1987, 98(1): 104-136.

② 马克思恩格斯文集(第1卷)[M]. 北京: 人民出版社, 2009: 520.

思道德哲学的价值基础。如果我们从总体上把握马克思的理论意图就会发现，"历史唯物主义的理论和马克思对资本主义的分析致使人们肯定某种道德承诺，而不是放弃价值判断"。①

再次，从社会制度正义的框架来看，马克思还有一种分配正义。他明确地对资本主义生产关系中社会分配的不正义进行了谴责。在《共产党宣言》中，马克思批判资产阶级"用公开的、无耻的、直接的、露骨的剥削代替了由宗教和政治幻想掩盖着的剥削"。② 而在《资本论》中，马克思说资本是"从头到脚，每个毛孔都滴着血和肮脏的东西"，谴责资本家获得剩余价值是"抢劫""偷窃"和"榨取"，"是不正当地拿了属于他者的东西，盗窃是做不正义的事情，而基于'盗窃'的体系就是基于不正义"。③ 但马克思这里所谈的分配正义本身乃是生产方式的结果，因为"消费资料的任何一种分配，都不过是生产条件本身分配的结果；而生产条件的分配，则表现生产方式本身的性质"。④ 这里，我们需注意两点，一是马克思在成熟阶段批判资本主义制度和论证社会主义制度的正义性和必然性时秉承了早期人本主义的伦理立场，他始终关切无产阶级的生存处境，谴责资本主义制度的反人道性。二是马克思所谈论的分配正义乃是制度正义的一个注脚。这一点尤为重要，我们不应当把他的分配正义放在政治哲学的体系中来加以理解。政治哲学中所言的分配正义是私有制之下，对社会成员之间关系进行调节的规范性原则，而马克思的总体思想是要消除私有制，建立新制度，改变世界，从根本上改变人的生存样态。正是在这个意义上，马克思的道德哲学也区别于传统的政治哲学，更像是一种制度伦理。

综上所述，马克思对资本主义制度的批判具有两个维度：一是从伦理的角度揭露资本主义制度的残酷与罪恶及其对人的本质生存状态的摧毁；

---

① Kai Nielsen. Marxism and the Moral Point of View：Morality, Ideology and Historical Materialism[M]. Boulder：Westview Press, 1989：140-141.

② 马克思恩格斯文集(第 2 卷)[M]. 北京：人民出版社，2009：34.

③ 转引自马克思与正义理论[M]. 北京：人民出版社，2009：158.

④ 马克思恩格斯文集(第 3 卷)[M]. 北京：人民出版社，2009：436.

二是揭示资本主义生产关系对社会生产力的束缚，指出共产主义社会的必然性，人的本质生活最终将得以实现。我们在理解马克思对资本主义的批判时，应综合上述两个维度来看。因此，我们要注意的是，马克思的学说不主张用道德来解决问题，不代表其学说本身没有道德立场，这正如我们面对侵略者，武力还击而不是义正词严地声讨更为有效，但我们仍然有道德立场。马克思的人本主义和历史唯物主义之间没有任何沟壑，它们是其理论体系的两个维度或两种方法，它们之间的道德立场是一致的。人本主义批判提出了道德立场，而唯物史观则从历史实践的角度揭示了资本主义的不正义。人本主义确立了善，以及实现善的必要可能途径，而历史唯物主义则探究这条途径的可行性和实现方式。

要回答马克思具有何种类型的道德哲学这一问题，涉及两个方面的理解，一是对马克思的道德哲学的总体把握，二是对伦理学或者道德哲学本身的看法。从马克思对传统道德哲学的态度，我们应当可以判定他的道德哲学与传统规范伦理学之间必定存在巨大的差异。实际上，马克思的道德哲学是一场伦理学类型上的变革。但借助传统伦理学的主要概念来分析，我们仍然可以对马克思的道德哲学的性质进行描述。

马克思通过人的本质的学说奠定了其道德哲学的价值基础，进而指向正义社会制度的实现，而这也跨越了纯粹的道德哲学。在批判资本主义制度的不正义时，马克思主要通过历史唯物主义来论证社会主义制度的正义性和必然性，道德并不是马克思主要的批判武器，但基于人的善的道德立场是一以贯之的。因而马克思的道德哲学是一个以人的幸福或善为指向，以正义的社会制度为实现途径，善与正义相统一的道德哲学。它既吸收了传统伦理学中的目的论优点，又为传统伦理学提供了一个有力的补充，即对社会制度本身提出了道德要求，用麦金太尔的话来说就是"使用道德词汇永远以共同具有某种社会制度为先决条件"。[①] 传统伦理学要么强调道德

---

① ［美］阿拉斯戴尔·麦金太尔. 伦理学简史［M］. 北京：商务印书馆，2010：214.

而非个体幸福本身的地位，要么把个体的幸福和自我完善仅仅视为个体自身的责任和选择。但马克思的道德哲学把人的幸福和自我完善首要地视为社会制度的责任及其正义性的伦理价值基础。因此，马克思的道德哲学是以社会制度为研究对象，以人的良善生活为伦理目的的伦理学理论。它具有传统伦理学的规范性特征和目的论特征，但与传统规范伦理学在研究对象上存在根本不同，它更倾向于是某种类型的制度伦理。

马克思道德哲学的制度伦理特征及其对传统伦理学的变革对我们当今的伦理学理论研究有着积极的意义。传统的美德伦理过于强调道德主体自身在道德实践中的道德责任和能动性，虽然这是伦理学的一个重要向度，但如果忽视外部制度环境和相应社会关系及生存处境对于个体的重要作用，道德主体的道德能动性将很难得到很好的发挥，对其道德责任的强调也将变得不够合理。因此，当前的伦理学研究需要重视制度伦理的研究，立足于人的善，从完善正义制度的道路来充实伦理理论研究。

跋

2019 年的贺岁大片《流浪地球》向我们展示了人类面临灭顶之灾时的团结与合作力量。然而，回到现实之中，人类生活却是另外一番景象，充满隔阂、争吵、冲突和斗争，不容乐观。此类冲突贯穿于人类自文明产生以来的数千年，并未随着人类知识的增长、生产方式和生活模式的变迁而消亡，因为这些冲突是植根于人性之中的，而人性并未出现根本的变化。然而，人类社会在不同的历史时空中的道德表现却是有差异的，导致这些差异的主要和根本原因并非个体在道德上的努力，而是不同时空中人类的生存处境以及与之对应的具体的制度与观念的实践。后者作为人类生活的具体背景，通过对大多数个体无处不在的影响、引导和控制，从而主导了人类的伦理生活状态。从这个意义上看，美德伦理学的实践价值是存在极大局限性的。

在 2011 年出版的《美德伦理学：作为一种道德类型的独立性》中，我主要是捍卫美德伦理学的独立性，在理论上强调美德伦理学可以是一门独立的学问，在实践上则强调美德事业是以人的意志自由为前提，个人的道德努力是可以摆脱具体时空限制的。美德伦理的独特价值在于它能促进个体自主地筹划自己整全的生活实践，美德作为个体欲求的一部分嵌入在整体实践之中，它是个体的自由选择。因而它无需一个规范的或典型的样式，因而也无需普遍性的证成或典范。从这个意义上讲，美德伦理的任务不是提供公共规范，而是在此基础上探究人们如何形成遵守规范的品质，以及在超出公共规范的作用范围的情境中，人们如何运用自身的性格能力做出自主合理的选择。因此，美德伦理是在法律等强规范指导的公共生活背景下，促进人们自我实现、自我完善的伦理方案，同时它也能帮助人们对强规范实践进行反思。

但是，美德伦理学的独立性并不意味着它能取代其他的伦理学类型，我们对美德的说明也不一定要采取美德伦理的形式，尽管道义论和功利主义相较于美德伦理学为我们提供的道德理由似乎面目可憎，不具有吸引力。实际上，美德伦理学同其他伦理类型一样，都只是一部分人愿意选择的一种伦理样式。美德伦理和规则伦理都是对道德要求的表达，它们的区别在于，道德要求是以公共规范的形式提供给道德主体，还是以伦理信念、理智、情感、敏感性等方面的能力提供给道德主体。进一步讲，美德伦理甚至无需是自证的伦理体系，它可以基于某种道德体系，为落实道德实践提供主体性的说明。也就是说，美德伦理的优势重在对道德主体的实践能力和实践方式的思考。

然而，当代西方美德伦理学的一个真正的显著问题就出现在实践性方面。这个问题不是由美德伦理的竞争者提出的，尽管规则伦理学家提出了一些看似有价值的质疑，比如行动指导问题，但这些质疑并不是真正的问题所在。这个问题间接地来自于情境主义者，情境主义者质疑美德的实在性。我在 2017 年出版的《美德的实在性研究》中，对美德的实在性进行了哲学和心理学的辩护，但同时也意识到情境主义的论点具有一定的合理性和重要性。美德的实在性虽然可以得到辩护，但美德伦理学所说的美德是概率极小的事件，绝大多数人的品质和行为实质上要受制于情境。因此，考虑到"应当意味着能够"这一判断的合理性，美德伦理学的美德概念究竟有多大的实践意义，就是一个值得深究的问题。毕竟，我们不是作为古典希腊城邦中的一群衣食无忧的社会精英在闲暇时谈论美德，而是作为现代社会的公民在谈论社会的公共美德或者核心价值。这样的美德和价值是要面向普罗大众的，它们要在大众的身上生长出来。因此，在承认情境主义观点的合理性的前提下，探究社会制度对人的品质的干涉机制就是一个不可回避和不可不重视的思考方向。于是就有了本书在《美德的实在性研究》

的主要观点和论据基础之上的些许新的思考。

　　毫无疑问，伦理学不应仅仅附和大众，沉沦于现实生活的要求，还应当构想最佳的可能生活，并以此指引人类的生活。然而，作为实践哲学的伦理学无疑还有对现实生活的思考，以及进一步地作用于伦理实践。一种伦理理论如若在日常生活的土壤中并不具有生长的可能，那么这样的理论只是一种空想。美德伦理更应当如此，我们可以在两种意义上来理解美德伦理：一是作为道德实践的环节，美德伦理是落实规则伦理的必然归宿；二是作为独立的伦理方法，美德伦理向我们提供的必须是可能实现的生活方式。西方伦理思想史中，无论是亚里士多德对德性的思考，还是边沁和密尔对社会公益的思考，又抑或是罗尔斯对社会正义的思考，无不是为了回应特定的实践问题。也正因为他们的理论对各自时代的实践问题给出了卓越而有巨大影响的回应，它们才成为伦理思想史上的经典。同样，我们这个时代需要属于自己的经典，未来的人类社会需要未来的伦理经典，没有一劳永逸的伦理学理论。脱离了实践，伦理学家的理论活动都将成为自娱自乐。

　　本书末章从荷马史诗的伦理反思出发，论述美德与人类命运共同体的关系，实质上是要指出，被无序竞争裹挟的国际政治格局加剧了出于自私动机的逐利趋向，以及由此带来的经济利益至上的发展逻辑严重阻碍了美德实践。如果我们把美德的衰落视为一个世界范围内的共同问题，那么要解决这一问题，我们就必须在人类命运共同体的框架内来思考应对的办法。这一部分内容由我指导的研究生吴杉丽同学撰写，在这里对她付出的辛苦和努力表示衷心的感谢。我对这部分文字进行了修改和审定，文责由我承担。

赵永刚
2019 年 8 月 30 日

参考文献

中文文献

论文类

[1]蔡蓁. 品格与行动——实验心理学对美德伦理学的挑战[J]. 思想与文化, 2014(1): 91-103.

[2]陈家琪. "德性"中的"德"与"性"[J]. 中国德育, 2009(8): 1.

[3]陈真. 苏格拉底真的认为"美德即知识"吗? [J]. 伦理学研究, 2006 (4): 47-53.

[4]黎良华. 苏格拉底的美德统一论探析[J]. 江汉论坛, 2012(5): 103.

[5]李建华, 谢文凤. 论对道德态度的测量——实证道德态度的设想[J]. 吉首大学学报(社会科学版), 2014(1): 26.

[6]李林. 态度与行为关系的预测因素考察[J]. 闽江学院学报, 2006(1): 116-119.

[7]李义天. 道德心理: 美德伦理学反思与诉求[J]. 道德与文明, 2011 (2): 43.

[8]李义天. 麦金太尔何以断言启蒙道德筹划是失败的? [J]. 伦理学研究, 2007(9): 98-103.

[9]李义天. 斯洛特的美德伦理学及其心理学预设[J]. 伦理学研究, 2009 (3): 81-85.

[10]李义天. 基于行为者的美德伦理学可靠吗——对迈克尔·斯洛特的分析与批评[J]. 哲学研究, 2009(10)：82-89, 96.

[11]刘毅. 试论科学心理学对分析哲学发展的影响[J]. 武汉大学学报, 2009(3)：315-318.

[12]马永翔. 美德、德性, 抑或良品？[J]. 道德与文明, 2010(6)：17-24.

[13]迈克尔·斯洛特. 关怀伦理视域下的社会正义[J]. 黎良华, 译. 赵永刚, 校. 吉首大学学报(社会科学版), 2011(4)：1-5.

[14]潘小慧. 德行伦理学中的人文精神——从 virtue ethics 的适当译名谈起[J]. 哲学与文化, 2006(1)：25-26.

[15]彭凯平, 喻丰, 柏阳. 实验伦理学：研究、贡献与挑战[J]. 中国社会科学, 2011(6)：15-25.

[16]万俊人. 关于美德伦理学研究的几个理论问题[J]. 道德与文明, 2008(3)：17-26.

[17]王海明. 观察和实验：伦理学的证实方法[J]. 北京大学学报, 2003(4)：96.

[18]万俊人. 美德伦理如何复兴？[J]. 求是学刊, 2011(1)：47.

[19]万俊人. 美德伦理的现代意义——以麦金太尔的美德理论为中心[J]. 社会科学战线, 2008(5)：225-235.

[20]王今一. 现代德性伦理学何以可能——对安斯库姆《现代道德哲学》的解析与引申[J]. 华中科技大学学报, 2009(4)：7.

[21]须大为. "是—应当"问题与现代道德哲学——对安斯库姆《现代道德哲学》的一种解读[J]. 道德与文明, 2015(5)：145.

[22]夏明月. 美德伦理的规范性来源[J]. 哲学动态, 2014(3)：74.

[23]喻丰, 彭凯平, 韩婷婷, 柏阳, 柴方圆. 伦理美德的社会及人格心理学分析：道德特质的意义、困惑及解析[J]. 清华大学学报(哲学社会科学版), 2012(4)：133.

[24]喻丰, 彭凯平. 从心理学视角看情境主义与美德伦理学之争[J]. 华

中师范大学学报，2013（1）：169-176.

[25]张传有．亚里士多德伦理学与现代德性伦理学的建构[J]．社会科学，2009（7）：115-118，190.

[26]张华夏．兼容与超越还原论的研究纲领——理清近年来有关还原论的哲学争论[J]．哲学研究，2005（7）：119.

[27]徐向东．自我决定与道德责任[J]．哲学研究，2010（6）：99-100.

[28]魏安雄．论主体道德责任[J]．现代哲学，1999（1）：97.

[29]赵永刚，黄毅．美德的实在性：心理学态度理论的辩护[J]．道德与文明，2014（4）：14-18.

[30]赵永刚．美德伦理学的兴起与挑战：以道德心理学为线索[J]．哲学动态，2013（2）：77-81.

[31]章建敏．道德责任的界定及其实现条件[J]．当代世界与社会主义，2010（2）：165-168.

[32]周洁，冯江平，王二平．态度结构一致性及其对态度和行为的影响[J]．心理科学进展，2009，17（5）：1088-1093.

[33]周洁，冯江平，王二平．态度强度的维度结构与研究操作[J]．心理科学进展，2007，15（4）：708-714.

著作类

[1][英]阿拉斯戴尔·麦金太尔．伦理学简史[M]．龚群，译．北京：商务印书馆，2003.

[2][英]阿拉斯戴尔·麦金太尔．追寻美德[M]．宋继杰，译．南京：译林出版社，2003.

[3][古希腊]柏拉图．柏拉图对话集[M]．王太庆，译．北京：商务印书馆，2004.

[4][英]伯纳德·威廉斯．道德运气[M]．徐向东，译．上海：上海译文出版社，2007.

[5]傅斯年．性命古训辨证[M]//中国现代学术经典·傅斯年卷．石家庄：

河北教育出版社，1996.

[6][德]康德.康德著作全集(第6卷)[M].张荣，李秋零，译.北京：中国人民大学出版社，2007.

[7][美]马斯洛.动机与人格[M].许金声，等译.北京：华夏出版社，1987：110.

[8]程炼.伦理学导论[M].北京：北京大学出版社，2008：153.

[9]孔宪铎，王登峰.基因与人性[M].北京：北京大学出版社，2009：115.

[10][美]霍华德·弗里德曼，米利亚姆·舒斯塔克.人格心理学：经典理论和当代研究[M].许艳，王芳，译.北京：机械工业出版社，2011：287.

[11]江畅.德性论[M].北京：人民出版社，2011：620-631.

[12]侯玉波.社会心理学[M].北京：北京大学出版社，2013：122.

[13]李景春，李玉杰.社会心理学概论[M].北京：人民日报出版社，2006：93.

[14]许倬云.中西文明的对照[M].杭州：浙江人民出版社，2013：18-19.

[15]王海明.美德伦理学[M].北京：北京大学出版社，2011：382-412.

[16]宋镇豪.夏商社会生活史[M].北京：中国社会科学出版社，1994：676-677.

[17][英]洛克.人类理解论(下)[M].关文运，译.北京：商务印书馆，1959：540-541.

[18][法]安德烈·孔特-斯蓬维尔.小爱大德：美德浅论[M].赵克非，译.北京：作家出版社，2013：41.

[19][德]康德.纯粹理性批判[M].邓晓芒，译.北京：人民出版社，2004.

[20][德]康德.道德形而上学原理[M].苗力田，译.上海：上海人民出版社，2005.

[21][英]克里克.惊人的假说[M].王九云，译.长沙：湖南科学技术出

版社，2002.

[22]孔宪铎，王登峰．基因与人性［M］．北京：北京大学出版社，
2009：92.

[23]［法］卢梭．论人类不平等的起源和基础［M］．李常山，译．北京：商
务印书馆，1962.

[24]［法］卢梭．社会契约论［M］．何兆武，译．北京：商务印书馆，1980.

[25]罗念生，水建馥．古希腊语汉语词典［M］．北京：商务印书馆，2004.

[26]［美］马斯洛．动机与人格［M］．许金声，等译．北京：华夏出版
社，1987.

[27]［英］尼古拉斯·布宁，余纪元．西方哲学英汉对照辞典［M］．北京：
人民出版社，2001.

[28]［英］休谟．道德原则研究［M］．曾晓平，译．北京：商务印书
馆，2001.

[29]［英］休谟．人性论［M］．关文运，郑之骧，译．北京：商务印书
馆，1980.

[30]李义天．美德伦理学与道德多样性［M］．北京：中央编译出版社，
2012：288.

[31]［美］托德·莱肯．造就道德——伦理学理论的实用主义重构［M］．北
京：北京大学出版社，2010：5.

[32]［英］罗素．我们关于外间世界的知识：哲学上科学方法应用的一个领
域［M］．陈启伟，译．上海：上海译文出版社，2006：13.

[33]梁漱溟．梁漱溟全集（第1卷）［M］．济南：山东人民出版社，
1991：327.

[34]［英］吉登斯．法律与宗教［M］．赵旭东，译．北京：三联书店，
1991：35.

[35]［德］H.赖欣巴哈．科学哲学的兴起［M］．伯尼，译．北京：商务印
书馆，1983：11.

[36]［美］雅克·蒂洛．伦理学：理论与实践（英文影印本）［M］．北京：北

京大学出版社，2005：60.

[37][美]兰迪·拉森，戴维·巴斯. 人格心理学：人性的科学探索[M].
郭永玉，等译. 北京：人民邮电出版社，2011：93.

[38][德]叔本华. 作为意志和表象的世界[M]. 北京：商务印书馆，
1982：372.

[39][美]列奥·施特劳斯，约瑟夫·克罗波西. 政治哲学史[M]. 李天
然，译. 石家庄：河北人民出版社，1993：144.

[40]郭金鸿. 道德责任论[M]. 北京：人民出版社，2008：224.

[41][美]休·拉福莱特. 伦理学理论[M]. 北京：中国人民大学出版社，
2008：128.

[42]易小明. 文化差异与社会和谐[M]. 长沙：湖南师范大学出版社，
2008：251.

[43]徐向东. 美德伦理与道德要求[M]. 南京：江苏人民出版社，2007.

[44][古希腊]亚里士多德. 尼各马可伦理学[M]. 廖申白，译. 北京：商
务印书馆，2003.

[45][古希腊]亚里士多德. 政治学[M]. 吴寿彭，译. 北京：商务印书
馆，1965.

[46]余纪元. 德性之镜：孔子与亚里士多德的伦理学[M]. 林航，译. 北
京：中国人民大学出版社，2009.

[47][美]约翰·罗尔斯. 正义论[M]. 何怀宏，等译. 北京：中国社会科
学出版社，1988.

[48][美]约翰·罗尔斯. 万民法[M]. 张晓辉，等译. 长春：吉林人民出
版社，2001.

[49][英]约翰·穆勒. 功利主义[M]. 徐大建，译. 上海：上海人民出版
社，2007.

[50]赵汀阳. 论可能生活[M]. 北京：中国人民大学出版社，2004.

[51]中共中央马克思恩格斯列宁斯大林著作编译局. 马克思恩格斯文集
（第1卷）[M]. 北京：人民出版社，2009：232.

[52]张传有. 伦理学引论[M]. 北京：人民出版社，2006.

[53]汪子嵩，范明生，陈村富，姚介厚. 希腊哲学史（第2卷）[M]. 北京：人民出版社，1993.

[54]杨绍刚. 西方道德心理学的新发展[M]. 上海：上海教育出版社，2007：117.

[55]赵永刚. 美德伦理学：作为一种道德类型的独立性[M]. 长沙：湖南师范大学出版社，2011.

[56]朱熹. 四书章句集注[M]. 北京：中华书局，1983.

[57]杨国荣. 伦理与存在——道德哲学研究[M]. 上海：华东师范大学出版社，2009：154.

[58][美]伊恩·莫里斯，巴里·鲍威尔. 希腊人：历史、文化和社会[M]. 陈恒，等译. 上海：格致出版社，上海人民出版社，2014：91.

[59]赵国详，赵俊峰. 社会心理学原理与应用[M]. 开封：河南大学出版社，1990：159.

英文文献

[1]Adams Robert. A Thoery of Virtue：Excellence in Being for the Good[M]. New York：Oxford University Press，2006.

[2]Alzola M. The Possibility of Virtue[J]. Business Ethics Quarterly，2012（22）：377-404.

[3]Annas Julia. The Morality of Happiness[M]. New York：Oxford University Press，1993.

[4]Annas Julia. Virtue Ethics and Social Psychology[J]. A Priori，2003（2）：20-34.

[5]Anscombe G E M. Modern Moral Philosophy[J]. Philosophy，1958（33）：1-19.

[6]Athanassoulis N A. Response to Harman：Virtue Ethics and Character Traits[J]. Proceedings of the Aristotelian Society，2000（100）：215-221.

[7] Audi Robert. Acting from Virtue[J]. Mind, 1995, 104: 449-471.

[8] Alfano M. Character as Moral Fiction[M]. Cambridge: Cambridge University Press, 2013.

[9] Badhwar N K. The Limited Unity of Virtue [J]. Nous, 1996 (30): 306-329.

[10] Badhwar N K. Self-Interest and Virtue[J]. Social Philosophy and Policy, 1997(14): 226-263.

[11] Brickhouse Thomas C, Nicholas D Smith. Socrates and the Unity of the Virtues[J]. The Journal of Ethics, 1997(1): 316-317.

[12] Becker Lawrence C, Charlotte B Becker. A History of Western Ethics [M]. London: Routledge, 2003: 8.

[13] Baxley Anne Margaret. The Price of Virtue [J]. Pacific Philosophical Quarterly, 2007(88): 40-23.

[14] Baxley Anne Margaret. KantianVirtue[J]. Philosophy Compass, 2007(2): 396-410.

[15] Becker Lawrence C. The Neglect of Virtue [J]. Ethics, 1975 (85): 110-122.

[16] Becker Lawrence C. Unity, Coincidence and Conflict in the Virtues[J]. Philosophia, 1990 (20): 127-143.

[17] Besser Lorraine. Social Psychology, Moral Character, and Moral Fallibility [J]. Philosophy and Phenomenological Research, 2008(76): 310-332.

[18] Bradely Ben. Virtue Consequentialism[J]. Utilitas, 2005(17): 282-298.

[19] Brady Michael. Against Agent-based Virtue Ethics [J]. Philosophical Papers, 2004(33): 1-10.

[20] Brady Michael. The Value of the Virtues[J]. Philosophical Studies, 2005 (125): 85-114.

[21] Brännmark Johan. From Virtue to Decency [J]. Metaphilosophy, 2006 (37): 589-604.

[22] Calder Todd. Against Consequentialist Theories of Virtue and Vice [J].
Utilitas, 19: 201-19.

[23] Callan E. Impartiality and Virtue [J]. Journal of Value Inquiry, 2007
(28): 401-414.

[24] Card Robert F. Pure Aretaic Ethics and Character [J]. Journal of Value
Inquir, 2004 (38): 473-484.

[25] Carr David. Two Kinds of Virtue [J]. Proceedings of the Aristotelian
Society, 1985 (85): 47-61.

[26] Carr David. Character and Moral Choice in the Cultivation of Virtue [J].
Philosophy, 2003 (78): 219-32.

[27] Clowney D. Virtues, Rules and the Foundations of Ethics [J]. Philosophia,
1990 (20): 49-68.

[28] Copp David. The Oxford Handbook of Ethical Theory [M]. New York:
Oxford University Press, 2006.

[29] Copp D, Sobel D. An Assessment of Some Recent Work in Virtue Ethics
[J]. Ethics, 2004 (114): 514-554.

[30] Cordner C. Aristotelian Virtue and its Limitations [J]. Philosophy, 1994
(69): 291-316.

[31] Cox Damian. Agent-based Theories of Right Action [J]. Ethical Theory and
Moral Practice, 2006 (9): 505-515.

[32] Miller C. Character and Moral Psychology [M]. New York: Oxford
University Press, 2014.

[33] Danny Axsom, Joel Coope. Cognitive Dissonance and Psychotherapy: The
Role of Effort Justification in Inducing Weight Loss [J]. Journal of
Experimental Social Psychology, 1985(21): 149-160.

[34] Krosnick J A. Attitude Strength: An Overview [C]//Petty R E. Attitude
Strength: Antecedents and Consequences. Mahwah, NJ: Erlbaum, 1995:
1-24.

[35] Doris J. Persons, Situations and Virtue Ethics [J]. Nous, 1998 (32): 504-530.

[36] Doris J. Lack of Character: Personality and Moral Behavior [M]. Cambridge: Cambridge University Press, 2002.

[37] Goldman A I. Ethics and Cognitive Science[J]. Ethics, 1993(103): 358.

[38] Eagly A H. Attitude Strength, Attitude Structure, and Resistance to Change[C]//Petty R E. Attitude Strength: Antecedents and Consequences. Mahwah, NJ: Erlbaum, 1995: 413-432.

[39] John T Cacioppo, Richard E Petty, Chuan Feng Kao, Regina Rodriguez. Central and Peripheral Routes to Persuasion: An Individual Difference Perspective[J]. Journal of Personality and Social Psychology, 1986 (5): 1032-1043.

[40] Driver J. Uneasy Virtue [M]. Cambridge: Cambridge University Press, 2001.

[41] Dent N J H. The Moral Psychology of the Virtues [M]. Cambridge: Cambridge University Press, 1984: 86.

[42] Flanagan O J. Varieties of Moral Personality: Ethics and Psychological Realism[M]. Cambridge: Harvard University Press, 1991.

[43] Alan Donagan. The Thoery of Morality [M]. Chicago: University of Chicago Press, 1977: 8.

[44] Everitt N. Some Problems with Virtue Theory [J]. Philosophy, 2007 (82): 275-299.

[45] Fleming D. The Character of Virtue: Answering the Situationist Challenge to Virtue Ethics [J]. Ratio (new series), 2006 (19): 24-42.

[46] John Doris. Heated Agreement: Lack of Character as Being for the Good [J]. Philos Stud, 2010(148): 19.

[47] Philippa Foot. Virtues and Vices[C]//Virtues and Vices and Other Essays in Moral Philosophy. Oxford: Basil Blackwell, 1978: 11-14.

［48］Foot Philippa. Natural Goodness ［M］. New York: Oxford University Press, 2001.

［49］Harman Gilbert. Moral Philosophy Meets Social Psychology: Virtue Ethics and the Fundamental Attribution Error［J］. Proceedings of the Aristotelian Society, 1999 (99): 315-331.

［50］Harman Gilbert. The Nonexistence of Character Traits［J］. Proceedings of the Aristotelian Society, 2000(100): 223-226.

［51］Harman Gilbert. No Character or Personality ［J］. Business Ethics Quarterly, 2003 (13): 87-94.

［52］Stephen Darwall. Impartial Reason［M］. Ithaca: Cornell University Press, 1983: 17.

［53］Hurka Thomas. The Common Structure of Virtue and Desert［J］. Ethics, 2001(112): 6-31.

［54］Hursthouse Rosalind. On Virtue Ethics［M］. New York: Oxford University Press, 1999.

［55］Kamtekar Rachana. Situationism and Virtue Ethics on the Content of Our Character［J］. Ethics, 2004 (114): 458-491.

［56］Edmund Pincoffs. Quandaries and Virtues ［M］. Lawrence: University of Kansas, 1986: 3.

［57］Louden Robert. On Some Vices of Virtue Ethics ［A］//Statman D. Virtue Ethics. Edinburgh: Edinburgh University Press, 1984: 180-193.

［58］Louden Robert. Kant's Virtue Ethics ［A］//Statman D. Virtue Ethics. Edinburgh: Edinburgh University Press, 1986: 286-299.

［59］Louden Robert. Virtue Ethics and Anti-Theory ［J］. Philosophia, 1990 (20): 93-114.

［60］Louden Robert. Morality and Moral Theroy: A Reappraisal and Reaffirmation［M］. New York: Oxford University Press, 1992.

［61］McAleer Sean. An Aristotelian Account of Virtue Ethics: An Essay in Moral

Taxonomy[J]. Pacific Philosophical Quarterly, 2007 (88): 208-225.

[62] Merritt Maria. Virtue Ethics and Situationist Personality Psychology [J]. Ethical Theory and Moral Practice, 2000(3): 365-83.

[63] Miller Christian. Social Psychology and Virtue Ethics [J]. Journal of Ethics, 2003 (7): 365-392.

[64] Mill J S. On Liberty[M]. New York: W. W. Norton & Co, 1975: 56.

[65] Mill J S. The Subjection of Women [M]. Indianapolis: Hackett, 1988: 38.

[66] Chen Lai. Virtue Ethics and Confucian Ethics[J]. Dao, 2010(9): 275.

[67] Prinz Jesse. The Normativity Challenge [J]. The Journal of Ethics, 2009 (13): 117-144.

[68] Pervin L A. The Science of Peronality [M]. New York: John Wiley & Sons, 1995: 56.

[69] René M Paulson, Charles G Lord. A Matching Hypothesis for the Activity Level of Actions Involved in Attitude-Behavior Consistency [J]. Social Psychological and Personality Science January, 2012 (3): 40-47.

[70] Slote Michael. From Morality to Virtue[M]. New York: Oxford University Press, 1992.

[71] Slote Michael. Morals from Motives [M]. New York: Oxford University Press, 2001.

[72] Stanley G Clarke, Even Simpson. Anti-Theory in Ethics and Moral Conservatism [M]. New York: State University of New York Press, 1989: 1.

[73] Brandt R B. Ethical Theory [M]. Englewood Cliffs, NJ: Prentice Hall, 1959: 1.

[74] Sreenivasan Gopal. Errors about Errors: Virtue Theory and Trait Attribution [J]. Mind, 2002(111): 47-68.

[75] Sreenivasan Gopal. Character and Consistency: Still More Errors [J].

Mind, 2008(117): 603-612.

[76] Sreenivasan Gopal. DisunityofVirtue [J]. The Journal of Ethics, 2009 (13): 195-212.

[77] Statman Daniel. Virtue Ethics and Psychology[J]. International Journal of Applied Philosophy, 1995(9): 43-50.

[78] Statman Daniel. Introduction to Virtue Ethics[A]//Statman Daniel. Virtue Ethics. Edinburgh: Edinburgh University Press, 1997.

[79] Sherman Nancy. The Fabric of Character: Aristotle's Theory of Ethics[M]. New York: Oxford University Press, 1989: 191.

[80] Ross L, Nisbett R E. The Person and the Situation: Perspectives of Social Psychology[M]. New York: McGraw-Hill, 1991: 7-8.

[81] Vlastos Gregory. The Unity of the Virtues in the Protagoras[J]. The Review of Metaphysics, 1972 (3): 415-444.

[82] Wegener D T. Measures and Manipulations of Strength-related Properties of Attitudes: Current Practice and Future Directions[C]//Petty R E. Attitude Strength: Antecedents and Consequences. Mahwah, NJ: Erlbaum, 1995: 455-488.

[83] Webber J. Character, Attitude and Disposition [J]. European Journal of Philosophy, 2013, 23(4): 1082-1096.

[84] Watson Gary. On the Primacy of Character [C]//Statman Daniel. Virtue Ethics. Edinburgh: Edinburgh University Press, 1997.

[85] Webber Jonathan. Virtue, Character and Situation [J]. Journal of Moral Philosophy, 2006(3): 193-213.

[86] Williams Bernard. Ethics and The Limits of Philosophy[M]. Cambridge: Harvard University Press, 1985.

[87] Wolf Susan. Moral Psychology and the Unity of the Virtues [J]. Ratio, 2007(20): 145-167.